세계의 교양을 읽는다

1

종
합
편

세계의 교양을 읽는다

1
종합편

최병권 · 이정옥 엮음

Humanist

타인을 보면서 우리 자신을 가다듬자

사람이 중요하지 않은 때가 없었다. 그러나 무국경의 세계화가 진행되면서 사람의 자질이 지금처럼 중요시되는 때도 없지 않았나 싶다. 말하자면 한 국가의 국민의 자질이 모든 것을 결정짓는 결정적인 변수로 등장하고 있는 것이다. 다른 것은 모두 국경을 넘나들며 남의 것을 사기도 하고 빌리기도 하지만 국민의 자질만은 사지도 빌리지도 못한다. 무엇이 그 자질의 높낮이를 정하나? 두말할 것 없이 교육이다. 교육의 질이 낮은 곳에서 높은 자질을 가진 국민이 날 리 없다. 한 국가의 교육에서 그 질의 높낮이를 한눈에 보여주는 것이 바로 대학 입학시험, 그중에서도 논술고사의 수준이다.

국가마다 학교가 있고 거기서 교육이 이루어진다고 해서 다 비슷한 것은 아니다. 예를 들어 프랑스의 경우 수학을 가르칠 때 답 그 자체보다 답을 이끌어내는 과정을 더 중시한다. 이는 암기가 아닌 사고력의 가치를 높이 사는 데에 기인한다. 답이 맞아도 이 답에 도달하는 과정이 논리적이지 못하면 점수를 주지 않는 것이다.

고등학교 1학년 과정까지만 해도 프랑스 학교의 수학은 한국 학교의 수학보다 어렵지 않다. 그래서 그때까지 한국에서 공부를 하다가 프랑스에 온 학생들의 경우, 수학에서 대부분 좋은 점수를 받는다. 그러나 2학년이 되면 사정이 달라진다. 그 수준이 비약적으로 높아져 버리는 것이다. 이전까지의 수학교육은 끊임없이 기초를 다지는 과정에 불과했기 때문이다.

프랑스는 수학과 철학의 나라이다. 대학에서의 전공이 무엇이건 간에 수학과 철학에서 좋은 점수를 얻지 못하면 좋은 대학에 들어가기 힘들다. 프랑스의 모든 대학 지망생들이 똑같이 치러야 하는 대학입학 자격시험 바칼로레아에서도 수학과 철학에는 가산점을 주고 있다. 그만큼 논리적이고 창조적인 사고를 중시하고 있다는 말이다.

국어 수업에서도 시험으로 리포트를 요구할 때가 많은데, 예를 들어 고등학교 2학년 학생에게 앞으로 한 달간 에밀 졸라의 작품을 3권 이상 읽고 그 작품세계에 나타나 있는 시대상황과 사회·경제·정치적인 역학관계를 분석하라는 식이다. 이때 남의 것을 베껴 쓰는 행위는 용납되지 않는다. 좋건 나쁘건 간에 자신의 견해를 써야 한다. 그래서 한 과목의 시험을 치르기 위해 한 달간 학생들이 받는 고통은 사지선다형 객관식 시험을 준비할 때의 그것과는 비교가 되지 않는다.

고통스럽기는 하지만 그만큼 창조성이 높아진다. 창조적인 인간을 만들어내는 교육은 고통의 과정을 수반하게 마련이다. 세상에 쉬운 것은 없고 말 그대로 '싼 게 비지떡'인 셈이다. 문제는 창조성이냐 모방성이냐이다. 창조성이 모방성보다 높은 부가가치를 만들어냄은 두말할 나위 없다.

기초과학과 역사와 철학을 소홀히 하는 기능 위주의 교육은 능동자의 교육이 아니라 남의 뒤나 따라가기에 바쁜 피동자의 교육이다. 기능주의 교육으로는 창조성과 독창성, 리더십이 모든 것을 결정한다는 글로벌 경제 시대에 승자를 낳을 수 없다. 주간신문 '솔'이 2001년 10월 15일 창간호부터 지금까지 매주 프랑스 대입 자격시험 바칼로레아 철학시험 문제와 그 답안을 게재하고 있는 것도 남을 통해 우리를 다시 바라보고 가다듬자는 생각에서이다.

글로벌 경제 시대에는 지식이 힘이고 정보가 기회이다. 그러나 아무리 정보가 많아도 이를 창의적으로 활용하지 못하면 그 정보는 죽은 정보나 다름없다. 정보를 창의적으로 활용할 수 있는 능력은 바로 창의적인 교육에서 생긴다. 냉전 시대의 군비경쟁 대신 지식경쟁의 시대가 막을 열었다. 그래서 깊은 사색과 고통을 마다 않는 성찰과 창의의 교육이 이 시대 '승자 클럽'의 문을 여는 열쇠가 되고 있다. 우리가 바칼로레아 철학 문제를 이렇게 한 권의 책으로 묶어 발행하는 진짜 의도도, 우리 교육의 질적 수준을 한 단계 높여, 새 시대의 하인이 아니라 주인이 될 높은 자질의 국민을 낳는 데 있다.

2003년 2월 7일

최병권(Weekly SOL 발행인)

차례

02 _ 인문학 (Humanities)

03 _ 예술 (Arts)

04 _ 과학 (Sciences)

05 _ 정치와 권리 (Politics & Rights)

06 _ 윤리 (Ethics)

■ 일러두기

- 이 책에 게재한 바칼로레아의 질문은 1988년부터 2002년까지 출제된 것이고,
- 답변은 청소년부터 성인까지 자발적으로 참여한 각종 모의고사에서 가장 수준이 높거나
  출제자의 의도에 부합한 것을 골라 뽑은 것이다.
- 프랑스에서는 바칼로레아 철학시험 문제가 발표되면 시민이 참여하는 다양한 토론
  프로그램과 모의고사를 치른다.

교양이란 부차적일 뿐인가?

1

오랫동안 학생으로 있었고 지금도 학문을 계속하고 있어서인지 나의 고등학교 시절은 단편적 과거가 아닌 하나의 연장선으로 친근하게 기억된다. 그 시간은 단지 성인이 되기 위한 준비의 과정이 아니라 그 자체 완성의 시간으로 내게 자리잡혀 있다.

주재원으로 발령받은 아버지를 따라 파리로 공부하러 가게 되었을 무렵, 내가 학문에 대해 갖고 있던 감정은 상당히 복잡한 것이었다. 우선 나는 배움을 좋아했다. 그러나 독서와 가정교육을 통해 얻은 이상적인 교육에의 기대와 중학교 생활을 통해 습득한 공부에 대한 개념은 많은 모순을 안고 있었고, 그 사이에서 나는 적잖이 혼란을 겪었다. 그렇게 학문에의 의욕을 잃어가던 상황에서 나는 프랑스의 교육제도와 마주했다.

우선적으로 나를 기쁘게 한 것은 체계화된 독서 시스템이었다. 불어 수업의 경우 교과서가 아닌 문학책들을 돌아가며 읽고 요약·비판하는 것이 주가 되었다. 한국에서의 그것과는 거리가 먼 이 과정이 외국인인 나에게 많은 어려움을 준 것은 사실이다. 하지만 그 때 어떤 참고서의 도움도 없이 혼자 해석한 후 학우들 앞에서 소개해야 했던 문학서들은 지금의 나에게도 많은 도움이 되고 있다. 이 수업과 관련해 추천된 책은 족히 100권이 넘었는데, 이를 마스터하지 못한 채 바칼로레아에 임할 경우 적절한 인용구 도입에 어려움을 겪게 된다. 가령 "소설에 있어 상상과 진실 중 더 중요하다고 생각하는 영역은 무엇이고, 왜 그렇게 생각하는지를 전개하라" "문학을 연구하는 것은 인간을 연구하는 것과 다르지 않다고 조르주 상드는 말했다. 이 문구에 대해 어떻게 생각하는지 기술하라" 등의 질문에 A4 용지 4~5장 분량의 글을 작성해야 하는 것이다.

글을 읽는 것과 분석 이해하는 것, 또 직접 쓴다는 것이 얼마나 다른 일인지는 차치하고라도, 문학책 읽는 것을 사치가 아닌 생활로 받아들일 수 있다는 사실에, 책을 좋아했던 나는 매우 큰 기쁨과 흥분을 느꼈던 듯하다.

이렇게 문학으로 시작된 인문학에의 관심은 곧 (대학에서 내 전공이 될) 철학으로 이어졌다. 철학은 문학과 함께 인문계의 주요 과목으로 고등학교 3학년 때 배우게 된다. 그런데 몽테뉴, 파스칼, 루소 등의 에세이 문학이 보여주듯, 프랑스에서는 문학과 철학의 구분이 그리 크지 않기에 문학 실력이 좋은 학생이 철학에서도 우위를 점하는 경우가 많다. 인문계 A반의 경우, 철학 수업이 일주일에 9시간이나 되며 바칼로레아에서 차지하는 비중도 결정적이다. 불어 과목과 마찬가지로 주요 철학자들의 발췌문을 비판하고 주제별 질문에 따라 장문을 작성해야 한다. 이 과목에 있어 독서력 못지않게 중요한 것이 인생관의 성립이다. 당시 기말·중간 고사에 출제되었던 여러 문제들, 가령 "죽음에서 승리할 수 있는가?" "종교는 약자들을 위로하기 위한 환상인가?" "우리는 타인을 사랑할 의무가 있는가?" 등은 그 종교적·윤리적 함축이 지닌 과감성으로 나를 상당히 당황시켰고, "역사가 의미를 지닌다고 생각하는가?" "권리는 권력질서를 정당화하는 수단에 불과한가?" "스스로에게 거짓말하지 않을 수 있는가?"라는 주제들은 나를 한때 회의론자로 몰고 가기도 했다.

2

글쓰기는 곧잘 토론·발표로 이어졌는데, 당시의 철학 선생님과 학우들의 진지한 목소리가 아직도 귀에 생생하다. 사실 발표를 통해 친구들과 선생님의 반응을 살피는 것은 내게 많은 긴장을 요구했다. 자기주장을 편다는 것은 신대륙을 향해 돛을 달고 우주로 로켓을 쏘아올리는 것 이상의 용기를 필요로 한다는 사실을 나는 그때 알았다. 가령 자본주의와 공산주의라는 주제에 관해 한국에서라면 전자로 당연히 기울었을 입장이 그곳에선 하나도 보장되지 않았다.

오직 나의 사고와 독서력, 수사력을 총동원해 친구들을 설득시키는 방법뿐이었다. 결국 이 같은 발표는 그리스의 아고라 광장에서 소크라테스와 플라톤의 철학을 강변할 때의 긴장감과 다를 바 없었다. 다수를 상대로 하기에 일치보다는 반대의견에 부딪힐 확률이 높았고 그 갈등상황에서 폭력이 아닌 설득과 대화를 통해 나의 의견을 관철시키는 데에는 거의 종합예술에 가까운 능력이 요구되었다. 그러나 그런 연습을 통해 나는 제공된 의견만을 수렴하던 수동적인 모습에서 조금씩 탈피할 수 있었다.

그때 작성한 시험지와 과제물을 뒤적이다 보면 10년이 지난 지금에도 여전히 그 글을 작성하고 있는 나를 발견하곤 한다. 객관성과 진리의 관계가 무엇인지, 타인에게 예술작품의 미적 보편성을 강요할 수 있는지, 인간의 정체성이 시간에 따라 변하는 것인지, 다르다는 것은 불평등하다는 것인지 등의 질문에 답함에 있어 아직도 나는 매우 조심스럽다. 하지만 중요한 것은 이런 실존적 문제들이 던져질 때마다 경험하는 놀라움의 지속성이다. 바칼로레아 철학시험이 있는 날은 프랑스 지식인들에게 또 하나의 국경일 '생각하는 날'이다. 2주 이상 계속되는 바칼로레아는 항상 철학으로 시작된다. 주어진 시간만도 3시간이니 첫날부터 학생들은 큰 고역을 치르는 셈이다. 이날 그해 제시될 문제에 온 언론이 관심을 기울인다. 제출된 문제가 무엇인지 서로에게 묻는 모습을 거리에서도 적잖이 목격할 수 있다. 즉, 시험을 치르는 것은 학생들이지만 그날만은 인문·사회과학에 적을 둔 프랑스인 모두가 그 진지함에 참여한다. 이 같은 국민적 관심은 당일 저녁에 열리는 흥미로운 토론회를 통해 반영된다. 아침에 출제되었던 문제를 중심으로 정치계·문화계·언론계의 유명 인사들과 시민들이 대강당에 모여 적당히 진지하고 적당히 유머스런 일종의 모의고사를 치르게 되는데, 나는 매해 이 방송을 애청하며 그들의 진지함과 재치에 놀라곤 했다.

사실 프랑스인들은 말이 참 많다. 우리가 가무의 민족이라면 프랑스인들은 말의 민족이다. 수많은 토론 프로그램은 그래서 난장판이 되기 일쑤이다. 글쓰는 직업에 종사하며 느끼는 것이지만 글과 말은 서로 이분적이지 않다. 말하자면 평소의 사고가 글로 표현된다는 뜻이다. 뉴턴이 자기 머리 위로 떨어진 사과에 의미를 부여할 수 있었던 것은, 그가 언제나 중력의 법칙을 생각하고 있었기 때문일 것이다. 즉, 오랜 기간의 연습과 체계적인 사고, 독서의 경험 없이는 단 1년간의 공부로 철학사를 관통하는 심오한 질문들에 답하기란 불가능하다.

바칼로레아에 출제되는 질문들은 그 추상성과 난해함으로 일반인에게 거부감을 줄 수도 있겠지만 실제 프랑스 친구들과 어울리면서 나는 비슷한 수준의 주제를 가벼운 형태의 대화로 많이 접할 수 있었다. 철학이나 인문학을 전공하는 친구가 아니더라도 하나의 작은 관찰에서 비롯된 그들과의 대화는 쉽게 토론으로 이어졌다. 가령 니스를 방문했을 때 한 친구가 호화 요트를 칭찬한 것을 계기로 "돈은 과연 인간을 자유롭게 하는 것인가, 노예화하는 것인가?"에 대해 뜨거운 논쟁을 벌였다. 연애하는 친구들과는 사랑의 문제나 시간성, 타자성의 문제, 즉 "어떻게 다름을 받아들여야 할까?"에 대해 진지하게 의견을 나누기도 했었다. 말하자면 글쓰기의 기초인 토론 문화는 대학 강당이나 정치운동에서만이 아니라 생활 곳곳에서 만날 수 있는 것이었다. 이런 토론은 대부분 많은 이론과 예문을 동원할 수 있는 사람의 승리로 매듭지어지곤 했다.

프랑스인들은 또 그 교육 정도와 관계없이 인용하길 좋아한다. 그들은 '볼테르가 말하길, 루소가 말하길, 위고가 말하길, 공산당 선언을 읽어보면' 등등을 입에 달고 산다. 더욱 놀라운 것은 아주 어린아이에게 질문을 해도 장문의 대답을 들을 수 있다는 것이다. 그래서 미국 사람들은 프랑스 사람들이 이론만, 비판정신만 강한 현실 무능력자들이라 비아냥거리기도 한다. 하지만 이론 없는 현실처럼 불안하고 위험한 게 또 어디 있을까?

3

유럽인, 특히 프랑스인들은 지성이 특수 계급의 소유라고 생각하지 않는다. 정육점 아저씨도 말단 간호사도 똑똑하다는 말, 교양 있다는 말을 듣기를 선호한다. 어찌 보면 프랑스인들의 각별한 철학, 문화에의 사랑 뒤엔 우리와는 다른 세계관과 인생관이 숨어 있는 듯하다. 예를 들어 한국에선 '착한 사람' '인간성 좋은 사람'이 칭찬의 표현으로 많이 쓰이지만, 프랑스인들은 상대방을 칭찬할 때나 이상형의 배우자를 표현할 때 '영리한' '현명한'이라는 표현을 많이 쓴다. 물론 착하고 희생적인 인간상의 구현이 우리 사회제도의 장점임을 오랜 프랑스 생활을 통해 알 수 있었지만, 어쨌든 지성에 대한 우리와 프랑스인들의 견해는 기본적으로 차이가 있는 것 같다. 그들에게 지성이란 인간성을 결정하는 기본 요소인 데 반해 우리에게는 일종의 '특수한 것', 소수만이 추구할 수 있는 일종의 '고상함'이다. 논리적인 사람, 지적인 사람에 대해 왠지 모를 불안감과 위협을 느끼기까지 한다. 대중매체에서도 어수룩하고 실수하는 사람이 대중의 사랑을 받는 반면, 똑똑하게 자기 의견을 펼치는 사람은 오만하다는 야유를 받는다. '배운 놈들'이란 표현이 말해 주듯, 대중의 엘리트에 대한 인상은 이토록 부정적이다. 존경할 만한 지적 엘리트가 많지 않다는 것, 그것이 혹 지성에 대한 우리의 경계심을 만든 것일까?

반면 프랑스에선 영리함과 교양이 친구나 배우자를 선택하는 데 필수 항목일 뿐만 아니라 나아가 사회적 신분을 제시하는 기초가 된다. 예를 들어 〈타인의 향기〉라는 프랑스 영화 속에 그려지는 신분갈등은 우리나라의 그것과는 사뭇 다르다. 이 영화의 여주인공은 가난하지만 좌파 인텔리이다. 반면 그녀를 짝사랑하는 남주인공은 부자이지만 고전 연극의 제목도 모를 정도로 무지하다. 이 관계에서 열등감을 느끼는 이는 후자로, 이 같은 상황 설정은 지적 엘리트들에 대한 프랑스의 경애심을 보여주는 대표적인 예라 할 수 있다. 시간이 없어 독서나 문화 활동을 하지 못하는 사업가들은, 따로 문화 담당 비서를 두어 과외를 받으며 디너파티에선 꼭 신간 미술·음악·문학 작품을 언급한다는 이야기를 들은 적도 있다. 이 같은 행동을 속물적이라 비판할 수도 있다. 하지만 이는 프랑스인들이 문화를 대하는 기본적 태도를 반영하는 것이라고도 해석할 수 있다. 그 나라에선 골프를 치고, 고급 자동차를 모는 것은 개인적인 선택의 문제이지만, 유명 화가나 소설가의 이름을 모르는 것은 따가운 눈총을 받는 이유가 된다.

프랑스를 방문하는 여행객들은 그 나라의 예술작품과 건축물들에 쉽게 찬사를 보내곤 한다. 그러나 프랑스어에 익숙해지고 그곳의 문화를 알아가면서 나는 이것이 단순한 외양의 차원만은 아님을 깨달을 수 있었다. 즉, 보이는 것과 내적 사고는 둘이 아닌 하나다. 개선문을 질서정연하게 둘러싼 열두 개의 대로는 데카르트의 철학을, 전문 인테리어 가게를 연상시키는 일반 주택의 개성적인 디자인은 낭만파적 사고와 초현실주의, 혹은 '68 사상 등이 서로 연관되어 이루어진 결과이다.

한편 프랑스 특유의 예술적 창조성은 이방인에 대한 관심과 열려 있음에 기인한다. 프랑스는 여러 민족이 공존하는 국가다. 지역적·역사적 특성에 따라 다양성에 대한 관심이 지대하다. 그들의 번역 수준을 볼 때, 그리고 외국 문화와 관련된 수많은 전시회나 토론회를 볼 때, 이는 명백히 드러난다. 나는 프랑스에 머물면서 프랑스와 유럽만이 아니라 라틴아메리카, 아프리카, 아랍, 그리고 유대 문화 등에도 많은 관심을 갖게 되었고 나아가 일본, 중국 등 아시아 문화에도, 동양문화에 심취한 몇몇 프랑스 친구들을 통해 관심을 갖게 되었다. 또한 우디 앨런이 왜 미국에서 실패한 영화를 들고 친정을 찾듯 파리로 오는지, 어찌하여 한국에서 금지된 비상업적인 영화가 이곳에서 평론가들의 보호 아래 상영되고 있는지를 알 수 있었다. 권력질서에 따라 선진국의 문화만을 소개하는 것이 아닌, 알려지지 않은 약소국들의 문화를 지키고 소개하려는 그들의 노력은 감동적이기까지 했다. 어릴 적부터 심어진, 이 같은 다른 것에 대한 사랑은 어쩌면 그들의 창조성과 자기비판의 근원인지도 모른다.

4

언어교육의 조기화를 이토록 강조하는 지금의 우리 사회에서, 왜 문화의 조기교육은 강조하지 않는지 궁금하다. 우리는 성인이 된 후 여유 있을 때 읽는 책이 교양서라 생각하는 듯하다. 어떤 책이 교양으로 읽힌다는 것, 그것은 부차적이란 뜻일까? 그렇다면 과연 무엇이 일차적이란 말인가? 돈을 벌고 빌딩을 세우고 권력을 잡고 전쟁을 하는 것? 이를 일차적이라 생각하는 사람들에겐 교양이 이것들의 온갖 폐해를 정당화하는 수단에 불과하게 될지도 모른다. 앞으로 나아감만을 추구하는 교육은, 가는 곳이 어디인지조차 모르게 하고 이 사실을 모른다는 사실마저도 망각하게 한다. 우리에게 교양이란 배부른 후에 누리는 사치가 아니라 '식사하는 방법을 아는 것처럼' 자연스런 삶의 필수 지침목이다.

청소년기는 신체적 발달과 동시에 정신적 기준이 감성체계와 함께 확립되는 시기이다. 유명 작가의 사상을 이루는 근간은 18세 이전에 이미 결정난다고 주장하는 이도 있다. 그렇다면 우리가 배출할 지적 엘리트들의 미래는 지금 불켜진 고등학교의 자습실과 흡사

할 것인가? 많은 철학자들이 주장하듯, 문제의식을 느끼는 것 자체가 모든 것의 시작이며, 선생님이나 답안지에 의해 강요된 독백이 아닌, 다양한 책·문화와의 개인적인 만남, 시간과 장소를 뛰어넘는 대화만이 모순과 갈등으로 가득한 복잡한 현실을 이해하는 유일한 수단이라 생각한다. 상식을 검토하고 타자성을 기르는 것, 이것은 한편 쉬운 듯하지만 기존의 자신을 냉철히 바라봄으로써만이 가능한 것이다.

사람은 자기가 아는 만큼 보며 자기가 원하는 것만을 습득하는 편식성을 지니고 있다. 그리고 그 편식은 결과적으로 균형의 파괴와 소멸을 낳는다. 시를 이해하기 위해서는 시인이 되어야 하듯, 낯선 것을 이해하기 위해서는 스스로를 타인의 시선으로 열어둘 수 있어야 한다. 즉, 인문학도가 과학책을 읽고 경제인이 시를 읽고 정치가가 음악을 이해할 때 비로소 사회는 균형을 찾는 것이다.

내가 서구의 철학과 문학을 접하면서 얻은 것은 단지 서양문화에 대한 이해만이 아니었다. 그 경험은 한국인, 아시아인으로서 나의 모습을 새롭게 살펴볼 수 있는 근본 계기가 되었다. 나아가 서구 사상을 비판할 수 있는 자신감을 주었고 아시아적인 것에 관심을 증폭시키는 기초 역할을 하고 있다.

5

인문학이 위기에 봉착했음은 이제 세계 각국에서 통용되는 사실이다. 대학의 인문학과가 설자리를 잃어가고 청소년의 독서율도 다른 매체 애호도와는 비교할 수 없을 만큼 낮다. 또한 인문학적 지식은 경제적·정치적 유용성을 상실한 채 홀대받고 있다. 과거에는 인문학적 교양을 쌓은 이가 명예와 권력을 잡았다지만, 지금은 인문학이 더 이상 사회·경제적 성취의 수단이 아닌 것이 되었다. 그럼에도 불구하고 사회적 성공으로 가늠할 수 없는 인간성의 형성은 과거나 현재에나 글을 통하지 않고선 불가능하다. 인간은 언어적 동물이고 타자와의 관계를 통해서만 자신을 자리매김할 수 있는 존재이다. 그러므로 다른 문화를 익히고 언어와 친숙해지는 것을 거부함은 곧 인간성을 포기하는 것이라 해도 과장된 표현이 아니다. "인간은 원래 그 자신이 인간학자일 수밖에 없는 운명을 지니고 있다"는 란트만(M. Landmann)의 말처럼, "나는 누구인가, 인간이란 무엇인가"라는 인문학의 근본 질문은 직업·신분에 관계없이 우리 모두가 스스로에게 던지는 질문이다. 하기에 그에 답하려 노력하는 것은 삶의 기본적 태도가 아닐까?

인문학의 위기를 말할 때 우리는 자주 정부의 부족한 지원을 탓한다. 정부가 학자, 문인, 예술인 들을 돕는 프랑스를 보며 부러웠던 것도 사실이다. 그러나 정부의 활발한 지원체계보다 인상적이었던 것은 바로 지성인에 대한 프랑스인들의 진정한 애정과 존경이었다. 공원, 전철 할 것 없이 곳곳에서 책을 읽는 사람들, 독서력이 떨어지는 정치가는 결코 대통령직에 오를 수 없다는 어찌 보면 비서민적인 사고가 프랑스인들에게 자부심과 긍지를 주고 바로 이 자긍심이 수많은 재능을 산출하는 것이다. 자국 내 문제뿐 아니라 세계

곳곳에서 벌어지는 비인도적인 행위에 대항해 거리로 나서는 인파와 책을 든 시민들이 다르지 않음을 보며, 나는 생각과 행동, 책과 삶은 별개의 것이 아님을 알 수 있었다.

6

생을 건 연애가 한 장의 연애편지로 압축되듯, 바칼로레아 시험문제의 역사를 읽으며 나는 언어가 생긴 이후로 계속되어 온 수많은 학자와 작가들의 노력을 떠올렸다. 중세 수도원에서 평생을 두고 언어학과 생물학에 매달렸던 수도사들의 고뇌와 과학자들의 끈기, 작가·철학자 들의 가난하고 고립된 삶을 떠올렸다. 그 몇 천, 몇 억의 땀과 시간이 모여 이 한 장의 답안지가 준비된다고 생각하니 경이로운 마음마저 들었다.

나는 이 책에 담겨진 여러 문제들에 답하면서 대화하는 법을 배웠다. 또 수많은 땅과 시간을 살았던 더 많은 인생의 고뇌와 질문들을 읽으며 그 사이에서 나 자신의 행복한 정체성을 확립할 수 있었다. 만약 내가 정해진 의학서·법학서만을 탐독했더라면 훌륭한 전문가는 될 수 있었을지언정, 행복이라는 것이 얼마나 얻기 어렵고도 소중한 것인지는 알 수 없었을 것이다. 정답과 승리만을 가르쳐 주던 사회와 그 사회의 교육 시스템에서 한 걸음 벗어나 자유로울 수 있게 된 것, 이것이 내가 나의 경험을 행운이라 말할 수 있는 가장 큰 이유인 것 같다.

베이컨은 '아는 것이 힘'이라고 말했다. 그러나 진정한 지식과 교양은 힘을 기르는 도구적 기술이 아니다. 그보단 권력의 힘에 위축되고 좌절할 때 스스로를 일으켜 세우고 나 개인의 가치와 존엄성을 잃지 않게 해주는 것, 이것이 앎의 진정한 소명이 아닐까?

최영주 (불문학 박사, Paris 8 대학 시학부 Polart 연구원)

Baccalauréat

01

인간

Human

01

스스로 의식하지 못하는 행복이 가능한가?

Baccalauréat, 1998

아기가 잠자고 있거나 개가 음식을 먹는 것을 보면서 그들이 행복할
것이라며 부러워할 때가 있다. 하지만 그들은 자신이 행복하다는 것을 알고
있을까? 우리의 현재 상황과 비교하여 그들이 비록 행복을 자각하지 못해도
행복한 것이라고 생각하기 쉽지만, 사실 이러한 생각이 드는 까닭은 우리
스스로가 행복하지 않다는 사실을 자각하고 있기 때문이다. 과연 의식하지
못하는 행복이란 가능한 것일까?

행복과 행운

어원적으로 볼 때, 행복이라는 단어는 운명 또는 요행에 의해 생기는 일을 가리킨다. 행복이라는 개념에서 이러한 측면을 강조한다면, 행복은 우리의 노력과는 무관하게 우연히 닥치는 것이 된다.

만약 스스로가 의식하지 못하는 행복이 가능하려면, 첫째 우리 스스로에게 무엇이 필요한지를 몰라야 하고(이렇게 되면 욕구불만도 없고 불행도 없다), 둘째 현실이 우리를 만족시키는 방식이 매우 은밀해서 우리 자신이 알아차리지 못해야 한다.

이런 기준에 부합하는 예로 우리의 의식과 무관하게 작용하는 생리작용과 수면(睡眠)이 있지만 그렇다고 해서 소화 운동이나 수면이 행복의 전형적인 예라고 보기는 어렵다.

행복과 기획

또 다른 경우를 생각해 볼 수 있다. 바로 우리가 종종 행복을 누리면서도 이를 인식하지 못한다는 생각이다. 예컨대 '넌 네가 지금 얼마나 행복한지 몰라서 그래' '복에 겨워서 하는 소리야' 등의 말을 흔히 하는데 여기에는 문제가 있다.

이런 식으로 내가 행복한 사람이라고 타인이 말하는 경우, 행복이라는 말은 그 타인에게만 의미 있는 것이다. 이때 타인은 자기 상황에 비추어 나의 현실이 행복하다고 판단한 것이지만, 스스로 얼마나 행복한지를 내가 모르고 있다는 것은 타인이 행복이라고 부르는 그것이 나에게는 진정한 의미의 행복이 아니기 때문이다.

그러므로 행복이란 타인이 규정해 줄 수 있는 것이 아니라 나의 욕망과 객관적 현실이 서로 부합하고 조화를 이룰 때 생기는 것이다. 이런 의미에서 행복이 있으려면 나는 무엇인가를 바라야 하고 무엇인가를 기획해야 한다.

다시 말해 성취할 목표와 그것을 위해 내가 해야 할 행동을 분명히 의식하고 있어야 한다. 타인이 나에게 스스로가 얼마나 행복한 상황에 놓여 있는지 모르고 있다는 말을 하는 것은 그들이 이러한 나의 내적 욕망, 기획을 알 수 없기 때문이다.

행복과 행복의 자각

그러므로 나 자신이 행복하다고 자각하고 있지 않다면 그것은 나에게 진정한 행복이 될 수 없다. 행복이란 어떤 기획(project)을 가지고 있고, 그 기획의 진행상황과 성패를 의식하고 있는 상황에서, 그것이 성공했을 때에만 가능하다.

여기서 말하는 기획이란 특별히 적극적인 행위나 노동이 아닐 수도 있다. 하지만 그것이 시골에 가서 빈둥거리고 싶다는 정도에 불과할지라도, 기획이란 자신에게 생기는 일을 의식 없이 완전히 수동적으로 받아들이는 것과는 다르다.

아무런 특별한 행동을 하지 않으면서 빈둥거리는 것이 행복하려면, 그러한 무위(無爲)의 상태를 향유할 수 있어야, 곧 자신이 즐기고 있다는 사실을 자각할 수 있어야 한다.

예컨대 사드의 작품을 보면 주인공들은 온갖 성행위를 상세히 설명하고 정당화함으로써 그 기쁨을 두 배로 늘리는데, 이것은 성적 쾌락의 지속시간이 너무나 짧아 의식하지 못하는 상태에서 지나버

30

리기 쉽기 때문이다. 따라서 행복해지려면 그 쾌감을 언어로 전환시켜 의식에 집어넣어야 하는 것이다.

결론

우리가 '자각하지 못하는 행복'이라는 표현을 입에 올리는 것은 불행을 자각하고 싶지 않기 때문이기도 하다. 행복과 불행을 느끼는 것이 동일한 의식의 몫이니만큼 설사 자신이 누리고 있는 행복을 의식하지 못하는 한이 있어도 행·불행에 대한 자의식이 완전히 정지해 버리기를 바라는 것이다.

실상 모든 행복은 소망의 실현을 상정하고 있다. 소망을 분명히 의식하지 않는다면 그것은 충족될 수 없다. 그러므로 의식하지 못하는 행복이란 존재하지 않으며, 이런 의미에서 행복이란 오직 인간만이 느낄 수 있는 것이고, 인간 중에서도 아기들은 느낄 수 없다.

02

꿈은 필요한가?

Baccalauréat, 1997

잠에서 깨어나면 꿈이 기억난다. 우리는 꿈을 꾸는 동안 흘러간 시간이 아무 소용 없는 것이라고 느낄 수도 있다. 우리의 꿈은 말도 되지 않고 일상에서 워낙 멀리 벗어나 있어 여기에서 어떤 효용을 발견하기란 어려운 일이다. 하지만 우리는 오늘 밤 또다시 꿈을 꿀 것이다. 그렇다면 꿈을 꾸는 것이 필요한 일이고 우리에게 유용한 가치를 지니고 있다고 생각해야 할 것인가?

프로이트의 관점 : 꿈의 필요성

고전적 철학자들이 볼 때(예컨대 데카르트) 꿈을 꾸는 행위는 이성
(理性)이 잠든 동안 발생하는 일종의 광기일 뿐이다. 따라서 여기
에서 어떤 교훈이나 의미를 찾으려 해서는 안 된다. 우리가 깨어 있
을 때 종종 빠져드는 몽상과 마찬가지로 꿈은 우리의 이성적 통제
를 벗어나는 현상이므로 흥미로울지언정 의미는 없다.

하지만 주지하듯 아르테미도로스의 《꿈 해몽의 열쇠》 이후로 꿈
을 해독하려는 시도는 언제나 있어왔다. 이런 관점에서 보면 꿈에
는 어떤 의미가 있는 것이지만 이러한 시도는 결코 공식적 철학사
안에서 전개되지 않았다.

철학은 소위 '합리성'이라는 것에 지나치게 사로잡혀 있어 이성
과는 무관해 보이는 꿈이라는 영역에서 의미를 찾으려 하지 않았
다. 프로이트는 임상학적 관점에서 접근하여 꿈에 대한 고전적 개
념을 전복시켰는데, 이 역시 철학사적 맥락에서는 벗어나 있다. 프
로이트의 이론은 꿈의 필요성, 존재이유를 입증할 뿐 아니라 그 기
능적 효용까지도 설명한다.

고야는 "이성의 수면(睡眠)이 괴물들을 낳는다"[1]고 생각했는데,
프로이트는 이 생각을 이어받아 문제의 괴물들이 이성이 사라진 틈

---

1) 고야의 유명한 그림 〈이성의 수면이 괴물들을 낳는다〉는 동판화집 《로스카프리초스》 중 한
   작품이다. 기대어 잠들어 있는 사람의 머리 위로 부엉이, 박쥐, 부엉이와 박쥐를 닮은 괴물
   이 날아든다. 고야는 이 시기를 기점으로 권력에 대한 혐오, 인간의 광기, 절망 등에 관한 그
   림을 그리는데, 이 시기 그의 그림을 '검은 그림'이라고 부른다.

을 타 출현한다는 점을 밝혀냈다. 낮시간 동안 이성은 검열을 행하지만 밤이 되면 이 검열이 사라지고 괴물이 나타나는 것이다. 즉, 이 괴물들은 꿈으로 나타나기 전에 이미 존재한다. 이 괴물들은 무의식 속에 새겨진 충동들, 고백할 수 없는 욕망들이 '변형되고 위장되어' 나타나는 모습이다. 이러한 무의식의 표상들은 본래 모습으로는 검열을 통과할 수 없어 결코 의식 속에 들어갈 수 없다.

그래서 우리가 잠자는 동안 이 표상들은 전의식(前意識)에서 검열이 허용하는 외관을 빌려 이러한 변형된 모습으로 의식에 들어가 꿈의 형태로 표출되는 것이다. 이런 이유에서 프로이트는 꿈을 '욕망의 상징적 충족'이라고 정의한다.

만약 욕망이 이러한 상징적 충족을 발견하지 못한다면 욕망은 점점 집요하게 움직이며 심리체계의 평형을 위협할 수 있다. 그러므로 꿈꾸는 행위는 정신 전반에 있어 매우 필요한 요소로서, 무의식의 에너지를 '허용 가능한' 형태로 변화시켜 그 평형을 유지하게 해준다.

상상의 유익한 기능

정신분석의(精神分析醫)에게 있어 꿈은 무의식으로 가는 왕도(王道)이다. 하지만 무의식의 내용물이 유통되는 또 다른 방법이 있다. 프로이트는《일상생활의 정신병리학》에서 말실수, 망각, 말장난 등 다양한 '증후'들이 실상 욕망이 상징적으로 충족되는 기회라고 주장한다.

욕망이 이렇게 상징적으로 충족될 수밖에 없는 이유는 무의식을 지배하고 있는 '쾌락원칙'이 언제나 '현실원칙'(의식의 사회적·도덕적 규범들) 앞에서 굴복해야 하기 때문이다. 즉, 보통의 경우 현실이란 우리의 욕망을 완전히 충족시킬 수 없게 되어 있다. 그러므로 우리는 현실과 현실의 구속을 벗어나는 정신적 생산물이 인간에게 반드시 필요한 보충적 욕구라는 점을 인정해야 한다.

백일몽과 같이 우리가 깨어 있는 동안 꾸는 몽상은 실상 가장 내밀한 욕망의 표출일 뿐이다. 이러한 몽상을 통해 그동안 숨어 있던 환상이 수면 위로 떠오르는데, 환상은 일상 현실이 할 수 없는 긍정적 역할을 인간 정신에서 수행한다.

이런 관점에서 보면 상상력이 만들어내는 모든 것은 사회생활에서 비롯된 결여와 욕구불만을 메우게 된다. 우리는 자신을 더 이상 정상적으로 규정할 수 없을 때 몽상에 빠져들어 미(美)·부(富)·매력 등을 갖추게 된다. 몽상에 빠져 있을 때 우리는 평상시에 우리에게 결핍되어 있던 모든 것을 가지게 되며, 친숙한 현실적 제약으로부터의 일시적 휴식을 통해 우리의 소망에 부응하는 세계와 상황을 만들어낼 수 있다. 따라서 상상은 현실 밖으로의 탈출이지만, 우리에게 욕망의 충족을 가져다준다는 점에서 무의미한 무목적적 탈출이 아니다.

이러한 충족이 미망(迷妄)에 불과하다는 사실은 중요치 않다. 왜냐하면 우리는 이 충족을 통해 현실로의 복귀를 준비할 수 있기 때문이다.

환영으로서의 예술

어떤 영화에 열광하거나 소설을 읽고 울거나 미술관에 걸린 그림을 보고 감동하는 것 역시 타인의 상상을 이용하여 일시적으로 현실을 '잊는 것'이다. 아마도 이런 식의 예술작품 감상을 순수한 미학적 경험이라고 할 수는 없겠지만, 예술작품이 소비자들에게 이런 방식으로 이용되기도 한다는 점은 부인할 수 없는 사실이다.

니체는 예술이 '필수적 환영(illusion nécessaire)'이라고 단언한 바 있는데, 이는 직접 마주칠 경우 우리에게 충격을 줄 수 있는 사건이나 대상이 예술을 통해 전달되면서 우리가 견딜 수 있는 수준으로 완화되기 때문이다.

이러한 생각은 그렇게 새로운 것이 아니다. 아리스토텔레스는 비극적 장면 앞에서 관객이 느끼는 감정을 '카타르시스'라고 불렀는데, 이때 위험하고 해로운 충동이 무대 위에 상연되는 것을 봄으로써 비극의 관객은 자기 자신의 위험한 충동에서 벗어나게 된다.

허구적 장면을 바라보면서 관객은 자신의 공격적 욕구를 충족시킬 수 있고, 이를 통해 이 공격적 욕구는 약화되는 것이다. 예술을 잠재적 무정부상태의 근원이라고 파악했던 플라톤과 달리 아리스토텔레스는 이런 식으로 예술의 효용을 입증하게 된다. 예술이 제공하는 이미지에 빠져들고 예술이 제공하는 외양에 사로잡힐 때 우리는 잠시 현실을 '잊은' 후에 현실로의 더 편안한 복귀를 준비하는 것이다.

우리가 예술적 외양과 현실 자체를 혼동할 경우 이러한 현실 망각은 우리를 위험에 빠뜨린다고 생각할 수도 있다. 하지만 영화나 소설을 접하면서 작품이 제공하는 꿈같은 상태에 빠져들 때에도 우리는 그것이 환영이라는 것을 알고 있다. 꿈을 꾸고 난 후 잠에서 깨어 서둘러 일상적 행동을 재개하는 것과 마찬가지로, 영화가 끝나거나 책을 다 읽고 나면 우리는 아무 문제 없이 정상 생활로 복귀할 수 있다.

결론

'꿈꾸다'라는 동사를 어떤 의미로 이해하건 간에 꿈을 꾸는 것은 인간에게 필수적인 욕구이며 그 나름의 효용이 있다. 꿈을 통한 욕망의 충족이 허구에 불과할지라도, 그것은 우리의 결여를 메우고 욕구불만을 해소하는 것만으로도 충분히 의미가 있는 일이다. 꿈속에서 느낀 쾌감이 순간적이고 덧없다 한들 우리는 다시금 꿈을 꾸지 않는가?

03

과거에서 벗어날 수 있다면 우리는
자유로운 존재가 될 수 있을까?

Baccalauréat, 1995

"무덤 속에 있는 눈이 카인을 쳐다보고 있었다."
빅토르 위고의 이 유명한 시구는 양심의 가책을 상징한다. 그래서 후회의
감정은 살인자를 좇아다니고, 살인자는 늘 도망다니면서도 이 '눈'을 피하지
못해 자유를 박탈당한 것처럼 보인다. 양심의 가책에 사로잡힌 카인은 어떤
일도 할 수 없다.
그런데 여기서 양심의 가책은 과거와 관련된다. 그렇다면 과거에서 벗어나야만
자유로울 수 있다고 생각해야 할까? 과거가 없는 인간은 자유로운 인간이 될 수
있는가?

과거의 기억은 인간에게 족쇄이다

근현대의 철학사에서 과거를 가장 강력히 비난한 이는 아마 니체일 것이다. 니체는 과거가 인간을 위축시킨다고 보았는데, 실제로 과거의 기억은 때로 거추장스러운 것이 될 수 있다. 슬픔에 빠지고 후회와 가책에 짓눌려 미래를 위한 도전적 자세를 취하지 못하는 경우는 드문 일이 아니다.

따라서 과거의 무게는 자유를 감소시키거나 심지어는 사라지게 할 수도 있다는 점에서 비난받을 수 있을 것이다. 예전의 실패, 비난, 잘못된 과거 행동의 결과, 경험의 부정적 교훈 등이 머릿속에 가득한 사람이 어떤 일을 시도할 수 있겠는가? 무언가를 시작하자마자 추억이나 역사적 지식이 떠올라 신중하게 더 깊이 생각하고자 일단은 행동을 보류하게 만든다면 어떻게 대범하고 자신 있게 행동할 수 있겠는가? 굳이 어떤 행동을 할 때가 아니더라도, 끊임없이 수많은 과거의 사례가 머릿속에 떠오르는데 어떻게 스스로를 자유롭다고 여길 수 있겠는가?

따라서 죄의식을 모르고 대범하게 자신의 목표를 실현하는 '초인(超人)'의 도래를 바랐던 니체[2]에게 있어 과거의 존재는 참을 수

---

2) 니체(Friedrich Nietzsche, 1844~1900)는 독일에서 태어나 본대학 교수가 되었다. 그의 저작들은 프로이트의 정신분석학과 현대 프랑스 철학에 큰 영향을 미쳤다. 종교·진리·이성 등에 반대해서 몸·의지 등을 강조하였으며, 인간을 속박하는 여러 허위의식들을 들추어내는 데 노력했다. 과거의 기억 등 여러 인간들의 족쇄에 대한 논의와 초인사상은 그의 저작 《차라투스트라는 이렇게 말했다》에서 자세하게 다루고 있다.

없는 것으로 보였을 것이며, 반대로 망각이 적극적 덕목으로 여겨졌을 것이다.

과거로부터 배운다

이런 식으로 과거와 자유의 관계를 바라보는 해석에 대해 우리는 과거를 완전히 없앨 수는 없다고 반박할 수 있을 것이다. '과거가 없는 인간'이라는 가설은 인간이 그가 속한 집단의 과거에 거의 무지해야 한다는 것인데, 그럴 경우 인간은 완전히 헐벗은 존재가 되어 짐승이나 다름없는 상태가 된다.

언어, 집단적 지식, 관습 등이 없다면 자유를 실행하기 위한 기본적 조건 자체가 사라지게 된다. 왜냐하면 사람은 과거에서 부정적인 것만을 간직하는 것이 아니기 때문이다. 예전의 경험은 현재의 나를 위축시킬 수도 있지만 대부분의 경우 필수불가결한 가르침이 된다.

우리의 모든 행동, 모든 사회적 관계의 경험, 모든 진실한 대화는 '후천적 지식'이 되며, 어떤 행위가 현재에 적합하거나 우리가 바라는 미래를 예견하고 대비하는 것이 되려면 반드시 이러한 지식에서 출발해야만 한다.

더구나 집단적 기억은 자유가 실행되는 데 필수적 배경인 사회와의 관계를 구성한다. 로빈슨 크루소가 무인도에 혼자 남아 있다 해도 그의 독립성은 의식주의 문제에 국한된다. 그는 자신의 독립성이 진정한 자유의 동의어인지 확신하지 못한다. 그에게 있어 진정한 자유는 프라이데이, 즉 다른 인간이 등장한 후에야 비로소 실현

된다.

자유로운 행위의 조건

실제로 의미 있는 자유는 주어진 조건에 대해 자유로이 행위함으로써 실현되는 자유이다. 이때 지식이나 노하우를 통한 것이건, 타인과의 협력을 통한 것이건 할 것 없이 최소한의 실제적 지식은 필수적이다.

더구나 자유의 증거인 행위는 무(無)에서 나오는 것이 아니다. 오히려 이 행위는 미래에 대한 어떤 기획을 통해 결정된다. 그런데 이 미래를 예상하고 준비하려면 기성의 경험이나 지식(지적·기술적·이론적 경험이나 지식)을 통해야만 한다.

시간성은 행위의 틀을 이루며, 아무리 작은 행위라도 이 시간적 차원 없이는 이루어질 수 없다. 게다가 행위는 기존의 것과 새로운 것, 과거의 것과 해야 할 것 사이의 부단한 왕복운동을 상정한다.

우리는 인간이 과거에서 단절될 수 있다고 가정한다 해도 무한한 단절은 불가능하다는 점을 또한 주목해야 한다. 과거 없는 인간이 어떤 '자유로운' 행위(아니 어떠한 기획이나 예상과도 무관한 자발적·충동적 행위)를 할 수 있다 해도, 일단 이 행위를 수행하고 나면 인간은 이로부터 어떤 경험, 과거를 얻을 것이며, 그는 이 과거에서 출발하여 어떤 목표 및 그 목표를 실현하기 위한 또 다른 행위를 구상하게 될 것이므로.

결론

인간의 자유는 결코 무위(無爲)나 관성이 아니다. 오히려 자유는 매번 수행할 기획(즉, 자유가 현실 속에서 만들어낼 수 있는 현실)에서 출발하여 재해석된다.

과거가 없는 인간이라는 생각은 부조리하며, 설사 가능하다 해도 그것이 주는 자유는 현실적으로는 아무 의미가 없는 초보적이고 빈약한 상태의 공허한 자유일 것이다. 공기의 저항과 싸우지 않아도 된다면 더 자유롭게 날 수 있을 것이라고 상상하는 칸트의 비둘기처럼 말이다.

04

지금의 나는 내 과거의 총합인가?

Baccalauréat, 1998

'자신의 과거에서 완전히 단절된 개인'이라는 개념을 생각하기 어렵다면, 현재 순간의 한 주체를 정의하는 데 있어 그의 과거가 지니는 중요성을 평가해야만 한다. 나는 내 과거의 총합일 뿐인가?

과거의 중요성

우리가 자신의 과거에서 현재의 우리를 규정해 주는 수많은 요소를 간직한다는 사실에는 이론의 여지가 없다.

우선 가장 초보적인 것(걷는 법 등 신체적 자세와 습관)에서 가장 지적인 것에 이르는 모든 종류의 교육이 있고, 우리가 매순간 다시 생각할 필요 없이 일상생활을 영위할 수 있게 해주는 다양한 습관들 역시 과거에서 온 것이며, 마지막으로 개인적 기억이 있다.

기억은 내 삶의 이전 부분을 간직할 뿐 아니라 나와 타인을 구별하는 지표가 된다. 또한 우리의 과거에는 개인사뿐 아니라 집단의 역사(내가 속한 집단, 사회, 계층 등)도 포함되어 있다. 현재의 우리 모습은 우리의 몸짓, 행동, 사회적 관계, 직업적 경험 등 우리가 경험한 모든 것으로부터 나온다.

과거에 대한 저항

그렇다면 우리의 과거가 현재의 우리를 완전히 결정하는 것인가? 니체는 과거의 무게가 미래를 향한 우리의 적극적 기획을 얼어붙게 만들 수도, 우리를 후회나 양심의 가책 등에 빠뜨려 무기력하게 만들 수도 있다는 점을 지적했다. 이럴 경우 우리는 어떤 것도 적극적으로 시도하기 힘들 것이다.

또한 프로이트는 잘못 이해된 과거, 혹은 개인사 속에 제대로 통합되지 않은 과거는 우리에게 정신적 질병이 된다는 사실을 보여주었다. 예컨대 과거의 사건이 끊임없이 현재에도 남아 있으면서 작용할 경우 신경증이 된다. 이때 과거의 사건이란 타인과의 관계에서 생긴 문제이다. 그래서 정신분석학의 치료는 우리의 과거가 더 이상 심리적·정신적 문제를 일으키지 않도록 이 과거를 의식적으로 다시 이해하고 우리의 개인사 속에 재통합할 것을 목표로 삼고 있다.

미래를 향한 적극적 도전

에른스트 블로흐[3]는 프로이트가 과거의 무게를 과대평가했다는 비판을 가했다. 블로흐에 따르면 인간의 시간은 과거에서 미래(혹은 현재)로 나아가는 것이 아니라 오히려 미래가 우선시된다.

즉 미래를 위한 기획이 과거의 진로를 결정하는 것이다. 예컨대 지금 내가 철학시험을 치르면서 얼마 전에 학교에서 배운 지식을 이용하는 것은 바칼로레아 시험에 합격하기 위해서이다. 시험 합격이라는 기획이 아니라면 나는 배운 것을 이미 다 잊어버렸을 것이고 최근의 내 과거는 이 정도로 중요하지 않을 것이다.

여기서 우리는 사르트르의 주장을 참고할 수 있다. 개인이란 대자적(對自的) 존재이다. 다시 말해 개인은 자신의 미래를 향해 열려 있으며, 이 미래는 기성의 정의에 갇히지 않는다. 그 결과 내가 어

---

3) 에른스트 블로흐(Ernst Bloch, 1885~1977)는 마르크스주의 사상가이면서도 주류 마르크스주의와는 동떨어져 있다. 대표적 저작으로 《희망의 원리》가 있다. 그는 마르크스주의에 영향을 미쳤다기보다 오히려 몰트만 등의 신학자들에게 영향을 미쳤다. 《희망의 원리》에서 그는 프로이트의 무의식 이론을 비판하는데, 프로이트의 이론은 과거로 닫혀 있으며 미래를 보지 못한다고 주장한다. 그는 미래로 열려 있는 의식 이론을 주장했으며 이것은 마르크스주의적 공동체 이론과 맞물려 특유의 유토피아이론을 주장하는 근거가 되었다.

떤 사람인가는 그 자체로는 알기 힘들고, 내가 되기를 바라지만 아직 되지 않은 미래의 모습을 고려함으로써만 정의될 수 있다.

그러므로 과거는 우리의 욕망이나 기획에 따라 이용되어야 한다. 과거는 움직이지 않는 것이 아니고 그 의미 또한 예전에 정해진 대로 고정되어 있는 것이 아니다. 그러므로 과거를 재가공하는 것은 나의 몫이며, 나는 나의 과거를 오직 나에게 유용한 방식으로만 기억할 수 있다. 즉 내가 어떤 모습으로 변하는가에 따라 내 과거의 의미는 달라진다.

결론

'나는 단지 내 과거의 총합이다'라는 생각을 인정한다면 우리의 존재는 완전히 미리 결정되어 버린다. 이런 식으로 과거가 현재의 우리를 결정한다는 생각은 과학법칙에서나 찾아볼 수 있는 엄격한 인과율의 형태로서 인간의 삶에 적용하기에는 무리가 있다.

인간에게는 자유가 있어 인간은 이러한 결정론에서 벗어나게 되며, 인간에게는 자신의 모습을 새롭게 바꿀 수 있는 능력 또한 있다. 임종의 순간에 이르러야만 우리는 완전히 자신의 과거에 의해 결정될 것이다. 그때가 되면 우리는 과거의 우리가 어땠는지, 따라서 우리의 인생 전체가 어떠했는지를 규정할 수 있게 될 것이다.

05

관용의 정신에도 비관용이 내포되어 있는가?

Baccalauréat

관용의 정신이 도덕적으로 가치가 있다는 데는 누구나 동의한다. 그런데 그러한 관용의 원칙으로 모든 것을 용납하게 된다면, 이것은 선과 악의 구분을 포기한다는 의미가 아닐까? 그래서 부도덕한 태도를 취하게 되는 것은 아닌가? 무제한적인 관용은 오히려 수동적 무관심의 동의어가 아닐까?

관용의 기초

관용은 분명 자발적인 것이 아니다. 본래적 충동은 낯선 것을 불신하는 쪽으로 간다. 그래서 근본적 공격성이 존재한다고 가정한다면(프로이트), 타인에게서 자신의 보존을 위협하는 무엇이 나타날 때 보이는 인간의 첫 반응은 (영토 혹은 의견의) 방어, 혹은 투쟁일 것이다.

그러한 개별적 태도 이상으로, 우리는 인류의 역사가 얼마나 많은 비관용의 예로 점철되어 왔는지 잘 안다. 배타적 종교들로 인한 비관용의 끔찍한 예들을 수많은 종교전쟁의 역사를 통해 보았으며, 아직도 그 갈등이 계속되고 있음도 안다. 철학조차도 고대에는 다른 사고들이나 타인들에 대해 열려 있지 않았다.

그러니까 관용의 개념은 늦게 생겨난 것이다. 기독교에 의해 주장된, 모든 사람들 사이의 평등은 오랫동안 엄격히 이론적(혹은 '추상적')으로 머물렀다.

신세계를 발견한 서양인의 눈에 비친 새로운 세계의 문화는, 기존의 사고방식에 의존하면 할수록 왜곡될 수밖에 없는 새로운 것, '다른 것'이었다. 그래서 몽테뉴는《식인국들》에서 단순한 눈을 통한 '르포' 형태의 글쓰기를 통해, "다른 것은 곧 '야만적'이다(그리스인들이 다른 외국인들을 '야만인'으로 부른 것이 어원이다)"라는 식의 태도를 경계하고 오히려 자신 속의 야만성, 프랑스인의 비인간성을 고발했다.

18세기의 사상가들은 이성의 힘에 호소하며 종교가 표방하는 것들의 모순과 종교인들의 비관용을 고발하기도 했다(볼테르는 폭군이 '자유'라는 말을 두려워하듯 '관용'을 겁내는 종교인들이 있음을 꼬집었다).

완전한 상대주의의 어려움

현대사상에서 관용은 타인을 향한 존중의 의무로 정의된다(그것은 부분적 차이를 견뎌내는 단순한 능력 이상이다). 그런데 그 타인은 근본적으로 비아(非我)이다. 그래서 관용을 요구한 후 '차이성의 권리'를 주장하게 되는 것이고, 인류를 차이들로 이루어진 것으로 다시 정의하게 되는 것이다.

나에게 단맛의 음료라도 아픈 사람에게는 쓰게 느껴질 수 있고, 가까이서 보면 네모의 형태라도 멀리서 보면 둥근 형태로 보일 수 있다. 하나의 절대적 진리가 있는 것이 아니라, 수많은 환상이 있고, 여러 관점이 있다. 그래서 변화 가능하고 오류를 범할 수 있는 인간은 서로를 관용해야 한다. 계몽주의 철학자의 이러한 말을 빌리지 않더라도 만물의 척도인 인간의 관점은 주관적이고 불완전하다.

그렇다면 모든 것(태도, 제도, 사고)을 관용해야 하는가? 예를 들어 정치 분야에서 관용적 사고방식(민주주의)은, 그것을 파괴하고 싶어할 정도로 반박하는 사고나 행동마저 관용함으로써 스스로를 사라지게 만들지는 않는가?

사실 장애물을 모르는 비관용은 더욱 강화되기만 할 뿐이다. 그래서 토론에 부칠 만하고, 사회 전체를 다스리는 자유로운 표현의 원칙과도 양립할 수 있는, '약한' 형태의 비관용만을 허용해야 할 필요성이 생기는 것이다.

사회계약은 그래서 '자신의 의지를 타인들에게 주장한다'는 구실로 근본적 협약을 파기하는 사람의 추방을 예견한다.

인격 침해

"우리의 어리석음을 서로 용서할 수 있다는 것은 자연의 첫 법칙, 인간의 전유물이다"라고 한 볼테르는, 인간에게 공통된 불완전성에 기초하여 관용의 필요성을 역설한다.

그런데 관용은 상호성을 가정한다. 상호성이 없을 경우 관용의 정신을 지닌 사람에게서도 비관용이 나타나게 된다. 학살 수용소, 집단 학살, 고문의 형태로 나타나는 비관용의 예마저 관용의 원칙이라는 이름으로 허용할 수는 없다. 관용은 모든 윤리적 요구들을 제거해 버리는 가치들에 대해서만큼은 절대적 상대주의의 동의어가 될 수 없다. 모든 것을 인정한다는 구실 아래 그를 파괴하려는 무엇에 반박할 수 없다면 그러한 상대주의는 모순적일 뿐 아니라 자살적이다.

문화상대주의는 인간의 행동들이 나름의 역사와 사상적 정당성을 갖는 상이한 문화들에 뿌리를 둔다고 주장한다. 그러나 이것으로 모든 것이 정당화된다는 의미는 아니다. 그 문화가 어떠한 것이든, 완전한 하나의 개체로서의 인격체를 문제삼는 관행들은 관용할수 없는 것으로 남아야 한다.

관용은 이성의 편, 보편성의 편에 서려 하지만, (지역적 의미의) 문화는 항상 같은 쪽은 아니다. 사회적인 혹은 성적인 범주에서 한

쪽의 착취나 지배를 감추려고만 하는 귀납적 합리화의 예는 역사적으로 허다하다.

결론

역사의 오류는 우리로 하여금 관용하도록 한다. 하지만 관용이 모든 판단을 하지 않게 되는 무능한 의식과 혼동되어서는 안 된다. '가치들' 혹은 관행들의 보편화가 인간의 전반적 비하를 가져오는 그런 경우는 관용할 수 없는 것으로 남는다.

06

사랑이 의무일 수 있는가?

Baccalauréat

문학이나 연극 등 문화 일반은 사랑을 그 정열적 측면에서 우리를 사로잡고,
불태운다는 식으로 즐겨 다룬다. 이런 다소 전통적인 묘사에서 주체는 자신의
정열에서 자기 존재의 보충 차원을 얻기에 사랑의 순응적 희생자가 된다.
사랑에서 오는 희열은 산을 움직이고 '달을 따오게' 할 수도 있다.
이런 관점에서 사랑하는 이는 엄밀히 말해 의무감보다는 애인을 위해 어떤
공훈을 세울 부름을 받는다 할 것이다. 그런데 사랑이 의무를 전제하는
의무감의 성질을 띤다고 생각할 수 있을까?

타인을 향한 사랑은 즉각적이지 않다

사랑을 의무로 생각하는 건 우선 부모 자식 간의 애정관계에서 가능해 보이지만, 가족관계는 사실 문화적 관례에 따라 정의된다. 루소는, 자식들이 생존에 필요한 것을 자립적으로 얻으면서부터는, 가족이 관례에 의해 유지된다고 간주했다.

이 관점에서, 모성애는 아들의 사랑만큼이나 의무적인 게 아니다. 모성애를 흔히 '본능'으로까지 보기도 하지만 역사적·지리적 가변성은 그것이 어떤 자연적 의무감 혹은 사회적 의무감에조차도 부응하지 않는다는 것을 나타내기에 충분하다(서양에서 수세기 동안, 능력이 되는 어머니들은 아이들을 기꺼이 유모들에게 내맡겼다).

그런데도 사랑의, 열정의 상호성을 의무로 생각할 수 있을까? 즉, 누가 날 사랑하면 나도 그를 사랑해야만 하는가? '(네가 너이기에) 내가 널 사랑하는 건 네 탓이므로 너는 나를 향한 사랑의 의무를 짐으로써 네 잘못을 속죄해야 한다'는 식의 의무적 상호성은 사랑을 일종의 영속적 협박으로 만들어버리는 것이고, 그러면 사랑이 희열이기는커녕 단죄나 마찬가지리라.

그래서 사랑이 의무의 형태를 띨 수 있는 건 둘 사이의 애정관계의 범주에서가 아니라, '익명의' 혹은 덜 개인적인, 보다 일반적인 상황에서일 수 있겠다. 그러나 이는 곧바로 반박에 부딪힌다. 타인과의 관계들은 오히려 불신, 심지어 적의를 띠는 쪽이기 때문이다.

갈등에서 의무로

나의 의식과 상대의 의식 간의 관계를 분석할 때, '주인과 노예의 변증법'에 나타나는 헤겔식 모델은 그것이 필연적으로 갈등적이라고 가르친다. 상대에게서 나는 필연적으로 반영과 함정을 감지한다. 내가 그에게서 나를 발견한다면, 그것은 내가 그와 다름을 그가 확인하도록 하기 위함이기도 하다.

상대와 나에게서 동시에 나타나는 그 인정 요구의 결과는 반드시 갈등적이다. 나의 생존에 상대로 인한 여러 가지 방해는 이러한 근본적 상황의 반영일 수 있으리라. 그는 음악을 너무 크게 듣거나, 그의 신체는 혼잡한 지하철에서 내게 방해가 된다. 서로 다른 사회 집단이 수많은 전쟁을 시도했고 또 하고 있다는 사실은, 개인 차원에서건 집단 차원에서건 타인을 향한 사랑이 전혀 자발적이지 않음을 역력히 확인시켜 준다.

기독교의 사랑은 그럼에도 '이웃을 자신처럼 사랑해야 한다'고 되풀이하는데, 칸트에 의하면, 바로 이 '해야 한다'에 사실상 의무가 내비친다.

만약 의무가 정말 어떤 목적에 의해 조종되지 않는, 절대적 의무감('정언적 명령')을 표현하는 점에서 단순한 성향과 구별된다면, 그것은 의무가 보편적이며, 진정한 법칙에 부합하기 때문이다. ('해야 한다'의 결정적, 예외 없는) 법칙의 보편성은 나와 내 이득에 전념하는 성향이나 즉각적 충동을 불러일으키는 이기주의를 반박한다. 바로 이 점에서 의무로 간주된 사랑은 애정적 성질일 수 없는 것으로 보인다. 왜냐하면 나의 자발성과는 모순되기에.

사랑의 의무와 인류

만약 내가 내 자발성을 수동적으로 따르지 않고 타인을 사랑하게 된다면, 나는 동시에 보편적인 내 의무를 다하는 것이며, 사랑을 의무로 주장함은 전체로서의 인류의 구상에 참여하는 것이다.

물론 이러한 계획을 완전히 비현실적이랄 수도 있지만, 이 도덕적 태도의 조성은, 사실에 의한 반증에도 불구하고 적어도 인류의 그 조성에서 만날 수 있는 장애물들과는 별도로 가능성을, 내가 주장하는 것을 가정한다.

게다가 장애물의 원인은 개인적 도덕보다는 사회의 요구에 훨씬 많다. 그런데 진지하게 받아들일 경우 도덕적 요구는 일부 사회의 이익이 아니라 인류 전체의 이익을 목표로 할 것을 내게 요구한다.

하지만 아마도 개별적 개인을 통해, 그래서 비록 비애정적이라 할지라도, 주체 상호간의 차원을 통해 사랑의 의무는 효율성과 가장 확실한 현실성을 얻는다.

모든 사회적 동기와는 별도로, 레비나스가 정의하는 '대면'[4] 속에서, 의무로서의 사랑이 가장 분명하고 즉각적으로 나타나는 것이 아닐까? 타인이, 그가 바로 내가 아니라는 그런 의미에서, 나에게 여전히 낯선 게 사실이라면, 내 형제나 아버지도 파푸아 원주민만큼이나 내게 낯설다. 알다시피 그래서 불신이나 적의의 반응이 생

---

4)   레비나스(Emmanuel Levinas)는 《시간과 타자》에서 '얼굴과 얼굴을 맞댐'이 윤리의 근원이라고 이야기한다. '타자'의 얼굴은 '나'에게 윤리적인 명령을 강요한다.

길 수 있는 것이다.

레비나스에 의하면, 상대의 얼굴에서 즉각적으로 윤리적인 의미를 감지하는 경우는 제외된다. 상대를 봄, 특히 그의 시선에 주의를 기울임은 거기서 의무로서의 사랑의 보충 표현으로 간주될 수 있는 '죽이지 마'라는 법칙을 읽거나 짐작하는 것이다.

결론

인정된 모든 의무는 나의 즉각적 성향들에 대한 승리를 전제한다. 그래서 타인을 사랑함은 전혀 저절로 되지 않으므로 진정한 의무로 간주될 수 있게 되고, 일상이나 역사의 반증들에도 불구하고 표명되어야 한다.

상대의 존중에 기초한 사랑만이 인류에게 존엄성과 조화의 가능성을 가져다준다.

07

행복은 단지 한순간 스치고 지나가는
것인가?

Baccalauréat, 1997

행복을 찾지 않는 사람은 거의 없다. 이 지적은 여전히 유효하지만 정작 행복을
정의하려면 합의가 쉽지 않다. 행복의 본질이나 조건들에 관한 철학자들의
의견은 서로 달라 그 낱말이 단지 획득 불가능한 이상에 해당된다고 생각할
수도 있다. 용어를 아주 소박하게 받아들여 순간적으로만 행복이 가능하다고
하지 않는다면 말이다. 하지만 그러한 견해 자체가 바로 행복의 부정은 아닌가?

행복과 기회

어원적으로 행복은 행운이나 우연, 곧 우리가 그 이유를 즉각적으로 모르는 상태에서 우리에게 다가올 수 있는 그런 것이다.

하지만 이 말뜻은 그 행복을 가능하면 오래 지속하고자 하는 습관적 희망에 의해 곧바로 반박된다. 행복이 행운에 의해 주어진다면 '순간'만 지속될 수 있다. 그런데 그 '순간'이란 단어는 엄밀한 의미로서가 아니라, 행복을 음미할 약간의 지속 기간을 포함하는 것으로 받아들이는 게 적절하다. 그렇다 하더라도 내 의지와 상관없이 내게 생겼다가, 너무 짧다고 느껴지는 시간이 흐른 후 내게서 떠날 수도 있는 것이다.

이처럼 행복은 나를 둘러싼 것들에 의해 내가 충족되는 순간들에 있다. 그래서 비록 일시적이라 할지라도, 행복의 순간이 있으려면 무언가가 내 정신의 방향과 함께 나의 기다림과 일치해야 한다. 내가 새로운 요리를 음미할 때 그것은 행복이 될 수 있는데, 누군가가 그 요리가 맛있을 거라고 알려주었거나 내가 처한 상황으로 보아 아주 기분 좋은 경험이 되리란 걸, 뭔가 새로운 것을 먹을 수 있으리란 걸 내가 알고 있었기 때문이다.

만약 반대로 내가 (눈이라도 가려져) 조금도 예상을 못한다면 아무 말 없이 내 입에 넣어주는 것을 삼키면서 작은 행복을 느낄 것 같지는 않다.

그러니까 행복에 대한 나의 수용성을 결정하는 조건들은 존재함이 틀림없다. 그래서 현재의 행복에 대한 의식 없이는 행복이 있을 수 없다는 것이 분명해진다.

동물 혹은 어린아이조차 행복하다고 생각하는 것은 비유적으로만 가능하다.

그러나 그 의식은 무엇보다 현재를 구성하는 모든 것을, 현재 상황 그러나 또한 현재를 결정하는 추억 혹은 계획을, 포함한 현재에 대한 의식이다.

행복과 지속성

마음에 드는 것을 지속시키고자 함은 개인의 자연적 경향이다. 만약 행복이 환희의 순간이라면 그 환희는 필연적으로 곧 시들해질 것이다. 우리는 신체적으로나 정신적으로나 심한 소모를 오래 견딜 수 없다.

그렇다면 행복은 주기적으로 일상적 삶을 중단시켜 주는 것이리라. 행복이 오면 맘껏 즐기고 행복이 가면 다시 오기를 기다릴 수 있다(에피쿠로스파의 학자들에겐 행복한 순간에 대한 추억은 현재의 힘든 상황을 견딜 수 있게 해준다). 그 행복의 구두점들은 삶을 더 풍요롭고 만족스럽게 해주리라. 그래서 그 빈도를 증가시키기 위해 행복을 더 잘 다스리고자 하는 것이다.

고대 대부분의 철학자들이 행복과 미덕의 관계를 주장하면서 시도한 것도 바로 그것이다. 의지에 속하는 미덕의 실천으로 비록 영원하진 않더라도 보다 지속적인 행복을 얻고자 함은, 행복을 덧없는 단순한 기쁨과 구별하여, 행복한 삶이 최고선이 목표로 하는 삶임을 가정한다(아리스토텔레스는 인간의 미덕이란 사고하는 것이므로 행복한 삶은 인간이 일차적 욕구에서 벗어나 지적 활동으로 향하는 것이라고 한다).

그러나 이에 반대하기는 쉽다. 행복의 개념이 어떻든, 행복이 그리 쉽게 다스려지지 않는다는 건 '경험으로' 안다. 그걸 '하늘의 선물'로 간주하는 것이 싫을지라도, 그것이 맘껏 혹은 훈련하다 보면 생긴다는 건 별로 현실적이지가 않다.

이렇게 어쩔 수 없이 순간의 만족으로 돌아가게 되지만 그걸 준비하는 것은, 적어도 일부는, 우리의 몫임을 확인할 수 있다.

찾을 수 없는 행복

그러나 또한 내가 어떠한 신경을 쓰더라도, 행복은 내가 부분적으로라도 그것을 다스린다고 하기엔 내 의지와 상관없는 너무도 많은 요인들에 동시에 관련됨을 생각해야 한다.

게다가 나를 행복하게 해주는 것이 다른 모든 이에게도 동일하게 작용한다고 주장할 수 있게 해주는 건 아무것도 없다. 행복에는 주관성 혹은 단지 개인적 감수성에 관련되는 요소들이 너무 많아 그 결과를 보편화할 수가 없다.

칸트는 오히려 행복은 결과적으로 상상력에 따르는 이상일 뿐, 도의적 삶의 목적으로 제시할 수 없으며, 미덕과 전혀 관련이 없다고 생각한다.

물론 일상의 '작은 행복들'은 여전히 가능하지만 실질적 중요성은 없는 것이다.

결론

개인적이든 공동적이든 행복이 우연의 '선물'로 간주되는 한 불만
족스러울 것 같다. 하지만 행복의 존재조건들을 부분적으로 조절하
려 할 때 행복을 확인하는 것이 수동성인지 능동성인지는 알아야
한다. 제국 말기의 로마인들은 아마도 서커스 경기에서 그들의 표
면적 행복을 찾았고, 그것을 주기적으로 반복해야 할 만큼 행복은
일시적이었다.

　오늘날 공동의 '행복'한 순간들도 그렇지 않은가(운동경기의 우
승 기념식은 이 점에서 시사하는 바가 많다). 행복이 지속적이기를
바라는 것은 아마도 유토피아적이어서 우리는 다소 덧없는 행복들
에 만족해야 하리라. 하지만 그것들이 적어도 우리의 능동성을 확
인할 수 있도록 애쓸 수는 있다.

08

타인을 존경한다는 것은 일체의 열정을
배제한다는 것을 뜻하는가?

Baccalauréat, 1999

소설《미친 사랑》의 마지막 장면에서 앙드레 브르통은 손녀에게 편지를 쓴다.
브르통은 이 편지에서 손녀가 한 남성으로부터 미친 듯한 사랑을 받기를
바란다는 말을 하고 있다. 미친 듯한 사랑을 받는 게 과연 좋은 것일까? 미친
듯한 사랑이라면 독점적인 사랑일 텐데 독점적인 사랑이 손녀 유퀴제트 드
누와허이로 하여금 자기 자신을 오히려 잃어버리게 하지나 않을까?
누군가로부터 미친 듯한 사랑을 받는다는 것은 자신의 자유와 존중받을 권리를
잃는다는 것을 의미하지는 않을까? 타인을 사랑하면서 동시에 존경할 수
있을까?

열정과 자기소외

열정을 연구대상으로 삼을 때 과거에는 열정이 여기에 사로잡힌 자에게 어떤 영향을 미치느냐가 주요한 주제였다. 플라톤 이후 수많은 철학자들은 열정이 인간으로 하여금 이성을 잃게 만들고, 자기 행위를 이론적으로 합리화하는 단계로까지 나아가게 만든다고 말한다.

열정에 대한 이 같은 부정적인 생각은 우리의 일상적인 표현에서도 그대로 나타나고 있다. '불타고 있다' '눈이 멀었다' '제정신이 아니다'와 같은 표현들이 그렇다. 열정은 사실 정신착란적인 영향이 너무 크다. 그래서 법률적으로도 '열정에 따른 범죄'(예를 들어 간통 장면을 목격한 남편이 자기 부인을 살해하는 행위)를 따로 두어 일반 범죄보다는 대체로 관대하게 다룬다.

이 같은 극단적인 예가 아니더라도 열정은 거의 대부분 여기에 사로잡힌 자들로 하여금 비정상적인 행위를 하도록 유도한다. 사랑에 빠진 자는 마치 그 현실이 영원할 듯, 시간을 벗어난 듯, 현실을 정지시킨 듯 행동하고, 자신이 처한 상황은 인간의 조건에 속하지 않는다고 스스로를 설득시킴으로써 현실적인 자아를 파괴하는 결과를 가져온다.

그러나 열정에 관해 이 같은 부정적이고도 정신의학적인 시각(칸트는 열정을 영혼의 병이라고 했다)만 있는 것은 아니다. 낭만주의자들은 열정을 보다 긍정적으로 생각한다. 무엇인가 영원한 것, 절대적인 것이 있기를 간절히 바라는 마음에서 열정에 사로잡힌다는 것이다. 따라서 열정이 없는 인생은 무미건조하고 가치 없는 것으로 이들은 보고 있다. 예를 들어 독일 낭만주의자들은 "사랑 때문에 죽는 것은 사랑을 알지 못하고 사는 것보다 낫다"고 주장하기도 했다.

열정의 대상으로서의 '타인'

열정 그 자체에 대해서는 많은 사람들이 많은 연구를 해왔으나 열정이 기울여지는 대상에 대해서는 별 관심을 기울여오지 않았다.

플라톤이 말하는 사랑은 대상이 있는 구체적인 사랑이 아니라 추상적인 이상이었다. 플라톤은 사랑받는 자가 당하는 고통에 대해서는 아무것도 말하지 않았다. 플라톤은, 사랑(특히 동성연애)이란 사랑받는 자를 풍족하게 하고, 그의 지적 성장에 도움을 주는 것이라 표현한다(그리스 동성연애의 경우 연장자는 연하자를 철학적으로 지도했다).

사랑의 적극적인 능동자에 대해서만 관심을 갖고 사랑의 대상이 되는 피동자가 사랑 때문에 어떤 상황에 빠지는가에 대해 철학은 침묵을 지켜왔다. 그러나 문학은 그렇지 않았다. 문학은(예를 들어 돈 후안의 '위험한 관계') 정열적으로 사랑받던 자가 나중에 어떤 식으로 농락당하고 결국은 버림받게 되는지를 이야기하고 있다.

물론 지나치게 냉소적인 면이 없지는 않지만, 《돈 후안》 등의 소설은 사랑을 결국 평등한 관계에서보다는 욕구하는 자와 욕구의 대상이 되는 희생양 사이의 정치적 관계로 묘사하고 있다는 점에서 눈길을 끈다.

계급과 권력이 '자연스러운' 사회에서 타인이란 결국 '내가 아

님'으로 간주되고 따라서 내 욕구의 '대상'이 되든지 아니면 내가
욕구하는 '대상'을 동시에 욕구하는 경쟁자로 여겨지기 쉽다. 말하
자면 경쟁자든 대상이든 타인이란 결국 내가 정복해야 할 존재이
다. 사드의 소설이 이를 풍자적으로 잘 묘사하고 있다. 에로틱한 관
계에서 주인계급은 그들의 욕구를 만족시키는 노예계급으로부터
기쁨을 얻는다.

내가 아닌 자가 나의 존중을 받기 위해서는 상호 교환의 개념이
있어야 한다. 이는 법·제도·형식을 넘어서는 진정한 의미에서의 민
주주의와 사회구성원간의 평등 위에서만 가능하다. 이런 사회에서
만 타인은 나와 같은 인간성을 가진 존재로 존중받게 된다. 칸트가
말했듯이 타인은 결코 수단이 아니라 목적이다.

객체에서 주체로

타인을 존중한다는 것은, 타인이 나의 욕구를 만족시키는 수단이
아니라 그 자체로 인간으로서의 존엄성을 갖고 있는 존재로 대하는
것이다. 여기서 우리는 내가 그에게 보내는 존중의 마음에서 열정
을 배제해야 하나, 하지 않아야 하나의 문제에 부딪히게 된다.

이론상으로는 존중하는 사람을 갈망하지 않을 수도 있다고 할지
모르지만, 그에 대한 열정이 일어나는 것을 어떻게 막을 수 있단 말
인가! 의지로 열정의 발생을 억제할 수 있단 말인가? 타인에 대해
존경심과 열정의 감정이 동시에 일어날 경우 그를 대상으로만 대하
지 않기 위해서는 타인에 대한 나의 열정과 나에 대한 타인의 열정
이 동시에 이루어져야 한다. 이 같은 상호적인 열정관계에서 애정

은 파괴적인 것이 아닌 풍요로운 것으로 전환될 수 있다. 그리고 열정의 완벽한 상호 분배가 이루어지지 않았다고 하더라도 사랑받는 자가 이를 자신의 가치를 충분히 인식하는 기회로 사용하고, 사랑하는 자 또한 자신이 열정을 쏟아붓고 있는 상대의 변화를 도울 수 있는 기회로 삼을 수 있다.

결론

애정관계의 다양성 때문에 문제에 대한 보편타당한 답은 하기가 어렵다고 생각한다. 사랑과 열정은 신화와 환영에 불과한 것이 아닌지, 열정에 대한 개념연구에 몰두하기보다는 사랑에 빠진 사람들이 구체적으로 어떻게 행동하는지를 살펴보는 것이 더 낫지 않을까?

열정을 표현하고 제어하는 능력이 사람마다 다 다르듯이 자신의 몸과 마음을 자유롭게 다스리는 능력과 자기 자신을 존중하는 능력도 사람마다 다를 것이다. 타인과 자기 자신을 존중함과 동시에 열정의 복잡한 성격을 냉정하게 인식할 때에 비로소 타인을 단순한 욕망의 대상으로 취급하는, 그리고 자기 자신을 그 대상적 존재로 전락시키는 위험에서 벗어나게 될 것이다.

09

죽음은 인간에게서 일체의 존재의미를
박탈해 가는가?

Baccalauréat, 1996

인류학에 따르면 인간만이 죽어야 한다는 것을 알고 있다고 한다. 생명의
유한함에 대해 알고 있다는 것은 무가치한 것일까 아니면 가치 있을 뿐 아니라
우리가 살아가는 데에 있어 오히려 에너지를 충전시켜 주는 것일까?
죽음은 인간 존재로부터 모든 의미를 박탈하는 것일까 아니면 우리의 일상
행위에 개입함으로써 생에 보다 깊은 의미와 방향을 제시해 주는 것일까?

초현세적 의미

영혼의 불멸성을 믿는다면 죽음은 단순한 도정에 불과하다. 영혼의 불멸성을 주장하는 사람들에게는 사후의 삶이야말로 진정으로 가치 있는 것이다. 그러나 이런 태도가 현세적 삶의 모든 가치를 부정하는 것은 아니며, 그보다는 오히려 생의 의미를 일종의 '종합적' 결론으로 유추한다. 예를 들어 플라톤은, 영혼 심판은 사후에 내려지는 것이며, 따라서 영혼의 행복을 위해 우리 인생을 끊임없는 선의 추구로 인도해야 한다고 주장했다.

기독교에 있어서도 인생은 영원한 내세에의 기다림으로 방향지어져 있다. 이는 유한한 인간이 왜 불멸의 존재인 신의 법에 부합하도록 살아가야 하는지를 말해 주는 것이기도 하다. 이 경우 죽음은 생의 의미를 앗아가는 것이 아니라 그 반대로 의미를 제공해 주는 것이다.

현세적 의미

내세와 상관없이, 영혼의 불멸성과 관계없이도 우리의 삶을 얼마든지 생각할 수 있다.

고대 그리스의 쾌락주의자(에피큐리언)들은 그들의 유물론에 따라 영혼은 몸과 함께 사라지는 것이라고 믿었다. 그렇다고 해서 생의 의미가 없어지는 것은 아니라는 생각 또한 갖고 있었다. 그래서 이들은 자연이 시키는 대로 인생을 사는 것이 좋다면서 절제된 쾌락, 불안이 없는 마음의 평온함을 자연의 요구라고 보았다. 이들은 신체와의 맥락 속에서 죽음을 성찰하고 있는데, 여기서 말하는 신체란 동물적·물질적·육체적 신체가 아니라 정신수양을 통해 단련되고 의미로 가득 찬 그리고 순화된 신체를 뜻한다. 또 이는 지혜에 도달하기 위한 노력과도 일치하는 것이다.

마르크스 등의 근대 유물론의 경우 생의 의미를 말할 때 개인적인 차원에서가 아니라 집단적 차원에서 그 의미를 찾고 있다. 그들 주장대로라면 역사에 참여함으로써 자유를 획득할 때에만 생은 의미 있는 것이 된다. 말하자면 의미는 과거와 미래를 비교하는 역사적인 시각과 과정 속에서만 형성된다는 것이다. 이는 의미를 목적과 근원으로 파악하고자 하는 것인데, 마르크스의 이 같은 역사론적인 관점은 비록 그가 의도한 바는 아니나 신학적인 분위기를 풍긴다. 마르크스의 생의 철학이 기독교와 차이가 있다면 단지 인간의 삶을 창조의 실천의지로 보고 있다는 점 정도이다. 그러나 실현되어야 하는 궁극 목표를 설정하는 데 있어서는 생의 의미를 여전히 초현세적으로 보고 있다.

죽음이 생의 의미를 부여하고 있다

죽음에의 의식 없이 존재에의 의미가 가능할까? 동물세계가 그런 것처럼 가능하지 않다고 본다. 동물과 달리 인간은 도달해야 할 목표를 정하고, 이를 위해 끊임없이 계획을 세우고 노력을 한다. 따라서 인간의 삶이 본능적인 행위만으로 결정되고 있다고는 볼 수 없다. 그런데 계획이란 그 자체가 시간성을 갖고 있다. 계획의 마지막 시점이 바로 죽음의 순간이다. 그러므로 생의 유한성과 시간성을 고려하지 않는 삶에서는 계획을 세운다는 것이 불가능하다.

새로운 어떠한 것도 추구하지 않는 무의식적인 삶은 의미도 의도도 표현하지 못한 채 일상의 반복에 만족하는, 역사성의 부재를 뜻한다.

사르트르의 실존주의 철학이 보여주듯 일체의 종교적·영혼적 요소를 제거한 상태에서 생을 생각한다면, 우리의 생이라는 것은 부조리하고 허무하며, 원초적으로 아무런 의미도 없는 것으로 생각되기 쉽다. 이런 생각에 따르면 어느 무엇도 자기 존재의 특수성을 입증해 주지 못한다. 그리고 초월에의 불가능함과 집단 규범의 부재는 인간이 스스로를 개발하기 위해 추구해야 할 잠재적인 의미를 상실케 한다.

그렇지만 초월적인 의미가 없다고 해서 의미찾기가 모두 불가능해진다는 것은 아니지 않은가. 실존주의적으로 볼 때 생의 의미는 생에 앞서는 것 또는 생을 넘어서는 것이 아니라 생으로부터 뽑아져 나오는 것이다.

따라서 인간이 자신의 존재를 긍정한다면 실천적인 행동, 일, 자신의 환경에 가해지는 변화에 의해서 이 긍정이 이루어져야 한다. 그리고 이것은 헤겔이 말했듯이 인간과 동물을 구분짓는, 자연을 넘어서 문명으로 들어가는 관문이 된다.

죽음, 즉 생의 끝에 대한 인식은 인간으로 하여금 무엇인가를 시도해야 한다는 깨달음을 일깨우는 원동력이다. 그리고 이 경우 생의 의미란 어떤 초월적인 존재가 아닌 인간의 존재양식에 의해서만 결정되는 것이다.

결론

죽음이란 인생의 의미를 박탈하는 것이라기보다 인생으로 하여금 수없이 다양한 생의 의미를 창조토록 하는 것이다.

생의 의미가 어떤 방향과 뜻의 표현으로 이해되는 것은 죽음이 언제나 눈앞에 있고, 이에 따라 실천 속에서 자기 창조의 노력으로 이어지기 때문이다.

10

우리는 자기 자신에게 거짓말을 할 수 있나?

Baccalauréat, 1999

소크라테스의 철학은 "너 자신을 알라"라는 말로 요약된다. 이는 자신에 대한 냉정한 평가와 명민함을 요구하는 것인데, 문제는 이 요구가 과연 실현 가능한 것인가 하는 점이다. 자신을 알려고 한다지만 스스로를 잘못 판단한다거나 자신을 속일 위험이 있지 않을까?

자신을 안다는 것은 자기 존재의 진실을 발견해 내어 이를 표현할 능력이 있다는 것을 뜻한다. 그러나 만약 이 과정에서 착오가 있고, 이 착오가 나의 허위의 의지와 관련되어 있고, 따라서 자신에게 거짓말을 하도록 만든다면 지혜란 무엇이며, 철학이란 무엇인가에 대해 의문이 생길 수밖에 없다.

의식과 명민함

사실과 다른 것임을 알면서도 타인으로 하여금 사실로 알게끔 말로 써 속이는 것이 거짓말이다. 즉, 거짓말의 대상은 타인이다. 만일 나 스스로를 속인다면 내가 나 스스로를 대화의 상대자로 간주하고 있다는 말이 된다.

오귀스트 콩트는 내적 성찰과 관련한 과학적 관심을 부인했다. 과학적 관찰이란 항상 관찰자와 관찰대상 사이에 일정한 거리가 있음을 상정하고 있는데, 내적 성찰의 경우 이 거리가 없다. 관찰자와 관찰대상이 동일하기 때문이다. 내적 성찰이라는 언어가 지니는 뜻이 무엇이든 우리는 우리 자신에 대해 일상적으로 생각한다. 때로는 거리를 두고, 때로는 거리를 두지 않는다.

일상적으로 내적 평가를 모두 하고 있는 셈인데, 초기 심리학은 이 내적 평가를 기록하고 있다 할 일기장과 개인 기록들을 통해 기록자의 의식을 분석하려 했으며, 사고주체의 진실을 찾으려고 노력했다.

내적 관찰은 신앙고백과 비슷한 성격을 갖는다. 우리는 내적 관찰의 경우 거짓이 없을 거라고 생각한다. 신앙고백에 거짓이 없을 거라고 생각하는 것과 마찬가지이다. 신앙고백에서 거짓말의 가능성을 배제하는 것은, 고해 신부에게 거짓말을 한다고 해도 결국은 나의 뜻이 신부에게 드러날뿐더러 모든 것을 다 알고 있는 신에게 거짓말할 수는 없다고 생각하기 때문이다.

그러나 진실을 알고 있을 양심이 있음으로 해서 과연 나 자신을 속일 수 없는가 하는 의문은 남는다. 만약 나 자신을 속일 수 없다고 한다면, 윤리적 차원과는 관계없이 양심이라는 것은 루소가 말한 '신성한 본능(Instinct divin)'[5]과 일치하는 것이다.

의식의 능력을 의심하다

마르크스는 개인의식과 계급의식을 비교하면서 계급의식에 비해 개인의식은 아주 미미한 것이라고 말했다. 개인의식은 때로 환상적인 것일뿐더러 여러 가지 잘못을 내재하고 있다는 것이다. 그렇다고 하더라도 개인의식이 직접적으로 거짓말과 상통하는 것은 아니다.

자기 자신에 대한 거짓말은 그 자체로 심각하다 하더라도 의식적으로 진실을 은폐하는 것이라고는 할 수 없다. 은폐라기보다는 무지나 오류에 가깝다. 무지는 알고 싶어하지 않아 한다는 것과 같은 말이다.

마르크스 이전의 인간들은 자신의 계급·신분을 알지 못함으로써 자신이 누구인지에 대해 거짓말을 할 수 있었다. 그러나 마르크스 이후에는 한 개인이 자신의 행위와 감정, 태도가 어디에서 비롯되고 있는가를 알 수 있는데도 자신의 계급상황을 모른다고 주장하는 것은 자기 자신에게 거짓말을 하는 것과 같다. 물론 마르크스가 완전히 옳았는지 틀렸는지는 우리가 여기서 다룰 주제는 아니다.

---

5) 《에밀》4권의 '사부아 보좌신부의 신앙고백'에서 루소는 즉각적이고 보편적인 느낌, 즉 '신성한 본능'을 이야기한다. 신성한 본능은 도덕의식이다. 이러한 도덕의식은 이른바 '자연상태'의 무도덕성과 모순된 것이 아니다. 자연인은 동정심이라는 도덕성의 씨앗을 가질 뿐 아니라, '자연상태'라는 개념은 인간의 현실적 퇴락을 설명하기 위해 제시된 허구이기 때문이다.

중요한 것은 그가 이데올로기 구조에 의해 개인의식이 결정될 수도 있음을 파헤쳤다는 점이다. 같은 맥락에서 니체는 우리가 스스로를 의식하기 시작함으로써 모든 환상에서 벗어날 수 있다고 주장했다.

그런데 우리는 언어를 통해서만 의식할 수 있다. 언어란 집단적인 것이고 우리는 또 타인의 시각에 의해서만 의식할 수 있다. 따라서 필연적으로 이름 없는 대중, 타인의 시야의 노예가 된다. 여기서 우리는 거짓말을 할 수밖에 없는 상황이 생긴다.

무의식 그리고 내 자신의 거짓 해석

정신분석학은 마르크스가 말한 개인의식과 계급의식, 니체가 말한 표상의식과 심층의식[6]의 대립을 넘어서서 무의식의 세계를 내세웠다. 의식이 아니라 무의식이 나의 행위만이 아니라 욕망과 감정까지 결정짓는다고 한다면, 이제 육체적인 것이든 정신적인 것이든 행위의 근거를 의식에 근거해 설명할 수 없게 된다.

말하자면 나는 무지에로 운명지어졌다는 것인데 이때 무지와 거짓말이 일치하는 것은 아니다. 의식이 나 자신을 알게 해주지 않으며 따라서 나의 무능함을 밝힐 경우 모든 거짓말은 비난의 대상에서 제외될 수 있다.

---

6) 니체는 몸과 영혼, 심층의식과 표상의식을 대립시킨다. 표상의식 속에 우리의 언어, 논리, 도덕 등이 포함되는 반면 심층의식에는 본능과 충동, 의지가 있다. 그는 이런 심층의식의 우위를 주장했고, 심층의식 즉 본능·충동·의지의 관점에서 언어와 도덕을 허위로 전복시킨다.

프로이트가 세운 모델에 따르면, 우리의 심리적·언어적·태도적 표현은 동시에 두 가지 내용을 나타낸다. 하나는 현시적 내용이고 다른 하나는 잠재적 내용이다. 현시적 내용은 사회적인 의식을, 잠재적 내용은 무의식적 욕구와 관계를 맺는다. 그런데 현시적 내용은 잠재적 내용을 은폐하려고 하고, 주어진 규범에 따를 것을 설득한다. 여기에서 거짓이 생긴다. 그렇다면 내 자신 깊은 곳에 자리잡고 있는 의식에 의해 형성된 거짓은 신성한 본능에 가깝다기보다는 거짓을 유도하는 악마적 본능에 가깝다.

결론

만약 진실이 무의식 속에 존재한다면 사회생활에 따른 필요성과 의식이 나로 하여금 나 자신에게 거짓말을 하도록 요구할 것이다. 그리고 우리는 우리가 흔히 생각하는 것보다 훨씬 더 자주 거짓말을 하고 있을 것이다.

이처럼 나 자신은 나의 행위를 결정짓는 무의식에 대해 그리고 내 진정한 행동동기에 대해 스스로 거짓말을 할 수밖에 없는 존재로 운명지어져 있다. 그렇다고 해서 내가 반드시 불행한 것은 아니다. 거짓말을 함으로써 사회적인 삶이 가능하기 때문이다.

인간은 이처럼 타인과 더불어 살기 위해 자기 자신의 진정한 존재에 대해 때때로 거짓말을 해야 하는 참으로 신비로운 존재라고 하겠다. 아무리 우리가 진리를 찾으려고 해도 우리가 찾고자 하는 진리는 시초의 존재론적인 거짓말 위에 서 있는 것일 게다.

11

행복은 인간에게 도달 불가능한 것인가?

Baccalauréat, 1996

아리스토텔레스는 "인간은 행복해지기 위해 산다"고 말했다. 행복이 이처럼 생의 목표가 된다면 이는 당연히 도달 가능한 것이어야 한다. 그렇게 생각해야 옳지 않을까?

행복이라고 하지만 역사가 흐를수록 개인적인 행복을 넘어 인류 전체의 행복에 대해 깊은 관심과 논의들이 나오고 있다. 그러나 무엇이 행복인지 딱 잘라 말하기 어렵고, 인류 보편의 행복이라는 것이 과연 무엇을 말하는 것인지도 정의내리기 어렵다.

개인적 행복, 도달의 가능성

미셸 푸코[7]는 자기수행을 '자기에 대한 배려(Souci de soi)'라고 했다. 이 점에서 고대 철학자들은 자기수행을 행복 추구의 한 방법으로 간주했다. 행복과 함께 지혜를 말이다. 이들 고대 철학자들의 관점대로 한다면 행복은 도달 가능한 것이다.

물론 행복에 도달하기 위해서는 자기수행과 연마, 욕망의 통제라는 어려움을 마다하지 말아야 한다. 이런 어려움을 이기고 한 사람이 생존에 따르는 기본적인 욕구를 제어하고, 사회적 신분과 허영을 경멸할 정도에까지 이르게 된다면, 행복의 또 다른 말이라고 할 내적 평안함이 자기 존재 자체의 내적 필연성과 결합할 수 있을 것이다.

고대 그리스의 스토아학파 또한 주변 환경 조건에 흔들리지 않는 독립적인 자아의 형성과 인간 의지에 관련된 것에만 관심을 집중한다면 행복에 도달할 수 있음을 말했다. 이들에 따르면 노예마저도 객관적인 굴종의 상태를 넘어 내적 평안함과 자유의 상태에 이를

---

7) 미셸 푸코(Michel Foucault, 1926~1984)는 프랑스 푸아티에에서 태어났다. 역사학과 병리학을 공부했으며, 클레르몽페랑대학을 거쳐 콜레주 드 프랑스의 교수가 되었다. 저서로는 《광기의 역사》,《말과 사물》,《감시와 처벌》,《성의 역사》등이 있다.
푸코는《성의 역사》에서 그리스와 로마 시대의 성적 양식을 분석하면서 그들은 자신의 쾌락을 자제하면서 자기 존재의 정체성을 확보하려고 하거나, 자기에 대한 배려(Souci de soi)를 통해 스스로를 윤리적 주체로 구성하려 노력했다고 주장한다. 푸코는 성과 쾌락이 사회적으로 구성되는 것이고, 이러한 성과 쾌락에 대한 분석을 통해 사회적 억압과 통제의 기제를 드러낼 수 있다고 본다.

수 있고, 고문을 받는 자가 고통을 느끼지 않을 수도 있게 된다.

이 같은 생의 철학은 찬사와 비난을 동시에 받아왔다. 개인의 행복이 과연 사회적 삶의 조건과 전혀 관계가 없는 것인지, 외부 조건에 구애받지 않는 완전한 자유라는 것이 과연 실재하는지 하는 점들을 둘러싸고 논쟁이 끊임없이 이어져 왔다.

보편화하기에는 어려움이 많다

스토아학파적 행복에 대해 처음으로 본격적인 비판을 제기한 사람이 칸트이다. 칸트는 행복과 관련해서 가장 어려운 것이 '무엇을 행복으로 보느냐' 하는 개념 정리라고 했다. 사람의 희망과 욕망은 서로 다르게 마련이고, 따라서 어떤 상태를 행복한 상태로 보는지도 사람에 따라 다를 것이기 때문이다.

문제는 행복의 개념을 보편화하는 일인데, 행복이 인간 이성의 영역에서 벗어나 있는 것이라면 행복에 인간이 도달할 수 있나 없나는 결국 종교적 믿음의 문제가 된다. 실제로 이는 수많은 종교들이 수도 없이 다루어온 문제이기도 하다. 예를 들어 기독교는, 완벽한 행복이란 현실세계에서는 불가능하고 사후세계에서만 가능한 것이라 본다.

이런 관점에서 볼 경우 땅 위에서의 삶은 내세에서의 행복을 위한 준비과정에 불과하며, 따라서 덕을 쌓는 것이 행복에 이르는 가장 빠른 길이다. 성 토마스는, 행복이란 덕을 행함으로써 주어지는 최상의 보상이라고 했다. 여기에 대해 스피노자는, 행복이 선행에 대한 보상이라기보다는 행복과 선행은 둘이 아니라 하나라고 주장했다.

이 같은 견해의 차이는 행복의 보편 개념화가 불가능하다는 칸트의 말을 떠올리게 한다. 이처럼 행복이 무엇인지를 정의하지 못한다면 행복에 도달하는 것이 가능하냐 불가능하냐를 두고 이야기하는 것 자체가 어려운 일일 수밖에 없다.

상대적인 행복과 경험

행복이 지성에 의해 감지될 수 있는 것이 아니라면 경험을 통해 느낄 수밖에 다른 도리가 없다. 우리가 일상 속에서의 작은 행복이라고 부르는 것이 곧 상대적 행복이라고 하겠는데, 상대적 행복은 주관인인 행복일 수밖에 없다. 예를 들어 한밤중 나를 행복하게 하는 음악이 내 이웃에게는 소음일 수 있는 것이다.

따라서 이 작은 행복은 이를 추구하면 할수록 행복의 보편성으로부터 더욱 멀어지게 될 것이다. 바로 이 점을 마르크스는 비판하고 있다. 우선 남의 불행을 외면한 채 나 홀로 행복해질 수 있나 하는 윤리성의 문제가 제기된다. 또 정치이데올로기 면에서 볼 때, 이 개인적 행복을 전사회적 차원으로 확대할 경우 노동계급을 착취함으로써 행복을 얻는 부르주아계급의 사고를 정당화해 줄 수 있다.

인간사회가 존재하는 한 계급투쟁은 계속되어 왔고 또 앞으로도 계속될 것이라면, 상대적 행복이 아닌 보편적 행복이란 인류 역사가 끝나는 날까지 도달할 수 없는 것일 게다.

결론

행복이 물질적으로나 정신적으로나 부족함이 없는 풍만상태를 가리킨다면, 결국 행복을 얻는 방법은 이기적인 것일 수밖에 없게 된다.

행복에 대한 이성적인 보편 개념화가 헛된 것임이 분명해진 이상, 행복 개념의 보편화는 역사 상황에 따라 도달 가능한 한도 안에서 추구할 수밖에 없다고 본다. 그리고 이 경우 행복이 도달할 수 있는 것인지 아닌지는 개개인의 윤리적·정치적 노력과 행위의 결과에 따라 판단되어질 수밖에 없다.

"행복은 유럽에 있어 완전히 새로운 개념이다"라고 한 생쥐스트[8]의 말은 유럽인들에게 새로운 비전을 제시한 말이다. 유럽인들 사이에는 20세기에 접어들어서야 '무엇을 행복으로 보느냐'의 문제가 본격적으로 등장했기 때문에, 행복에의 도달 가능성은 앞으로 유럽인들 앞에 넓게 펼쳐진 새로운 사고의 지평이 될 것이다.

---

8) 생쥐스트(Louis Antoine de Saint-Just, 1767~1794)는 프랑스 니베르네에서 출생했다. 프랑스혁명이 일어나자 국민군에 가담했고, 자코뱅당 중심 세력인 로베스 피에르파의 지도자가 되었다. 1794년 국민공회 의장이 되어 '팡토즈법'을 추진하였으나 반대세력에 의해 같은 해 7월 로베스 피에르와 함께 단두대의 이슬로 사라졌다.

Baccalauréat

02

인문학

Humanities

01

우리가 하고 있는 말에는 우리 자신이 의식하고 있는 것만이 담기는가?

Baccalauréat

말을 하는 동안 우리는 자신의 말에 담긴 내용을 전적으로 통제한다고 생각할 수 있다. 마찬가지로 우리의 말이 상대방에게 야기하는 효과 또한 통제한다고 믿을 수 있다. 하지만 우리의 말을 들은 상대방이 우리의 말을 오해하는 경우가 적지 않다.

우리의 말이 우리를 배신할 수 있는 것인가? 우리의 통제를 벗어나는 것은 무엇인가? 이 점에서 우리의 말은 우리가 의식하고 있는 것 이상의, 혹은 우리가 의식하고 있는 것과는 다른 것을 표현한다고 볼 수 있을까?

그렇다면 우리가 자신의 말을 완전히 통제할 수 없는 이유는 무엇인가? 즉, 우리가 말하려 했던 것과 그 말을 듣는 사람이 이해하는 것 사이에는 어떤 차이가 생기는 것인가?

무의식의 개입

의사소통에서 본래 의도가 변질되는 데에는 언어 자체의 문제도 있지만 더 근본적인 것은 말하는 인간 자체이다. 몸짓, 표정, 자세, 어조 등은 발화자의 감정과 의도를 드러낸다. 내가 친구로 여기고 있는 사람이 찌푸린 얼굴로 말을 하면 나는 그 사람이 근심이 있다거나 내 말에 동의하지 않는다고 생각할 수 있다.

하지만 이 경우 얼굴 표정이 어느 정도 의도적인 것이라면 반대로 의도치 않은 몸짓으로 자신의 말을 반박하는 사람도 있다. 누군가가 거짓말을 할 때 우리는 그의 말이 아니라 표정이나 시선에서 진실을 읽을 수 있다. 이때 발화자는 자신의 말은 통제하지만 얼굴은 통제하지 못하는 것이다.

프로이트의 이론은 이중 의미가 유통되는 다양한 상황을 지적한 바 있다. 명시적 의미가 의식과 의식에 의한 말의 통제에 해당한다면, 잠재적 의미는 말의 명시적 의미와는 완전히 다른 것을 드러낸다. 이때 잠재적 의미는 무의식에서 나온 욕망, 충동에 관계한다. 그래서 프로이트는 몸짓, 자세, 말실수, 습관 등을 통해 우리의 가장 깊은 내면에 담긴 무엇인가가 표출된다고 주장한다. 우리가 말을 하는 동안, 즉 우리가 우리의 말을 통제하고 있다고 믿고 있는 동안, 우리의 신체는 말 없는 말, 완전히 다른 말을 하고 있다. 그리고 우리와 마주하고 있는 사람은 이러한 우리의 신체 언어를 해석할 수 있다.

언어의 효과는 완전히 통제될 수 없다

도식적으로 말하자면 일반적 대화 상황에서 중요한 것은 우리의 무의식만이 아니다. 화자의 무의식뿐 아니라 그 말을 듣는 사람의 무의식 역시 고려해야 한다. 왜냐하면 청취자의 무의식은 발화자가 전혀 의도치 않은 의미를 끄집어내거나 만들어낼 수도 있기 때문이다. 화자 쪽에서 그의 언어가 부분적으로 엄격한 통제를 벗어날 수 있다라면(예컨대 어휘 선택은 순전히 의식 차원에서만 이루어지는 것이 아니다), 어떤 어휘나 표현이 청취자의 무의식을 자극해 발화자도 청취자도 통제할 수 없는 생각이나 감정을 산출해 낼 수 있다.

그러므로 말을 하는 쪽에서건 듣는 쪽에서건 대화 상황에는 언제나 몰이해와 오해의 가능성이 잠재해 있다. 우리가 '그러니까 내 말은, … 라는 뜻이야' '당신의 말을 제가 바르게 이해했다면' 같은 표현을 종종 사용하는 것은 말을 할 때건 들을 때건 의미가 분명히 전달되었는지를 확인할 필요가 있기 때문이다.

더구나 우리는 우리가 사용하는 어휘를 절대로 완전히 통제할 수 없다. 모든 단어는 말하는 순간의 우리에게 필요한 것 이상으로 풍부한 의미를 지니고 있다. 언어란 개인이 만든 것이 아니라 그 언어를 사용하는 사람들 모두가 공유하고 있는 집단적인 산물이므로, 우리는 화자가 한 단어에 담긴 모든 의미를 사용할 수 없다는 사실에 주목해야 한다.

한 단어에는 언제나 여러 의미가 담겨 있고 이는 수많은 맥락에 따라 각기 달라진다. 즉, 단어에는 의미가 있는 것이 아니라 용법만이 있을 뿐이다. 우리가 하나의 문장을 만들 때 여기에는 우리가 의도했던 것보다 훨씬 많은 '용법'들이 담기게 되며, 우리가 꺼낸 말은 우리의 의식을 넘어서서 독립성을 지니게 된다.

예술적 표현의 다의성

예술작품이 '표현'에 관한 매우 중요한 영역이라는 점을 고려할 때 (근대 예술은 작품이 예술가의 정신의 '표현'이라는 점을 강조해 왔다), 표현과 의도의 관계를 고찰함에 있어 우리는 예술작품의 경우를 살펴볼 필요가 있다.

그런데 예술작품의 경우 이 표현은 단지 저자의 의도와 의식으로만 환원되지는 않는다. 한 작품의 풍요성이란 그 작품이 지닌 의미망이 저자의 의도를 벗어나고, 심지어 그 시대마저 벗어나는 다양한 해석을 낳고 작품이 탄생한 순간에는 그 누구도 생각하지 못한 새로운 해석들이 이후에 끊임없이 나올 수 있다는 데 있다.

발자크는 《인간 희극》을 구상하면서 의식적·의도적으로 당대 사회를 속속들이 파헤치는 풍경화를 그리려 했다. 하지만 이후 문학 비평은 이 작품이 본래의 기획을 완전히 충족시키지 못했으며(《인간 희극》은 노동계급의 출현을 그리는 것을 잊고 있다), 반대로 발자크가 사회 안에서 돈이 유통되는 과정을 세밀하게 그려냈다는 점을 밝혀냈다.

《인간 희극》이 앞으로도 여러 세대에 걸쳐 읽혀진다면 이와는 다른 해석도 얼마든지 나올 수 있을 것이다. 깊이 있고 풍요로운 작품이라면 모든 독자는 작품에서 각기 나름대로 새로운 의미를 발견할 수 있는 것이다.

실제로 문학사의 고전들은 이러한 운명을 겪고 있다. 라신의 비극에서 계급투쟁을 발견할 수도 있고(루시앙 골드만의 독서), 이를 정신분석학적 관점에서 해석하여 거기서 오이디푸스 콤플렉스를 발견할 수도 있다.

물론 라신이 의도적으로 작품 속에 이러한 요소를 설치하지는 않았을 것이다. 즉, 예술작품은 작가의 의도가 표현된 것이지만 일단 작가의 손을 떠나면 그 의도를 훨씬 넘어서는 것이다. 더구나 라신, 발자크 같은 작가가 작품을 집필하면서 실제로 어떤 의도를 가졌는지는 알 수가 없다.

또한 작가의 무의식이 집필과정에 영향을 끼쳐 그의 작품이 본래 의도 이상의 것을 표현한다고 생각해도 틀린 말은 아닐 것이며, 나중에 텍스트의 구조가 저자의 당대에는 꿈도 꾸지 못한 해석을 제공하는 경우도 적지 않을 것이다.

우리는 언어예술(문학)에서 얻은 결론을 다른 장르의 예술에도 확대 적용할 수 있다. 우리는 렘브란트의 그림을 렘브란트나 그의 동시대 사람들이 보았던 것과 동일한 방식으로는 바라볼 수 없다.

렘브란트나 그의 동시대 사람들은 거의 관심을 가지지 않았던 요소들이 우리에게는 주요하게 다가올 수도 있다. 하지만 이러한 '다른' 독해 덕에 그의 그림은 살아남게 되고 풍요성을 인정받게 되는 것이다.

결론
우리가 말을 하면서, 어떤 생각을 표현하면서 2차적 의미, 함의, 해석의 여지 등을 완전히 거부하고 그 표현을 완전히 통제하려 한다면 언어는 순전한 의사소통의 도구로 전락할 것이다. 그런데 어떠한 다른 해석도 불가능한 엄격한 표현이 과연 가능할 것인가?

우리는 모두 우리 자신이 알지 못하는 무의식을 갖고 있고 언어란 개인이 어찌할 수 없는 집단적 공유물이므로 언어 사용에는 언제나 불분명한 측면이 있게 마련이다. 중요한 점은 이러한 언어의 애매성이 완전히 부정적인 현실은 아니라는 것이다.

02

철학이 세상을 바꿀 수 있는가?

Baccalauréat, 1999

어떤 철학자도 단순히 훌륭한 이론체계를 구축하는 즐거움을 위해 철학을
하지는 않는다. 오히려 모든 철학자는 자신의 성찰이 남들에게 유용하게
쓰이기를 바란다. 하지만 과연 철학은 세상을 바꿀 수 있는가?
만약 그렇다면 어떤 식으로 그것이 가능할까? 철학이란 순수한 성찰이므로
처음부터 실제적 유용성과는 단절된 것이 아니던가?

철학은 세상을 변화시키기를 원한다

카를 마르크스는 "지금까지 철학은 세계를 해석해 왔을 따름이다. 이제 철학은 세계를 변화시켜야 한다"고 했다. 하지만 이 주장을 액면 그대로 받아들이기는 어렵다. 플라톤 이래로 현실을 변화시키려는 기획은 철학사에 언제나 내재해 있었다. 플라톤 철학의 정점은 《국가》의 정치 프로그램에 있지 않았던가?

철학이 사유를 통해 현실에 영향을 주려 했던 방식이나 분야는 매우 다양하다. 예컨대 고대에 '지혜'의 탐구는 인간의 행동양식을 바꾸려는 윤리학적 기획의 일환이었다. 또한 데카르트는《방법 서설》의 부제를 '이성을 통해 모든 학문의 진리를 찾는 방법'이라고 달고 있다. 여기서 진리는 현실적 실천과 무관하지 않다. 실제로 이 책의 후반부에서 데카르트는 이러한 진리를 통해 인간이 '자연의 주인과 소유자'가 될 것이며, 더욱이 더 긴 수명을 누리게 될 것이라고 말하고 있다. 이는 자연이 단순한 주변 환경이 아니라 인간이 노동을 통해 변화·가공·이용하는 대상임을 뜻하며, 이러한 생각은 근대 서구문명의 혁명적 진보의 기틀이 된다.

결국 '철학'은 단순한 지적 만족의 문제가 아니라 인간과 세계를 변화시키는 실천적 힘을 지니고 있는 것이다. 마찬가지로 루소가 《사회계약론》[9]을 집필한 것은 개념적 유희에서가 아니라 동시대의

---

9) 《사회계약론》은 1762년에 출간되었다. "인간은 본래 자유인으로 태어났다. 그런데 그는 어디서나 쇠사슬에 묶여 있다"는 유명한 문장으로 시작한다. 시민사회가 참된 사회계약을 바탕으로 한다면 자연상태의 인간의 독립성을 희생하는 대신 정치적 자유를 얻을 수 있다고 주장했다.

불행을 치유하기 위해서였다. 그런 그의 저서들이 프랑스혁명에서 어떤 역할을 수행했는지는 익히 알려져 있다.

물론 마르크스가 이러한 예들을 몰랐던 것은 아니다. 그러나 마르크스가 볼 때 이전의 철학에는 현실에 대한 정확한 인식 및 그 실천 수단이 결핍되어 있었다. 따라서 세계를 변화시키려는 의지는 있었지만 성과는 없었음을 지적한 것이다.

변화의 다른 주역들

토마스 모어의 '유토피아'와 마찬가지로 플라톤의 '공화국'은 실현되지 못했다. 데카르트의 바람과는 달리 인간의 수명이 백 세를 넘는 일은 여전히 드물다. 이러한 '관념론' 철학과 달리 '유물론' 철학은 세상을 실질적으로 바꿀 수 있다고 주장하는데, 여기서 중시되는 개념이 '노동'이다.

이때의 '노동'은 주어진 자료, 환경, 자연을 변화시킬 뿐 아니라 인간 자신을 변화시키는 노동을 말한다. 마르크스는 경제관계가 현실을 결정하며 인간의 역사는 지금까지 전개되어 온 변화의 연장선상에서 이루어질 것이라고 생각한다. 역사는 계급투쟁의 중요성을 보여주고 있으므로 역사의 목적은 모든 인간의 궁극적 해방일 것이다. 이에 따라 프롤레타리아는 사회 현실을 변화시켜 역사의 목적을 완성시킬 집단적 주체이다.

우리는 이러한 사유를 적용해 세상을 바꾸려 했던 기획이 극적인 실패로 돌아갔음을 알고 있다. 마르크스의 철학은 이전의 어느 철학체계보다 그 이상의 실현에 근접했지만 궁극적 실천 직전에 와해

되고 말았다.

물론 여러 국가를 전복하고 많은 사람들의 생각을 바꾸면서 마르크시즘이 세계의 변화에 일조했다는 점은 부인할 수 없는 사실이다. 마르크스의 이론이 없었다면 심지어 20세기의 역사가 매우 다른 양상으로 진행되었을 것이라 말할 수도 있을 것이다. 마르크스의 이론이 그의 생각과는 다른 식으로 세계를 변화시켰지만 말이다.

철학이 무엇을 바꿀 수 있는가?

마르크시즘은 사람들의 생각과 개념을 바꾸고 인간 존재에 대한 다른 설명을 제공함으로써 세상을 바꾸었다. 하지만 마르크스의 이론만이 이러한 종류의 변화를 일으켰다고 보기는 어렵다. 모든 철학은 어떤 식으로든 세상에 작용한다. 플라톤 철학이 기독교 신학에 이론적 기반을 제공하면서 서구문명을 어떻게 바꾸었는지는 재론할 필요도 없다.

그러나 과학과 기술의 발전을 통한 인간 삶의 변화는 굳이 설명할 필요가 없을 정도로 막대하다. 이는 철학 담론과는 완전히 무관하게 이루어졌다고 할 수 있다. 그렇다면 세계를 바꾸겠다는 철학의 야심은 헛된 망상에 불과한 것일까?

과학과 기술에는 분명 실제적 효용이 있다. 과학과 기술의 진리는 그것이 현실에 적용됨으로써 확인된다. 이에 반해 철학은 '하루 일과를 마친 후 하늘로 날아오르는 새'라는 헤겔의 표현처럼 근본적으로 유용성과는 거리가 있다. 하지만 철학에는 근본적으로 실천적 측면이 있다.

마르크스는 '철학이 지금껏 세계를 해석해 왔을 뿐'이라고 말하면서 해석행위를 평가절하했지만, 해석한다는 것은 의미를 태어나게 하는 것이고, 하나의 사건·사실을 의미의 우주로 밀어넣는 것이다.

철학의 작업은 인간이 타인과, 세계 전체와 맺는 관계에 대해, 인간 자신의 역사와 그 결과물에 대해 자의식을 가지는 것에서 출발한다. 과학이나 기술을 통해 현실을 직접 변화시킬 수 있다 해도 인간이 그 함의와 가능성을 의식하고 재해석하여 거기에 새로운 의미를 부여하기 전까지는 아무것도 아니다. 더구나 어떤 의미도 결정적이지 않으며 따라서 해석의 작업은 끝이 없다. 모든 개념은 재론되고, 변형되고, 재구축되어야 하는 것이다.

결론

철학은 세계에 대한 우리의 지각을 바꿀 뿐이다. 하지만 이는 결코 작은 것이 아니다. 세상을 다르게 이해한다면 다른 태도를 가지고 다른 행동을 할 수밖에 없다. 그러므로 해석은 행동과 반대된다기보다는 그와 밀접히 관련되어 있다.

세상을 직접 바꿀 수는 없지만 세상을 변화시킬 행동의 가능성을 열어준다는 점에서 철학은 실천적 기능을 담고 있다.

03

철학자는 과학자에게 어떤 도움을 줄 수 있는가?

Baccalauréat, 1997

과학이 모든 문제에 대한 답을 제공해야 하며 철학이라는 것은 사라질 때가 되었다고 주장하는 급진적 과학주의는 더 이상 존재하지 않는다.
오늘날 사람들은 오히려 과학자들 자신이 철학자에게 질문을 하고 철학에서 도움을 얻어야 한다고 분명히 인식하고 있다. 그렇다면 철학은 과학자들에게 무엇을 가져다줄 수 있을 것인가?

과학과 철학의 분리

과학과 철학의 대립은 생각만큼 오래된 일이 아니다. 과학의 영역에 철학이 개입할 수 없다는 식의 생각은 18세기에 와서야 생겨난 것이다. 그 이전에는 이러한 문제 자체가 제기될 수 없었다. 왜냐하면 근대 이전만 해도 과학과 철학을 한 사람의 학자가 동시에 다루는 일이 빈번했기 때문이다. 피타고라스는 수학자인 동시에 위대한 자연철학자였고, 최초의 수학적 증명을 한 사람은 플라톤이며, 미적분을 창시한 사람은 라이프니츠였다.

과학과 철학의 엄격한 분리는 근대에 이르러 과학적 지식이 확장되고 그 전문성이 증가하면서 발생한 사건일 뿐이다. 그렇다면 그 이후로 과학과 철학 사이의 소통은 완전히 단절된 것일까?

과학이 할 수 있는 것과 할 수 없는 것

과학은 정의상 객관적 사실에만 관심을 가진다. 과학은 사실을 재구성하고 그로부터 법칙을 만들어낸다. 19세기에 콩트가 모든 정신적 요소를 배제하는 실증적 학문의 수립을 주장했으며, 이를 위해 제1원인과 목적인에 대한 모든 질문, 즉 신학과 형이상학적 문제들을 폐기했다는 점을 고려하면, 근대를 지배한 과학적 실증주의가 어떤 것인지를 충분히 이해할 수 있을 것이다.

과학은 어떠한 특정한 가치에도 결부되지 않는다는 점에서 자유롭다. 그러나 이러한 과학의 '객관성'은 또한 과학이 가치의 문제에 대해 완전히 무능력함을 의미하기도 한다. 과학이 만들어낸 지식과 기술은 사용되는 즉시 인간사회에 관련이 되며 그 사회의 가치체계와 맞닥뜨리게 되는데, 과학은 이러한 문제에 대해 어떠한 답변도 제공할 능력이 없는 것이다.

현대에 들어, 특히 2차대전 이후 과학은 경제적·군사적 이유에서 정치권력 및 산업 현실과 점점 더 긴밀한 관계를 맺어가고 있다. 이는 미셸 세르가 "현대의 과학이 죽음을 생산하는 권력이 되었다"고 말할 정도이다. 20세기에 인식론의 주요 분과가 된 과학철학에서 과학과 사회의 관계를 심도 깊게 다루는 것은 이러한 이유에서이다.

과학이 철학의 도움을 받아야 하는 까닭

우리가 과학자에 대해 가지고 있는 관념은 사뭇 이중적이다. 과학자는 인류의 행복을 위해 도움이 되는 좋은 사람(파스퇴르)일 수도 있고, 반대로 대재앙을 가져다주는 위험인물(프랑켄슈타인 박사)일 수도 있다.

원자력 에너지에서 유전자 연구에 이르기까지 과학이 인간의 운명에 점점 더 커다란 영향을 끼치게 됨에 따라, 현대사회는 과학적 성과의 인간적·사회적 의미에 대해 질문을 하게 되었다.

그래서 일부 과학자들은 자신들의 연구가 초래할 수도 있을 위험에 대해 과학자가 아닌 다른 영역의 전문가들과 토론할 필요성을 느끼고 있다. 바로 이 지점에서 철학은 과학에 개입할 수 있는데, 이는 철학의 전문분야가 다름 아닌 가치의 문제이기 때문이다.

우리는 이런 맥락에서 다양한 종류의 윤리위원회가 설립되는 것을 보아왔다. 과학자와 철학자들로 구성된 이러한 조직의 임무는 과학적 연구를 통제하지는 않더라도 적어도 그것이 일으킬 수 있는 위험을 과학자들과 사회에 미리 예고하는 것이다. 특히 유전자 조작이나 인간 복제 등의 신기술에 관해 이러한 철학적 논의는 점점 활발해지고 있다.

현대사회에서 과학과 철학 양측의 이러한 협력은 과거에는 예상할 수 없었던 다양한 종류의 윤리적 문제에 대해 생산적 대화의 장을 열고 있다.

결론

하이데거는 "과학은 사유하지 않는다"고 단언한다. 이때 하이데거는 과학이 스스로 탐구영역의 경계를 설정할 능력이 없다는 점을 지적하려 했던 것이다.

지식의 진보는 과연 인류에게 심각한 위험을 가져다주기 전에는 그 한계를 알지 못할 것인가? 철학자들은 이러한 질문들을 과학자들이 스스로 제기하고 해결할 수 있도록 도와주려는 것이다.

04

역사가는 객관적일 수 있는가?

Baccalauréat, 1997

현재 역사학은 '인문과학'의 한 분과로 간주된다. 역사학이 인문과학에
속한다면 그것은 자연과학과 대립된다는 것인가? 특히 자연과학이 객관성을
특징으로 한다는 점을 감안할 때 역사학에는 근본적으로 객관성이 결핍되어
있는가?

과학적 객관성이란 무엇인가?

사회과학에 실증주의 개념을 도입한 오귀스트 콩트[10]는 실증적·과학적 학문을 논하면서 정신을 배제한 세계에서 출발할 때에만 과학적 인식이 가능하며, 이것은 사물과 사실 관계의 기술만으로 이루어져야 한다고 주장했다.

이런 의미에서 객관성이란 과학자가 자신의 연구영역에 연루되지 않음을 의미하며, 이를 통해 과학자는 보편적으로 유효한 담론을 만들어낼 수 있다. 즉 과학자는 연구활동에 임할 때 개인적 생각이나 감정의 영향을 모두 배제해야만 하는 것이다.

사실 현대과학에서 연구자가 연구영역에 개입할 경우(설사 익명으로 주관적이지 않게 개입한다 해도) 관찰과 분석의 결과에 변화가 생길 수 있다는 생각은 널리 받아들여지고 있다. 따라서 가장 엄밀한 분과에서도 절대적 객관성은 당연히 주어지는 상황이 아니라 추구해야 할 목표이다.

더구나 인간의 실존과 관계되는 연구영역에서라면 상황은 더욱 복잡해질 수 있다. 예부터 역사가가 어떤 시대에도 속하지 않고 어떤 나라에도 속하지 않을 수 있기를 바랐던 것은 바로 이런 이유에

---

10) 사회학의 아버지로 불리는 오귀스트 콩트(Auguste Comte, 1798~1857)는 과학적 기초 위에서 사회개혁을 실현하려고 했다. 그는 자신의 입장을 실증주의 철학이라 불렀다. 그의 인간 정신 발전론에 따르면, 유아기인 신학적 단계를 거쳐, 청년기인 형이상학적 단계, 그리고 마지막 성숙기인 실증적 단계로 인간 정신은 발전해 왔다. 그는 과학적 관찰과 실험을 통한 상대적 인식에 만족하는 이 실증적 단계를 대표하는 가장 중요한 과학이 바로 사회학이라고 주장했다.

서었다.

역사가는 한 시대 한 나라에 속한 인간이다

하지만 역사가는 무시간적 존재가 아니다. 역사가는 정의상 한 시대에 속한다. 다시 말해 한 사회의 특정한 상태, 그 사회 특유의 사고방식, 그 사회 내부에서 제기되는 여러 이념 중 하나에 속할 수밖에 없다.

따라서 우리는 역사가의 연구가 던지는 질문이 역사가가 속한 시대의 질문이라는 점을 인정할 수밖에 없다. (드골이 권좌로 복귀하자 2차대전과 레지스탕스 운동에 관한 수많은 연구가 나온 것처럼) 과거가 주목을 받는 것은 현재 상황과의 관련하에서일 뿐이다.

과거에 대한 연구자의 접근방식을 결정짓는 것 역시 그 시대라고 할 수 있다. 왜냐하면 당대에 사용되는 도구와 가설들은 긍정적으로건 부정적으로건 연구방향에 영향을 끼칠 수 있기 때문이다.

더구나 역사가는 특정한 계급이나 집단에 속하므로 그에게는 개인적 신념도 있을 것이다. 프랑스혁명은 마르크시스트 역사가와 왕당파 역사가에게 완전히 다른 의미로 읽혀질 수밖에 없다.

역사가는 본질적으로 지금은 존재하지 않는 과거의 사건을 연구대상으로 삼게 마련이며, 이 사건을 스스로 복원하고 재구성한다. 이 과정에서 역사가는 그 순간 입수할 수 있는 자료와 문서들에 의존하게 된다. 그런데 후대의 역사가라면 다른 자료에 의존하여 다른 사실을 발견할 수도 있을 것이므로, 이러한 자료들의 제한성 역시 역사가의 객관성을 제약한다.

사실과 가치

자연과학은 가치중립적이고 인간적 의미를 지니지 않는 객관적 사실에만 관심을 둔다(화학 조직은 좋거나 나쁜 것이 아니다. 여기에는 가치평가가 개입될 여지가 없다). 반대로 역사에 있어 모든 사건은 가치를 담고 있다.

그 사건을 행한 사람이 의도한 가치뿐 아니라 이러한 의도와 무관하게 그들의 행동 자체에도 독자적 가치가 담길 수 있다. 인간이 한 행동이나 인간사와 관련된 현상에서는 특정한 결과를 염두에 둔 방향 설정과 의도가 담길 수밖에 없다.

이러한 의도가 얼마나 명철한 것인가 혹은 그 의도가 얼마나 정확히 수행되었는가와는 무관하게(이 점을 평가하는 것은 역사가의 몫이다), 인간의 행위에는 언제나 가치의 문제가 개입되어 있으며 이는 결코 날것의 사실로 환원될 수 없다.

역사를 이야기의 형태로 기술하는 행위(연대기적 사건들을 분할하고 재조립하며, 다양한 자료 중 일부에 무게를 두고, 사실을 특유한 언어로 표현하기)는 필히 역사가 자신의 원칙들에 연결되는 법이다. 예컨대 1789년 7월 14일에 날씨가 더웠고 그 때문에 사람들이 술을 많이 마셨다고 말하느냐 아니냐에 따라, 바스티유 습격 사건의 의미는 달라질 수밖에 없고, 이후 이어진 일련의 사건 역시 재평가될 수밖에 없을 것이다.

그러므로 역사가의 객관성이란 그의 지적 정직성에 다름 아니다. 역사가는 자신의 이론적·이념적 원칙을 분명히 밝히고 그것을 존중해야 하며, 자기가 소홀히 취급한 자료들도 존재하고 있음을 알려

야 한다. 또한 어떤 이유에서 자기가 취급한 자료들을 중시했는지
도 설명해야 한다.

결론

완전히 중립적인, 다시 말해 이상적으로 객관적인 역사란 가능하지
도 않고 우리의 관심을 끌지도 못할 것이다. 그러한 역사는 우리에
게 무의미한 사실만을 전해 줄 것이기 때문이다.

　역사가는 자신의 근본적 주관성을 부인하지 않되, 자신의 연구에
대한 성실성과 정직성을 유지해야만 한다.

05

역사학자가 기억력에만 의존해도 좋은가?

Baccalauréat

나는 기억력 덕분에 나의 과거와 특별한 관계를 맺는다. 내가 역사책을 읽을 때,
역사학자의 작업은 과거에 대한 다른 관계를 내게 제시한다. 그는 과거를 아는
사람으로 곧잘 소개된다.

그는 그런데 어떻게 그런 지식을 쌓아가나? 내가 추억을 되새길 때처럼 기억을
더듬는 것으로 만족하는가? 즉, 역사 이야기는 추억의 편집과 비슷할 수
있는가?

아니면, 그 목적 자체가 기억력의 가능성을 훨씬 능가하기 때문에, 전혀 다른
요구사항들의 결과인가?

어떤 기억력이 문제될 수 있을까?

일상생활에서는 여느 사람들처럼 역사학자도 자신의 기억이면 충분하리라. 하지만 역사가로서의 그는 기억력에 의존하는 것으로 만족할 수 있는가?

어떤 기억력이 문제인가? 그의 기억력이라면 기껏 개인적으로 경험했거나 증인이 될 수 있을 만한 정도로 즉시 한계가 드러난다. 헤겔은 역사 이야기의 기초 단계를 그렇게 설명하면서 화자의 사건에 대한 거리유지 실패나 화자가 동시대인들의 정신에 밀착되어 있다는 사실을 강조한다. 그런 식으로는 작성 시기와 가까운 과거와 관련된 (장기적으로는 다소 흥미로운 증언의 축적이긴 하지만 분명 역사적 지식은 아닌) 이야기들만 거론할 수 있으리라.

그러면 역사학자들이 다른 이들의 기억에 호소하는 게 바람직한가? 다른 이들이 그와 동시대인들이라면, 문제의 시기는 거의 비슷할 것이고 증인들은 공통된 정신상태를 가지리라. 따라서 상황은 별로 나아지지 않을 것이다. 여러 기억력들 사이에 즉각 모순들이 생길 확률이 높을 것이기에 더더욱.

과거에 대한 연구를 진지하게 시작하기 위해서 역사학자는 자신의 기억에 의지할 수도 동시대인들의 기억에 의지할 수도 없다는 것이 된다. 그는 적어도 이전의 '기억력들'에, 즉 그가 관심을 갖는 시기를 어떤 형태로든 증명할 수 있는 모든 것에 관심을 가져야 한다. 기록된 혹은 물적 자료들(고문서, 유적, 회고록, 출판물, 자의적 혹은 타의적 증언), 모든 것이 지식원이 될 수 있다.

과거의 '기억'이 줄 수 있는 것

문제는 그러한 자료들의 집합이, 그것이 가져다주는 것이나 역사가가 거기서 찾는 것에 있어서, 기억력과 비슷할 수 있는가 하는 점이다. 아마 그 집합은 최소한 비유적으로 '과거의 기억'이라 명명할 수 있을 몇 가지 일반적 특성들을 보인다. 일어난 사건들을 나열하고, 결국 서로 관련시켜 위치시킬 수 있게도 해준다.

자료들은 혼란, 오류, 고의성, 부정확성 등등 일반적 기억의 단점들을 갖기도 한다. 그래서 한 가지 사건에 대해, 감정적인 개인 기억이 객관성이 없는 것처럼, 다양한 해석들이 가능하다. (예로 여러 언론들이 내놓는 정치 테러에 대한 기사를 생각해 보자.) 중요 인물들의 정치적 개입은 예나 지금이나 대단히 효율적으로 그들의 보고 사항들을 왜곡한다. 하지만, 역사학자의 작업이 기억의 기능과 무관한 원칙을 따르는 게 아님을 보여줄 수 없다면, 그러한 비교는 지엽적이다.

탄탄하고 믿을 만한 기억은 무엇을 가져다주는가? 아마 일련의 사건들과 동시에 그것들의 연대를 추정할 수 있는, 즉 동질성을 지니는 연대기에 그것들을 기록할 가능성이다.

역사학자가 자신이 사용한 자료들에 내적·외적 비판을 제대로 할 경우, 그는 그 '추억들'의 집합의 등가물을 (시기적으로 좀 길고, 최근 경험이 아니고, 먼 사건까지 거슬러 올라가는 점을 제외하고는) 충분히 만들 수 있다.

하지만 기억력이면 역사학자에게 충분하다고 주장하려면, 그의 작업에는 기억된 추억의 집합 이상이 되려는 야심이 없음을 우선 확인해야 하리라.

그런데 역사 이야기는 단지 과거를 고정시키려는 게 아니라 그것의 추이를 설명하고자 하는 야심을 갖는다. 그래서 역사학자는 있었던 것 전부에 관심을 갖기보다 사건들을 선택하여 구성해야 한다.

연대기와 역사

기억의 충실한 재구성으로 만족하는 화자는 역사학자가 될 수 없다. 사건들을 출현 순서대로 늘어놓는다면 기껏해야 연대기 정도 만들 수 있을 뿐이다. 연대기란 발생하는 모든 것의 일람표여서 설명 영역이 없고, 열거하는 모든 것에 거의 동일한 가치를 부여한다.

하지만 역사학자가 관심을 갖는 건 사건을 유발하는 원인들의 상호작용이다. 그래서 그는 모든 것을 고려하기보다 그중 어떤 것들을 선택하고, 특정한 사건에 보다 더 중요성을 부여한다.

그래서 그는 사건이 획일적 연대기를 따라 기록될 필요가 없음을, 그리고 반대로 사람들이 관심을 갖는 현실 유형들에 따라 다양한 변화 리듬들이 있음을 안다(비록 1930년대 이후이긴 하지만).

만약 역사가 '과거에 대한 지식'으로 스스로를 정의내리려면, 어떤 사건의 발생을 아는 것으로 충분치 않고, 그 이유와 조건, 결과를 알아야 한다. 어떠한 문화, 나라, 민족의 과거에서 그 무게를 가늠할 수 있어야 한다. 그러한 결과는 설명적 가정들을 작동시켜서 확인하고, 부분적 조건들의 총체적 영향을 가정하는 어떤 방법적 작업에 의해서만 얻어질 수 있다.

결론

학문적 야심이 부족한 경우가 아니라면 역사학자가 훌륭한 기억력의 작업에 종사한다고 만족스럽게 공표하지는 못할 것이다. 그의 작업은 보다 다양하게, 추억의 형태로만 유지되는 과거와는 전혀 상관없는, 과거에 대한 이해가 요구된다.

06

역사는 인간에게 오는 것인가 아니면 인간에 의해 오는 것인가?

Baccalauréat, 1997

19세기에 들어서면서부터 인간이 무엇인가를 말할 때 인간과 역사의 관계를 함께 말해 왔다. 역사가 인간의 의지와 상관없이 인간에게 주어지는 것인지, 아니면 인간의 의지가 역사를 바꿀 수 있는지에 따라 인간이 무엇인지에 대해서도 답이 달라질 것이기 때문이다.

철학에서의 큰 흐름도 결국은 이 두 가지 해석으로 갈라진다. 이 두 가지 해석을 극단적으로 따라가 보자. 첫 번째 해석대로 하면 인간은 결국 자기 의지로 아무것도 하지 못하는 피동적인 꼭두각시에 지나지 않게 되고, 두 번째 해석을 택한다면 인간은 역사를 움직이는 기본적인 힘이 된다. 그러나 우리는 이 두 가지 해석이 너무나 도식적이지는 않은지, 역사는 이 두 가지 중 어느 하나에 의해서가 아니라 종합적으로 전개되고 있는 것은 아닌지에 대해 질문해 볼 필요가 있다.

결정론적 해석들

역사의 흐름 속에서 인간은 어느 정도의 역할을 할 수 있나. 이 점과 관련해서 수많은 입장과 주장들이 있어왔다. 세계 질서는 신에 의해 주어졌다고 보는 입장이 있는가 하면, 역사는 우연의 연속일 뿐 어떤 구도에도 종속되지 않는다는 입장도 있다. 또 사건의 주기 순환적인 성격을 강조하는 사고들도 있다.

우연이나 신의 의지가 역사 전개의 원동력이라면 인간은 역사의 참여자라기보다 방관자가 될 따름이다. 역사를 일종의 카오스 상태로 보는 시각은 고대 그리스 신화에서 자주 나타난다. 올림푸스의 전설이 이야기하듯 인간은 자기 앞에 닥치는 수많은 사건들 속에서 아무리 발버둥쳐도 결국은 운명을 피하지도, 변화시키지도 못한다. 우리는 이 같은 개념이 역사란 신의 섭리에 따라 이루어진다는 기독교적 사상임을 알고 있다. 인간은 당연히 신의 뜻을 실현하기 위한 도구에 지나지 않고 따라서 전개되는 모든 사건들에 대해 스스로의 판단을 삼가야 한다. 인간이 신의 깊은 뜻을 이해하지 못할 수도 있기 때문이다. 기독교는 여기서 한 걸음 더 나아가 신이 인간을 탄생시킨 것으로 본다. 그렇기 때문에 인간에게는 예정된 계획에 따라 신의 본질을 실현할 의무가 주어지는 것이다. 이와 함께 인간 자유의 문제, 역사 속에서의 능동성의 문제가 떠오른다.

역사의 주역으로서의 인간

결정론이 힘을 잃는 순간 비로소 자기 스스로를 그리고 역사를 변형시킬 수 있는, 그래서 의무적 존재로서의 인간이 태어난다. 루소는 신의 인간 창조와 인간 자유의 문제를 상호관계 속에서 파악하는 것이 가능하다는 말을 하고 있다. 루소에 따르면, 인간은 완전성을 부여받았기 때문에 자기 자신의 변형에 책임져야 할 의무가 있다. 따라서 인간은 역사의 종이 아니라 주인으로서 옳고 그른 것을 선택할 수 있다. 신이 시초에 모든 것을 결정해 놓았다면 이것은 당연히 불가능하다.

만약 인간이 헤겔 철학에서 말하듯 궁극적인(final) 것[11]으로 존재한다면 인간에게 주어진 사고와 활동 공간은 더욱 복잡한 모양을 띠게 될 것이다. 역사는 이른바 영웅들의 활동 무대가 되는 것이다. 여기서 말하는 영웅은 대단한 자유의지의 소유자인 동시에 인간의 의지와는 관계없는 이성(Reason) 실현을 위한 무의식적인 중재자가 된다. 이 점을 직시할 필요가 있다. '역사는 인간에게 오는 것인지 아니면 인간에 의해 오는 것인지'의 고전적 명제는 결국 변증법적 명제로 대치되어야 한다고 생각한다. 역사가 점진적인 이성화의 발전과정을 걷는다면 그 발전과정은 인간의 행위, 인간이 환경과 자기 자신의 존재를 어떻게 변형시켜 나가는지에 따라 표현이 달라질 것이다.

---

11) 헤겔은 역사를 통해 결국 실현되는 것이 정신이라고 말한다. 또한 정신이 역사를 실현시키는 것이기도 하다. 이것은 역사 안에서의 인간 정신의 자발성을 주장하는 동시에 정신은 역사 속에서만 실현될 수 있다는 규정성을 주장하는 것이다. 이런 역사와 인간의 변증법적 관계 속에서 인간은 최종적으로 자기 자신을 실현시켜 나간다.

역사적 행위의 조건들

마르크스가 헤겔 변증법을 "추상적인 것에서 구체적인 것으로, 보다 더 인간적인 것으로 끌어내리자"[12]고 했을 때 그는 인간이 노동에 의해서만 역사의 주인이 될 수 있음을 잘 알고 있었다.

역사의 출발점에서 노동에의 접근이 자의적인 것이 아니었다고 하더라도 역사는 물질적 조건과 조건의 표현 사이에서 왕복하는 변증법적 방식에 의해 고찰되어야 한다. 자기 의지라는 것 자체가 노동에 따른 인간 변형의 결과물이기도 한 것이다.

인간의 욕망, 야심, 어떤 일에 대한 판단과 결정들은 그에 앞선 어떤 물질적 조건들에 의해 주어지는 것이다. 그렇지 못할 경우 망상과 유토피아적 환상을 하게 된다. 그렇다고 해서 선행하는 물질적 존재들이 인간 행위의 모든 자발성을 부정할 수 있다는 것은 아니다. 주어진 같은 상황 아래에서도 여러 가지 해결책을 낼 수 있다.

역사가 인간에게 오는 것으로만 받아들이는 것은 인간의 의지는 무시한 채 모든 사건들의 완벽한 결정성을 받아들이는 것과 같다. 이와 반대로 역사가 인간의 욕망과 의지에 의해서만 전개된다고 본다면 인간의 모든 욕망과 소원을 요술처럼 현실화시킬 수 있음을 암시하는 것이 된다. 요컨대 역사 해석의 경우 이 두 가지에만 매달린다면 우리는 용납하기 어려운 결론에 도달하게 된다.

---

12) 마르크스는 헤겔 변증법의 절대정신으로서의 인간을 구체적인 '인간' 개념으로 대체하려고 했다. 그가 이야기하는 인간은 생산구조 속에서, 물질적 토대 속에서 노동하는 구체적인 인간이다.

결론

역사 행위는 전후 맥락 속에서 상대적인 의미를 지닌다. 따라서 다른 무엇보다 먼저 상황을 파악해야 하며, 현실이 요구하는 것이 무엇이고 그 요구의 실현 가능성 또한 살펴보아야 한다. 그러나 우리는 현실이라는 것 역시 스스로 자기 자신을 변형시킬 능력을 갖고 있음을 안다. 현실이 진보의 조건을 제시할 경우 인간은 여기에 뛰어들어 구체적으로 현실을 변형시켜야 한다.

현실을 변형시키는 일에 뛰어드는 인간들이 없다면 현상의 진행만이 있을 뿐 역사는 없을 것이다. 현상들의 진행을 역사라고 부를 수는 없기 때문이다. 역사는 그 가치를 평가하는 인간과 인간 의식에 의해 상대적으로 존재하는 것이다.

07

감각을 믿을 수 있는가?

Baccalauréat, 1998

우리가 세계를 경험하는 첫 순간은 순전히 감각적 정보에서 나온다는 사실에는 이론의 여지가 없다. 어린아이는 처음에 감각 경험을 완전히 믿지만 감각이 자신을 속일 수도 있다는 사실을 차츰 깨닫게 된다.

그렇다고 해서 극단적인 정반대의 결론을 내려야 할까? 즉, 감각에 대한 모든 신뢰를 철회하고 오직 이성의 분석과 판단을 통해 인지된 현실만을 인정해야 할까? 감각에 대한 전적인 신뢰와 감각에 대한 전적인 불신 사이에서 중도적 타협책을 찾는 것도 가능하겠지만 우선 이 두 대립된 견해를 차례로 검토하는 편이 나을 것이다.

감각은 우리를 기만한다

철학사에서 합리주의 전통은 감각에 대해 매우 비판적이었다. 예컨대 플라톤은 감각이 보여주는 세계를 끊임없이 변화하는, 전적으로 불안정한 세계로 간주하고 이에 근거하여 지식을 얻는 것은 불가능하다고 생각했다. 따라서 안정적이고 영원한 이데아들로 이루어진 '지성적' 세계만을 추구해야 한다.

사실 감각 경험은 신체에 결부되어 있으므로 그것이 제공하는 세계의 모습은 보편적이지 않고 사람마다 다를 수 있다. 같은 음식을 두고 어떤 사람은 달다고 느낄 수 있고, 어떤 사람은 쓰다고 말할 수 있으며, 최악의 경우 같은 사람도 상태에 따라 판단이 바뀔 수 있다.

따라서 감각이 제공하는 정보에 무비판적 판단을 얹을 경우 우리는 심각한 실수를 저지를 수 있다. 데카르트는 물속에 잠긴 막대기가 휘어 보인다거나, 꿈과 현실을 구별하기 힘들다는 예를 들며 지각이 얼마나 기만적인지를 지적한다. 그러므로 감각이 전해 주는 모든 것을 일단 '회의'해 보아야 한다.

모든 관념은 감각에서 출발한다

반대로 경험론자들은 데카르트 전통과는 달리 우리의 모든 관념과 판단은 감각 경험에서 출발한다고 주장하면서 어떤 지식도 절대적으로 확실할 수 없다고 결론짓는다.

A라는 현상 다음에 B라는 현상이 나오는 것을 반복적으로 관찰할 경우, 우리는 이들 사이에 인과적 관계가 있다고 생각한다. 그러

나 이것은 정확하지 않은 추론이며 그렇다면 인과성이라는 것이 단순한 선후관계가 아닌지도 의심할 수 있다. 경험론은 상대적 회의론에 도달하지만 이는 모든 인식(인식의 구조와 인식의 대상 모두)이 우리의 지각에서 나온다고 생각하기 때문이다.

감각과 지성은 서로를 보완한다

칸트의 비판적 합리론은 우리의 인식이 감각과 개념, 경험과 이성의 상호 보완을 통해 만들어진다고 주장하며 합리론과 경험론을 종합하려 한다. 지식이 만들어지려면 경험적 데이터를 지성[13]의 범주들을 통해 분석해야 한다.

이때 지성의 범주들은 경험적 데이터에 의존적이다. 따라서 감각 자체는 의미가 없고 감각적 자료가 없는 텅 빈 지성 역시 무용하다. 이러한 결론은 현대적 사유에도 여전히 영향을 끼치고 있다.

그래서 감각적 자료가 필수적이라 해도 그것을 통제하고 조직하는 과정 역시 반드시 필요하다는 생각이 널리 받아들여지고 있다. 예컨대 바슐라르의 인식론 역시 이성이 어떤 이론적 능력을 지니고 있건 간에 경험적·감각적 자료를 필요로 한다고 간주한다.

정의상 경험적 현실과 무관하게 성립되는 수학을 제외하면 모든

---

[13] 칸트는 지성을 자발성으로 특징짓는다. 즉, 우리의 감각기관을 통해 들어온 데이터들을 지성이 자발적으로 분류하고, 포착한다. 칸트는 지성과 감성의 결합을 통해 인간의 인식이 가능하다고 주장했는데, 이런 면에서 양자는 서로 의존적이다. 지성은 자신의 고유한 개념으로 범주를 가지는데, 이는 우리의 판단들로부터 이끌어내진다.

과학은 우리에게 자연과 자연의 법칙들에 대한 정보를 제공하려 하고 있으며, 당연히 경험적 데이터를 참조하지 않을 수 없다.

그렇다고 해도 일상생활이 과학적 인식과는 무관한 요구와 규준에 따라 진행된다는 사실에는 변함이 없다. 또한 데카르트의 궁극적 회의가 악신(惡神)의 가설을 통해 극단적으로 전개된다 해도 그가 이 회의를 끝까지 유지하지 않았다는 점을 기억해야 한다. 데카르트의 회의는 단지 방법적 회의[14]일 뿐이며 오히려 진리의 모델을 발견할 수 있는 가능성을 제공한다. 일단 이 진리의 모델이 발견되면 감각에 대한 신뢰는 인정되는 것이다.

결론

인간이 하루 종일 인식의 문제에만 매달려 있는 것은 아니다. 인간은 식사도 하고 버스도 타고 영화를 보기도 한다. 모든 사람은 착시현상 등을 경험해 본 적이 있기에 감각이 우리를 속일 수 있다는 것을 분명히 알고 있고 감각에 대한 어느 정도의 경계심을 지니고 있다. 하지만 그렇다고 해서 일상생활에서 자신의 감각을 신뢰하고 이에 따라 행동하는 것은 잘못이 아니다. 모든 감각적 정보를 검증

---

14) 데카르트는《성찰》에서 방법적 회의를 시도한다. 방법적 회의라고 불리는 이유는 '어떤 참된 인식도 가능하지 않고, 가능하다 하더라도 우리가 알 수 없다'라고 이야기하는 회의주의와 구분하기 위해서이다. 데카르트는 참된 인식의 근거를 찾아나가기 위해, 우리가 결코 의심할 수 없는 지점에 이를 때까지 의심되는 모든 것을 부정한다. 이를 통해 우리가 결코 의심할 수 없는 지점, 코기토(Cogito)를 발견한다.

절차를 거친 후 받아들이다가는 정상적 생활을 영위하는 것 자체가 불가능해질 것이기 때문이다.

반대로, 단순한 실용적 기술이나 평범한 일상적 행동과는 달리 과학적 연구는 상당한 정도의 정확성을 요구하므로 경험적 자료에 대해 어느 정도의 경계심을 유지하는 것도 당연하다.

결국 이 문제에 대해 단호하게 대답하는 것은 인간의 삶을 둘러싼 상황의 다양성을 무시하는 것이 될 것이다. 우리가 연구실에서 일하느냐 시장에서 과일을 사느냐에 따라 감각에 대한 신뢰가 달라질 수밖에 없다는 점을 인정해야만 하는 것이다.

08

재화만이 교환의 대상이 될 수 있는가?

Baccalauréat

교환이라는 말은 흔히 경제 용어로 쓰인다. 상품과 물건 등 재화를 서로 주고
받는 것을 교환이라고 한다. 그러나 우리는 재화 이외의 다른 것은 교환할 수
없는 것일까?
또 재화를 말할 때 그 재화에 농축되어 있는 가치의 근원에 대해 질문을
던져보는 것을 우리는 잊고 사는 것은 아닐까? 그리고 교환이 불가능한 재화는
과연 없으며, 하나의 교환은 필연적으로 또 다른 형태의 교환을 야기하는 것은
아닐까?

세 가지 형태의 교환

인류학자들(레비스트로스 등)에 따르면 교환이야말로 인간 존재의 특징을 나타내는 것이다. 인간이 존재하기 시작하면서부터 교환이 시작되고 여기서 인간이 다른 존재와 스스로 구별이 된다.

교환에는 세 가지 형태가 있다. 하나가 메시지의 교환이고, 또 하나가 배우자의 교환(근친혼의 금지)이며, 다른 하나가 재화와 서비스의 교환이다. 물론 배우자의 교환을 순전히 생물학적인 근거에서 재화의 교환 속에 포함시킬 수도 있을 것이다. 그러나 배우자는 인간의 욕망의 대상이 되어왔던 보통 재화의 가치와는 다른 더 이상의 가치를 지닌다.

메시지의 교환 또한 그 자체로 일반 '재화'의 교환과는 같지가 않다. 재화의 교환은 한 사람과 다른 사람 사이에 직접적으로 이루어지거나 공동의 가치척도가 되는 화폐를 매개물로 삼는다. 거기에 비해 메시지는 정보의 유통으로서 그 가운데에는 사람에 따라 유용한 것도 있고, 유용하지 않은 것도 있다. 따라서 가치 측정을 가능하게 하는 절대적인 단위가 존재하지 않는다.

때로 교환이 '재화'를 생산한다

교환이 우리에게 이미 잘 알려진 재화와 관련된 것일 경우 교환은 경제적인 본성을 지닌다. 그러나 우리는 가치가 아주 다른 것들도 서로 교환할 수 있다. 우정과 추억, 사랑의 표시들이 그러한 것들이다.

이러한 것들은 본래 순전히 정서적이고 상징적인 것으로서 상품

가치를 지니고 있지 않으며, 어떤 사건과 존재를 회상하게 하는 하나의 방식이자 무엇을 지지하거나 대신하는 것들이다. 그리고 이런 것들은 그 자체로 가치를 가진 것이 아니고 의미에 의해 가치를 갖는다.

교환에 따라 이런 것들을 보유한다는 것, 그것은 하나의 가치를 내포하고 있는 물건으로서가 아니라 교환 그 자체가 가치를 발생시키는 상징으로서의 자기 성격을 지닌다.

교환과 평화

재화를 교환한다는 것은 대상물이 하나의 일정한 사용가치를 갖고 있다는 것을 뜻한다. 그것은 어느 한 사람에게 유용한 것일뿐더러 다른 사람에게도 유용한 것이어야 하는데 그래야만 교환의 가능성이 생긴다.

사회 관행으로서의 축제일의 선물 교환은 유용성과는 별개의 것이다. 재화의 교환이기는 하지만 서로 주고받는 그 자체가 소중한 것이지 사용가치의 높고 낮음이 여기서는 중요한 문제가 되지 않는다. 따라서 일반적인 재화의 교환과는 다르다.

이는 재화 이상의 것으로서, 상징적인 가치와 의미에 따라 교환이 되지 얼마만큼 유용한가의 한 가지 기준에 따라서 교환되는 것은 아니다.

재화의 교환은 평화를 가져오는 데에 특징이 있다. 두 나라가 교환을 협상하기 시작하면 상호 의존적으로 된다. 어느 한쪽은 구매를 해서 득이 된다면 다른 한쪽은 판매를 해서 득이 되고 따라서 교환은 당사자 모두의 필요성을 충족시킨다.

교환은 분명히 강탈과 다른 것이며 따라서 우리 마음속에 일정한 형태의 정의감과, 나만의 이익을 고집하는 경직성 대신 다른 사람의 이익도 함께 고려하는 도덕적인 미덕을 가져다준다.

결론

모든 교환이 재화의 교환에 국한된 것이라면, 그것은 인간의 정신속에 사용가치만을 따지는 것 이상의 그 무엇이 존재하지 않음을 의미할 것이다. 그러나 실제는 그렇지 않다. 인간은 사용가치만이 아니라 상징과 의미 속에서 살고 있다.

상징과 의미의 교환이 즉물적인 재화의 교환을 뛰어넘을 때도 있다. 형제애와 사회정의감, 애국심과 같은 것이 그런 것들이다. 그래서 재화의 교환과는 다른 측면에서 여러 가지 형태의 소중한 교환이 이루어지고 있는 것이다. 인간의 인간다움도 여기에 있다.

인문학은 인간을 예견 가능한 존재로 파악하는가?

Baccalauréat

19세기 출현 당시부터 인문학의 위상 문제는 주기적으로 제기되어 왔다. 인문학이 통상적 의미의 과학이기를 바라면서 그 '대상'의 특수성, 결국은 자체의 특수성이 되는 것을 존중하지 않을 위험이 있기 때문이다.

인간이 자연현상과 같은 방식으로 설명될 수 있으리란 점은 확실하지 않다. 방법의 문제 외에 심리학·사회학·역사·언어학 등은 인간 속의, 전통적으로 자유라고 이름하는 존재에 부딪힌다. 인문학은 그것을 고려해야 하거나 고려할 수 있는가? 평범한 의미로 이해하더라도 자유는 결정론에 대립된다.

결정론은 과학의 존재를 인정하는 데 필수적이지 않은가? 인문학은 그러면 인간을 예견할 수 있는 존재로 사고하게 되는 것인가, 아니면 새로운 방식으로 과학적 지식의 요구와 개인의 욕구를 연결할 수 있는가?

과학과 예견 가능성

과학적 법칙은 그 정의상 그것이 설명하고자 하는 모든 현상들에 유효하다. 법칙은 바로 상황이 어떻게 필연적으로 진행되는가를 우리가 예견할 수 있게 한다. 그것은 고려된 현상의 동일한 반복을 가정한다. 예상 가능성은 그러니까, 모든 과학적 인식에 전통적으로 빠질 수 없는 결정론의 원리 자체와 함께 간다.

이 예상 가능성은 또 현상들이 근본적으로 유사하다는 것을 가정한다. 과학이 일반성에만 관심을 갖고 부수적 특성들을 고려하지 않아도 된다는 것은 아리스토텔레스 이후 잘 알려져 있다.

인간을 과학적으로 연구하고 싶어함은 '인문학'이라는 명칭으로 통합하는 다양한 분야들의 목표가 그러하므로, 필연적으로 인간을 결정된, 예상 가능한, 반복적인 것으로 간주하는 것이다. 그렇지 않다면 어떠한 과학적 접근도 불가능하리라.

이렇게 즉각적으로 편리한 이유로 인문학은 인간을 예상할 수 있는 존재로 '사고'한다. 그러나 그것은 지체 없이 몇 가지 지적을 뒤따르게 한다.

어떤 '사고'가 문제인가?

"과학은 사고하지 않는다"고 하이데거가 주장할 때, 그 표현이 인문학도 포함한다고 가정할 수 있다. 이런 관점에서는 인문학의 작업이 사실 '인간을 사고'하는 것이 아님을 주목할 수 있다. 인문학은 그 구성 자체상 특히 인간을 사고하려 하지 말아야 한다고 암시되어 있기조차 하다. '인간을 사고'하는 역할은 전통적으로 철학에 속해 왔고, 인문학은 처음부터 분명 과학적 계획과 양립하기 어려운 형이상학적 모호성을 꺼려 모든 철학적 영향에서 벗어나려 했다. 인문학에서는 결국 인간에 대한 '사고'는 진정한 사고가 아님을 가정하게 된다. 기껏해야 방법론적 관점상 불가피한 개입이다. 인간 존재에 과학적으로 접근하기 위해선 필수적으로 그가 예상 가능하다고 암시해야 한다.

이제 인간에게서 예상 가능하다 할 것이 무엇인지를 구체적으로 말하는 게 남는다. 여기서, 문제의 인간은 어떤 경우든 개별적 인간이 아니라 총칭적 의미의 인간이라는 사실, 또 인간이 스스로를 변화시켜서(그렇지 않다면 역사는 존재하지 않으리라) 결과적으로 그 예상 가능한 성질이 필연적으로 제한될 것이라는 점이 고려되어야 한다.

사실 인간에 대해서는 동류와 공통적인 점만을 알 수 있다. 인문학은 통계적으로 표현되는 공통의 데이터에 통합함으로써만 개인을 고려할 수 있다. 이 관점에서 예상 가능한 건 어떤 기회에 투표할 유권자의 백분율이지, 모씨의 개별적 태도는 아니다.

결국 그 통계들은 주어진 사회·역사적 상황과 관련되어서만 유효하다. 그래서, 그럴싸한 예상 가능성을 회복시키기 위해선 그걸 주기적으로 다시 계산할 필요가 있는 것이다.

존중되는 자유

인간의 예상 가능성을 자연의 그것과 비교할 수는 없다. 그러니 인문학이 인간을 절대적 결정론에 종속된 단순 대상의 차원으로 축소하려 한다는 의심을 할 수는 없으리라.

그들은 이렇게 칸트가 오래 전(인문학 그 이전이므로)에 주목한 점을 확인한다. 인류학(즉, 인문학이 바로 목표로 해야 할, 인간에 관한 앎)의 필연적 설립을 환기하면서 칸트는 인간 존재의 이중 '특성'에 해당하는 두 경향을 구분한다. 경험적 특성(즉 결정적 측면)은 실용적 인류학이 담당하고, 철학적 인류학은 이성적 특성을 담당한다. 여기서 이성적 특성이란 사실 자연의 법칙에 전적으로 복종하지 않고 자기 이성으로 자기 행동법칙을 만드는 인간의 능력을 가리킨다. 칸트가 실용적 인류학으로 예견한 것이 대략 우리의 현재 인류학에 해당된다.

그리고 인문학이 가정하는 인간의 예상 가능성은 결국 그를 위해 이해될 수 있다. 인간이 종속될 수 있는 여러(사회적·심리적·역사적) 결정론들은 인간이 자유를 잃으면서 그것들을 수동적으로 감수하도록 강요하는 게 아니다. 그 반대로 특히 사회학자 피에르 부르디외[15]의 주장 그 자체를 경계하거나 피할 가능성을 준다. 그래서 인간 자신의 보다 큰 구체적 자유를 위해 싸우게 되고, 이 점은 자유를 형이상학적 관점에서 생각한다 하더라도, 자유가 일상에도 경험되어야 한다는 점을 확인해 주는 것이리라.

---

15) 부르디외(Pierre Bourdieu, 1930~2002)는 《혼돈을 일으키는 과학》에서 '장(Champ)', '아비투스(Habitus)'와 같은 고유한 개념을 통해 교육, 문화 등 사회적 제도들에 대한 과학적 분석을 시도한다. 하지만 그가 과연 사회적 결정론자인지에 대해서는 논의의 여지가 있다.

결론

지식이 인간의 능력을 신장시킨다고 가정한다면, 인간 존재의 예상 가능한 국면들에 대한 보다 구체적인 지식은 인간을 결정하는 것에 대한 지배력을 인간에게 더 주는 것이다. 그것은 다만 문제의 지식들이 넉넉히 보급되고 (권력이나 경제로) 독점되지 않을 것을 전제한다. 여기서 과학적 앎의 대중화 문제에 닿게 된다.

10

인류가 한 가지 언어만을 말하는 것은
바람직한가?

Baccalauréat

언어가 너무 많고 가는 곳마다 말이 달라 다른 사람들과의 대화가 어려웠던
경험을 우리들 대부분이 갖고 있다. 외국에 갔을 때 나는 그 나라 말을 모르고,
그 나라 사람들은 내가 하는 말을 알아듣지 못할 경우 어떻게 되겠는가? 길을
묻는 것조차 어려울 것이다.

또 외국 문학을 공부할 때 외국어를 모르면 결국 번역서에 의존하게 되는데
번역서가 원본보다 일찍 출간되는 경우는 없다. 이런 점 때문에 우리는, 세계의
여러 지식인들이 세계 사람들이 함께 쓸 보편 언어의 출현을 왜 그토록 갈망해
왔는지 그 까닭을 알 수 있다.

옛날보다는 커뮤니케이션이 쉬워졌다

인류가 단 한 가지 언어만을 사용한다면 대화에 장애를 받지 않게
될 것이다. 대화 상대자가 누구이든 그가 어느 지역 사람이며 어디
에서 태어났든 어려움 없이 대화를 할 수 있다는 것은 생각만 해도
즐거운 일이다.

사실 언어의 다양성은 고대부터 끊임없이 제기되어 온 문제이다.
성경의 바벨탑 이야기도 이를 말한다. 신의 뜻에 따라 인간이 단일
언어를 사용하지 못하게 된 순간, 인간은 신에의 도전이라고 할 바
벨탑을 더 이상 쌓아올리지 못하게 된 것이다.

이 때문에 지금까지 수많은 철학자들이 무엇이 이런 다양성을 낳
았으며, 인류 보편의 단일 언어를 갖는 것은 불가능한 것인가에 대
해 수많은 가설들을 내놓았다. 이 보편 언어와 관련해서 두 가지 서
로 다른 경우를 상정해 볼 수 있다. 하나는 이미 존재하고 있는 언
어의 보편화이고, 다른 하나는 인공적으로 보편 언어를 새로 만들
어내는 일이다.

그러나 에스페란토 운동[16]에서 보았듯이 새 언어를 만들어내려
는 시도는 실패로 끝났다. 또 이미 존재하는 언어를 보편화하는 문
제도 정치·경제적 힘의 관계와 연계되기에 바람직한 것이 못된다.

---

[16] 에스페란토는 1887년 폴란드의 언어학자 루드비크 라자루스 자멘호프 박사에 의해 창안된
국제 공용어이다. 에스페란토 운동이란 1민족 2언어주의에 입각하여 같은 민족끼리는 모국
어를, 다른 민족과는 에스페란토를 사용함으로써 만민평등과 세계평화를 추구하자는 언어
운동이다.

언어는 의사소통의 수단만이 아니다

보편화까지는 아니더라도 언어가 국경을 넘어 존재하는 예들은 많다. 수학 기호의 경우 여러 나라 사람들이 이를 쉽게 해독한다. 그러나 수학 기호로 우리가 대화할 수는 없다.

언어는 사람과 사람 간의 단순한 의사 전달에만 사용되는 것이 아니라 마음의 표현이기도 하다. 따라서 언어의 통신성이 높아지면 질수록 표현력이 약해지는 데에 주목할 필요가 있다고 본다.

언어는 문화유산으로서 무슨 언어를 사용하느냐는 사용자가 어느 사회집단에 속해 있는가를 말해 준다. 언어는 문화적 기억의 역할을 한다. 따라서 언어는 단순한 단어나 문법구조가 아니다. 예를 들어 한 민족의 시간 개념은 그 민족의 문법구조와 밀접하게 연계되어 있다. 또 언어는 한 개인의 역사를 반영하고 있기도 하다.

이것이 모국어에 포함되어 있는 언어의 특수성이다. 그래서 어느 언어든 그 언어를 사용하는 자에게 언어는 창조성을 제공한다. 작가의 경우 여러 형태로 언어를 창조하는데 작가를 통해 언어는 민족의 집단 기억을 재편집하며, 민족문화의 원동력으로 작용한다.

심각한 상실

세계 단일의 보편 언어를 갖자는 것은 언어를 단순한 통신수단으로 여기는 데서 비롯된 생각이다. 통신 기능이 중요한 것은 사실이지만 언어는 통신 기능 외에도 여러 가지 기능을 갖고 있다. 특히 미적 기능과 창조성의 기능이 그것이다.

문학사를 빼놓고 문학을 말할 수 없다. 언어는 사상의 표현으로서 언어 속에는 세계관이 농축되어 있다. 하이데거가 철학을 하려면 그리스인의 청각을 가져야 한다고 했을 때, 이는 고대 그리스 언어가 세계를 이해하는 데 있어서 현대인이 알지 못하는 부분을 지니고 있음을 말해 준다.

하나의 언어에서 다른 언어로 옮겨가는 것은 하나의 세계에서 다른 세계로 옮겨가는 것과 같다. 이는 세계를 바라보는 나의 시각이 결코 절대적인 것이 아님을 자각하는 것이다. 이런 자각을 통해 새로운 이해와 사물에 대한 새로운 해석을 가능하게 하는 지적 작업이 가능하다.

여기서 보편 언어의 문제점이 발견된다. 인류가 한 가지 언어만을 사용할 경우 사고의 빈곤이 빚어질 것이며 동시에 하나의 사상만을 갖게 될 위험에 빠질 가능성이 크다.

결론

세계 단일의 보편 언어를 바라는 것은 언어의 기능이 통신만이 아님을 잊고 하는 소리이다. 이는 문화와 사고의 다양성을 부정하는 것이며, 인류에 내재되어 있는 차이성을 거부하는 것이다.

바벨탑 이야기를 부정적으로 해석하는 사람들은 언어의 차이 때문에 인류가 헤어졌음을 한탄할 뿐, 헤어진 인류가 다시 만나기 위해 얼마만큼 노력하고 있으며, 다시 만났을 때는 서로 다른 창조물을 갖고 있음을 모르고 있다. 인류는 현재 단일적이지 않을뿐더러 미래에도 단일화되는 것은 바람직하지 않다. 단일화된다는 것은 곧 전체주의가 됨을 뜻한다.

Baccalauréat

03

예술

Arts

01

예술작품은 반드시 아름다운가?

Baccalauréat, 1997

고대에서 18세기 미학에 이르기까지 예술과 미(美)의 관계는 필연적인 것처럼 보였다. 미의 본성이 무엇인지에 관해서는 논란이 많았지만, 그럼에도 불구하고 예술작품은 반드시 미를 형상화해야 했다.

하지만 19세기에 들어 예술의 진화는 이러한 원칙에서 벗어나기 시작했다. 그래서 마네의 그림은 당대의 대중에게 전혀 아름다워 보이지 않았고, 랭보는 미(美)를 매도했다. 또한 피카소의 〈아비뇽의 처녀들〉에서부터 개념 미술에 이르기까지 20세기 예술은 더 이상 미라는 것에는 관심을 두지 않고 있으며, 이 때문에 이러한 작품이 예술이 아니라고 주장하는 사람들이 있을 정도이다.

그러므로 우리는 '예술작품이란 반드시 아름다운 것인가?'라는 문제를 제기할 수 있을 것이다.

미(美)의 고전적 기준

칸트는 《판단력 비판》에서 우리가 '아름답다'고 생각하는 사물의 특징들을 열거한다. 한 사물이 아름답게 보이려면, 첫째 그 사물이 주는 만족감이 실제적 이득과 무관한 것이어야 하고(예술작품의 무목적성), 둘째 그것이 불러일으키는 쾌감이 보편적이어야 하며, 셋째 다양한 것을 총체적으로 종합하는 경험을 제공해야 한다. 이중 마지막 기준이 가장 중요한데, 여기서 칸트는 서로 다른 다양한 요소가 유기적으로 결합되어 그 나름의 자율적 총체성을 지니게 될 때 작품의 아름다움이 나온다고 주장한다. 고전적인 예술작품의 대부분은 이러한 관점에 따라 설명될 수 있다.

실제로 고전적 예술은 각 장르별로 내적 총체성과 통일성을 만들기 위한 다양한 형식적 규칙들(시의 운율 규칙, 미술의 원근법이나 황금비, 음악의 화성 규칙 등)을 지니고 있었다. 하지만 19세기 이후의 현대 예술은 이런 식으로 설명할 수 없는 것이 사실이다.

그런데 칸트의 이론에서 '아름다움'은 유일한 미학적 가치가 아니었다. 칸트 미학은 '숭고(sublime)'라는 개념을 중요하게 다루고 있는데, 우리는 이집트의 피라미드와 같이 거대한 건축물을 통해 조화·균형·통일성을 중시하는, 일반적 예술작품과는 다른 형태의 미학적 경험을 할 수 있다.

그래서 미(美)가 안정감·평화·쾌감을 선사한다면, 숭고는 우리에게 불쾌·경이·당혹·공포를 안겨준다. 또한 '하느님이 가라사대 빛이 있으라…'라는 유대 성경의 구절은 세련된 문장은 아니지만 그 투박함을 통해 오히려 강력한 힘을 표출한다. 이 숭고 개념은 로

마 시대의 수사학자 롱기누스의 저작 《숭고론》을 통해 수립되어 17세기에 부활한 것으로서, 고전적 미학 전통 역시 '아름다움'과는 다른 미적 가치를 인정했다는 사실을 보여준다.

고전적 기준의 붕괴

하지만 예술과 '아름다움'의 분리는 이러한 이론적 차원이 아닌 실제 작품들을 통해 가속화된다. 예술가들은 조화와 균형을 중시하는 전통적 개념을 포기하고 작품 속에 낯설고 기이한 요소를 도입하기 시작한다.

그래서 보들레르는, 창작이란 기존의 형식적 규범에서 벗어나 관객이나 독자를 당황케 해야 한다고 생각하여 '미란 언제나 기괴한 것'이라고 단언한다.

1860년 이후의 미술사를 살펴보면, 우리는 화가들이 기존의 공인된 아름다움에서 벗어나려고 끊임없이 노력했음을 확인할 수 있다. 이들의 관점에서 보았을 때 기성의 형식을 따르는 것은 아카데미즘에 불과하며, 고갱 같은 경우는 전통적 미의 모델인 그리스 미술에서 탈피해야 한다고 주장하기도 했다. 이러한 예술의 형식적·내용적 변화(인상파 화가들은 더 이상 신화 속 인물을 그리지 않으며 현대 도시가 주요 테마가 된다)와 더불어 중국·일본의 예술이나 미개사회(아프리카, 오세아니아 등)의 예술에 대한 관심도 증대되었는데, 이러한 외국의 예술은 서구인들이 가지고 있던 미의 개념을 뒤흔드는 것이었다.

푸생의 그림, 중국의 도자기, 아프리카의 가면, 그리스의 조각,

로마 시대의 프레스코화, 고갱의 단색 판화 등을 모두 포괄할 수 있는 보편적 미의 규준이란 존재하지 않았고, 이러한 각성에서 출발하여 입체파, 독일 표현주의, 초현실주의 등 예전의 미적 개념과 정면으로 충돌하는 다양한 조류가 생겨나게 되었다. 그리고 이러한 흐름이 지배적이 된 현대에 이르러 고전적 의미의 '아름다움'이란 불필요한 개념이 되어버렸다.

진정한 작품은 예기치 못한 아름다움을 생산한다

현대 예술의 이러한 새로운 흐름은 대중을 당황하게 만들었다. 미술관에 걸려 있는 현대 작품들이 대중의 상식적 관점에서 볼 때는 아름답지 않은 것이다. 대중이 현대 예술에서 유리되는 상황은 시각예술, 음악, 문학 등 모든 분야로 확산되었다.

사실 '옛날의' 예술작품들 중 상당수는 단지 오래되었다는 이유만으로 숭앙받곤 한다. 고전적 예술에 대한 존경심은 기본적으로 대상을 훌륭히 모방하는 기술적 능력에 대한 찬사에 기인하는데, 헤겔은 이러한 측면이 예술작품의 본질과는 무관하다는 것을 증명한 바 있다.

우리가 고전으로 간주하는 많은 작품들이 처음에는 많은 논쟁을 불러일으켰으며, 중세의 사제와 4세기의 중국인이 아름다움이란 것을 18세기 유럽인과 동일한 방식으로 정의하지는 않았다는 점을 잊어서는 안 될 것이다.

진정한 예술작품은 공인된 기존의 공식을 따르는 것에 만족하지 않으며, 사멸한 장르를 복원하려 하지도 않는다. 이제는 고전의 반열에 오른 옛날의 예술작품을 보고 우리는 그것이 역사나 문화와 무관한 보편적인 아름다움을 보여준다고 생각하기 쉽지만, 실제로 그러한 작품들도 처음에는 형식과 내용상의 혁신을 담고 있는 것이었다. 현대 예술 역시 이전의 흐름에 대한 도전·혁신을 통해 만들어지고 있는 것일 뿐이며, 차이가 있다면 현대에 와서 변화의 속도가 훨씬 빨라졌다는 정도일 것이다.

결론

오늘날 미의 개념은 무엇을 뜻하는가? '미'라는 단어를 폐기하지 않으려면 우리는 그 내용이 끊임없이 변화하며 '아름다움'이란 것이 본질적으로 불안정하다는 사실을 인정해야 한다. 왜냐하면 개성적 예술작품들은 언제나 이전의 미 개념을 의문시하는 데서 출발하기 때문이다.

02

예술 없이 아름다움에 대해 말할 수
있는가?

Baccalauréat, 2002

우리는 흔히 아름다운 경치, 미녀, 지는 태양 등을 보고 매료된다. 이때 우리는
자연적 사물이나 경관 안에 분명 아름다움이 들어 있다고 생각하는 것이다.
하지만 이런 경우에 느끼는 아름다움이 모든 예술적 지식과 무관한 것인지
우리는 자문해 볼 수 있다.
"자연을 바라보는 것이 아니라 미술관을 방문함으로써 화가가 되는 것"이라는
앙드레 말로의 말은 예술가에게 미(美)는 무엇보다 예술과 예술사와의 관련
아래에서 존재한다는 뜻일 것이다. 그렇다면 예술가가 아닌 다른 사람들에게도
아름다움은 예술의 문제일 뿐일까?

예술 없는 미(美)

플라톤에게 있어 미는 완벽하고 영원한 관념(이데아)이다. 그래서 그것을 물질적으로 재현할 경우 불완전한 질료 속에 담아야 하므로 진정한 아름다움과는 멀어지고 미의 이데아에서 한 등급 아래로 떨어질 수밖에 없다.

이런 관점에서 볼 때 인간이 만들어낸 예술은 그 자체가 미보다 나중에 존재하는 것이 된다. 더욱이 플라톤은 예술작품보다는 자연 사물이 이상적 미와 더 가깝다고 주장한다. 왜냐하면 자연 사물은 초월적 이데아를 모방한 것이고, 예술작품은 그 사물을 모방한 것이므로 예술은 이데아에서 두 단계 하락한 것이기 때문이다.

하지만 예술을 순전히 모방적 가치로만 파악하는 이러한 정의를 따를 수는 없다. 미술사를 살펴보면 설사 구상미술(具象美術)이라 해도 작품을 이러한 협소한 모방 개념으로 환원할 수 없다. 화가이건 조각가이건 자기가 재현하는 대상에 어떤 변형을 가하게 마련이다.

이런 변형은 모티브 자체에 기인하는 것이 아니라 예술적 재현의 논리에 따른 것이다. 구도·구성 등의 규칙은 문화에 따라 다양한 모습으로 나타나고 각각의 유파와 화풍을 결정짓는 것으로, 재현 대상에 대한 예술가의 관점을 드러낸다. 칸트는 이런 의미에서 예술작품은 아름다운 사물을 재현하는 것이 아니라 사물을 아름답게 재현하는 것이라고 주장한 바 있다. 칸트가 이런 측면만으로 미(美) 개념의 기원을 설명하는 것은 아니지만, 이러한 면에서 볼 때 예술적 아름다움이란 언제나 (그 모델과 구별되는) 새로운 것일 수밖에 없다.

　여기서 문제되는 것은 아름다움이 오직 예술을 통해서만 나타날 수 있다고 생각할 수 있냐는 것이다. 만약 그렇다면 우리는 예술이 없을 경우 결코 미(美)의 존재를 생각할 수 없을 것이다. 문제는 주지하듯 인간사회에는 태곳적부터 예술행위가 존재했으며 아무리 미개사회라 해도 예술이 없는 사회는 없다는 것이다.

최우선적인 실용적 행위

하지만 우리는 예술이 선사시대부터 존재했다 해도 그것이 인간 최초의 활동은 아니라는 점을 고려해야 한다.

　최초의 사회는 의식주라는 생존의 문제, 즉 원초적 욕구를 해결해야 했을 것이며, 이에 비하면 '예술적 욕구'는 피상적이거나 사치스러운 것일 수도 있다. 사냥 무기를 오랫동안 사용한 후에야 인간은 무기를 꾸미고 장식하기 시작했다. 또한 동굴 벽을 장식하기 위해서는 우선 동굴 속에 있을 때 인간이 안전해야 하고 식량 문제가 해결되어야 했다.

　더구나 현재에도 예술이 분명히 존재하는 일부 전통적 사회에서는 자연의 아름다움이라는 것에 무관심한 경우가 있다. 이러한 사회에서 자연은 미적 관조의 대상이기 이전에 우선 이동, 사냥, 위험의 장소이다.

　미적 시선이란 바라보는 대상의 실용적 기능에 무관심해질 때에야 비로소 태어날 수 있는 것이다. 동식물과 장소가 무엇보다 '초자연적' 힘을 가진 존재이고 생존과 직결된 실제적 사물로 받아들여지는 원시적 세계에서, 이러한 무관심과 초탈한 태도가 나오기는 어려울 것이다.

그러므로 이러한 원시사회의 예술 중 상당수가 자연을 대상으로 삼지 않고 '모방'이라는 개념에 기반하지 않는 것도 놀라운 일은 아니다. 오스트레일리아 원주민들의 집단 회화를 보면 장소나 동물을 가리키는 추상적 기호나 재현 약호들을 사용하고 있는데 이 그림들은 문제의 장소나 동물들을 전혀 닮지 않았다.

이 경우 재현 이전 이 장소나 동물들에 아름다움이 존재한다고 보기는 어려울 것이다. 이 회화는 근본적으로 신화적 의미를 갖고 있으며 그 재현 대상의 외양과는 무관한 이야기와 상징으로 이루어져 있다.

예술은 미를 드러내며 심지어 예술이 아닌 미도 드러낸다

미(美)의 관념이 예술이나 문화에서 나왔다는 사실을 인정하기 어려운 것은 우리가 종종 예술 밖에서 아름다움을 찾는 습관이 있기 때문이다.

우리 사회에서 어린아이는 아주 어렸을 적부터 바다나 별을 보고 '정말 아름답다'는 말을 듣고 자란다. 아이는 이 말을 따라하면서 예술과 무관하게 아름다움이 존재할 수 있다고 믿게 된다. 하지만 우리는 바다나 별이 도대체 언제부터 아름답다는 말을 들었는지 질문을 던질 수 있다.

아주 최근에 시작된 것은 아니겠지만 자연에 대한 이러한 미적 시선은 자연이 더 이상 인간을 짓누르는 위험한 것이 아니며, 인간에게 자연을 바라보고 감상할 여유가 있음을 상정한다. 태풍을 만난 고대의 뱃사람이 바다를 아름답다고 생각할 수 있었을까? 설사 현대의 경우라도 난파 위기에 처한 선원이 바다를 아름답게 볼 수 있을까? 난파는 영화에서나 아름다운 것이다. 또한 고대의 뱃사람은 별을 보고 아름다움을 찾는 것이 아니라 그에 의거하여 방향을 짐작하려 했을 것이다.

한 사물의 아름다움을 만드는 것은 무엇보다 그 사물의 예술적 재현이다. 재현을 위해서는 기술이 필요하고 시간이 필요하다. 자연이 이러한 재현 이후에야 아름답게 보일 수 있다는 사실을 인정한다면 자연이 미 관념 속에 포함되는 데에 예술의 존재가 필수적이라는 점 또한 이해할 수 있을 것이다. 예술은 우리에게 사물을 다르게 바라보는 법을 가르쳐준다. 그리고 사물 속에서 아름다움을 찾을 수 있게 해주는 것 또한 예술이다.

오스카 와일드는 다소 역설적으로 "자연이 예술을 모방한다"[17]고 말한 바 있다. 조금 지나친 표현일지 모르지만, 이 말은 인간의 감수성이 역사적으로 변화해 온 과정을 잘 표현하고 있다. 인간이 자연에서 미를 발견하게 된 것은 자연이 여러 형식적 규칙에 따라 재현되기 시작한 이후의 일이다.

---

17) 오스카 와일드(Oscar Wilde, 1854~1900)는 흔히 예술지상주의의 대표자로 불린다. 스스로 '탐미주의자'를 자처했는데, 그의 '예술을 위한 예술'론은 잘 알려져 있다. 일반적으로 예술은 자연의 아름다움을 모방한다는 것에 반기를 들고, 예술 그 자체의 독창성과 고유한 아름다움을 주장했다.

주지하듯 루소의 소설 《누벨 엘로이즈》[18]가 인물의 감정과 풍경을 일치시켜 독자에게 자연의 '정서적' 차원을 처음으로 보여주면서 낭만주의 이후 자연에 대한 미적 시선은 일반인에게도 보편화되었다.

사회가 다양한 예술 형식을 발전시킴에 따라 예술 이외의 아름다움에 대한 우리의 감식안도 다양해진다. 내가 아름답다고 느끼는 풍경을 보고 다른 사람이 미적 반응을 보이지 않는 것이 그다지 놀랍지 않은 것도 이 때문이다. 그의 미적 관점을 형성하는 '예술적' 필터는 나의 그것과 동일하게 만들어지지 않은 것이다.

결론

이렇게 예술이 아닌 미(美)도 예술에서 비롯된다는 것을 인정한다면 예술사와 그 형식들은 이전에 우리가 관심을 갖지 않았던 것에도 미적 관심을 불러일으킬 것이다.

따라서 앵포르멜[19] 미술이나 콜라주 형식[20]이 나온 뒤에 우리는 도로나 울타리를 다른 방식으로 바라볼 수 있게 되었다. 예술이 그

---

18) 루소의 소설 《누벨 엘로이즈》는 이상적 사랑을 그린 연애소설인 동시에 루소 자신의 철학적·종교적 입장을 주인공들을 통해 드러낸 책이다. 여주인공 줄리는 루소의 종교관을 이야기하며, 그녀의 정원 엘리제는 이상적인 자연적 아름다움을 상징하고 있다. 외부의 악과 자연적인 감정, 사랑 등은 루소적 주제들을 그리고 있다.

19) 앵포르멜(informel)은 2차 세계대전 이후 프랑스를 중심으로 일어난 새로운 회화 운동이다. 기하학적인 지적 추상 개념에 반대하여 서정적 측면을 강조했다. 또한 구상·비구상을 초월하여 모든 정형적인 것을 부정하고, 공간이나 마티에르, 질료의 질감을 강조했다.

영역을 넓혀가면서 우리는 일상적 세계에서 점점 더 많은 아름다움
을 발견할 수 있게 될 것이다.

---

20) 풀로 붙인다는 뜻의 콜라주(collage)는 1912~13년경 브라크와 피카소 등에 의해 시도되
  었다. 신문지·벽지·악보 등 인쇄물들을 풀로 붙였는데, 이것을 '파피에 콜레(papiers
  collés)'라고 불렀다. 이는 새로운 구도와 효과를 시도한 것으로, 부조리하고 냉소적인 충동
  을 불러일으키기 위함이었다.

03

예술작품의 복제는 그 작품에 해를 끼치는 일인가?

Baccalauréat, 1997

예술의 민주화가 자주 거론되고 있다. 더 이상 예술의 향유는 소수 특권층의 전유물이 아니며 작품에 대한 접근과 예술사에 대한 지식은 모든 사람이 공유할 수 있는 것이 되었다. 특히 예술작품의 복제를 통해 대중적 보급이 가능해졌는데, 문제는 이러한 복제가 예술작품의 독자성을 훼손할 것 같다는 점이다. 과연 작품의 복제는 예술의 운명에 어떤 영향을 끼치는 것일까?

예술작품과 그 아우라

《기술복제 시대의 예술작품》이라는 유명한 논문에서 발터 벤야민은 예술작품의 특징은 그 특유한 아우라(Aura)에 있다고 주장했다. 이 아우라는 작품을 직접 접해야만 느낄 수 있는 것으로, 특정한 시공간(관람자의 '지금-여기')과 관련된다.

이런 관점에서 볼 때 고전 회화를 사진 복제를 통해 감상할 경우 작품의 아우라는 파괴될 것이며 작품의 의미 역시 감퇴될 것이다. 이와는 반대로 앙드레 말로는 우리가 전세계에 흩어진 작품들을 감상할 수 있는 것은 사진 복제를 통해 구축된 '상상의 미술관' 덕이라고 주장했다. 복제기술이 없다면 우리는 직접 전세계를 여행하지 않는 이상 다양한 예술작품을 볼 수 없을 것이며, 우리의 미적 경험은 훨씬 더 제한될 것이다.

사실 그림을 사진으로 찍을 경우 작품의 판형, 색깔, 질감은 분명 변하므로 이러한 복제본은 작품과 같을 수 없다. 문제는 이러한 변화가 작품에 해를 끼치는가, 아니면 그럼에도 불구하고 작품은 살아남는 것인가 하는 점이다(물론 수건이나 열쇠고리 등에 찍힌 모나리자와 같이 조악한 수준의 복제는 당연히 논외로 해야 할 것이다).

복제의 필요성

먼저 복제란 예술작품의 전통적인 유통 양식이라는 점을 상기하자. 뒤러의 판화나 렘브란트의 에칭은 처음부터 여러 개가 제작되었다. 들라크루아의 석판화나 마네의 판화 역시 마찬가지이다.

또한 몇몇 예술 장르에서는 작품이 복제를 통해서만 존재한다는 점도 기억해야 할 것이다. 우리는 보들레르의 시를 친필 원고로 읽는 것이 아니라 인쇄술이라는 대량 복제체제의 도움으로 읽는다. 이 점은 영화나 음악도 마찬가지이다. 예컨대 음악은 공연이나 음반을 통해서만 존재할 뿐이다. 바흐의 미사곡이 음반에 담긴다고 하여 작품의 질이 떨어진다고 볼 수는 없을 것이다.

하지만 이러한 복제 행위의 의미는 이중적이다. 한편으로 복제는 작품에 대한 접근을 용이하게 해준다는 장점이 있지만, 다른 한편으로 작품을 상품으로 바꾸어버린다는 문제가 있다. 이제 작품은 소유할 수 있는(즉, 손쉽게 구입할 수 있는) 물건이 되며, 지나칠 정도로 일상적인 대상이 된다.

복제의 바른 사용법

예술작품의 복제를 급진적으로 비판하는 사람들의 경우 예술가의 수공업적 작업과 작품 자체의 단일성을 과도하게 강조하는 경향이 있는데, 이는 시대착오적인 부르주아 이데올로기처럼 보인다.

브뢰겔이나 마그리트 같은 화가의 경우 두 번째 구매자가 나설 경우 주문을 받아 작품을 복제하기를 망설이지 않았으며, 르네상스 시대의 화가들은 여러 명의 조수들의 도움을 받아 작품을 제작했고 실제로 그림의 상당 부분은 이 문하생들의 손에 의한 것이었다.

더구나 현대 팝아트 예술가들은 기성의 이미지를 그대로 복제해 '작품'을 만들면서(앤디 워홀은 자신의 아틀리에를 '공장'이라고 불렀다) '화가의 손'이라는 고전적 개념에 정면으로 도전하기도 했다.

분명 복제품이 작품 자체는 아니라는 사실만 잊지 않는다면 작품의 복제는 심미안의 형성에 유용하게 쓰일 수 있다. 작품의 이미지를 먼저 알고 있다면 나중에 작품을 실제로 접했을 때 작품의 구체적인 부분들을 더 잘 감상하고 평가할 수 있게 마련이다. 하지만 이러한 복제는 분명 대략적 정보만을 제공할 뿐이어서 실제로 작품을 접하여 작가의 미적 작업을 감각적으로 느끼는 경험과는 결코 대체될 수 없다.

결론

복제가 예술작품에 해로운지의 여부는 단언하기 어렵다. 모든 것은 그것을 이용하는 사람에 달려 있다. 어떤 감상자들은 작품을 미적으로 바라볼 능력이 없기 때문에 작품을 직접적으로 훼손한다(모차르트의 음악을 핸드폰 벨소리로 사용하는 경우).

특히 회화의 사진 복제에는 작품의 감각적 물질성과의 직접적 관계가 결핍되어 있어서 감상자의 감각기관이 아닌 기억력, 지적 욕구에만 작용할 뿐이다. 장 뤽 고다르가 텔레비전으로 영화를 보는 것은 엽서 위의 회화 작품과 같다고 지적했을 때, 그는 텔레비전의 효용성을 완전히 부인한 것은 아니지만 그 효용을 단순히 기억을 돕는 보조장치 정도로 단호히 국한시킨 것이다.

04

에술작품은 모두 인간에 대해이야기하고
있는가?

Baccalauréat, 1998

통상적인 의견에 따르면, 예술이란 예술가의 감정을 표현하고 그의 감정을 통해
인간 전체의 감정을 표현하는 것이다. 하지만 이러한 개념은 예술작품들의
다양성을 설명하기에는 턱없이 부족해 보이며, 20세기 작품뿐 아니라 많은
예술작품들이 인간성의 직접적 발현에는 완전히 무관심하다는 사실 또한
설명하지 못한다.

따라서 예술이 인간 이외의 것에 대해 '말할 수 있다'는 결론을 내려야 할
것인가? 아니면 설사 간접적 길을 통한다 해도 예술이란 언제나 나름대로
인간과 관계를 맺고 있다고 생각해야 하는가?

직접적으로는 '인간적인' 내용

인간의 모습을 주제로 삼고 있는 작품들을 보면 모든 예술작품이 인간에 대해 이야기하고 있다는 사실을 인정해야 할 것 같다. 이는 모든 재현이 사물에 대한 인간의 시선을 나타낸다는 점을 생각할 때 더욱 분명하다.

우리는 또한 수많은 고대 작품들이 우리에게 당시의 풍속·관습·세계관·사회관 등에 대한 정보, 즉 당시의 인간 모습에 대한 정보를 제공한다는 점 또한 지적할 수 있다.

하지만 이에 대한 즉각적인 반론 또한 가능하다. 이런 식으로 작품에서 자료적 가치를 찾는 것이 작품을 진정 미학적 관점에서 바라보는 것인지 확실치 않다는 것이다. 다시 말해 작품을 인간에 대한 정보로 환원하는 것은 작품을 진정한 예술작품으로 간주하는 것이라고 할 수 없다.

모든 예술작품은 인간의 문화에 속한다

예술작품들의 종류는 극도로 다양하다. 아일랜드의 필사본 삽화, 아프리카나 오세아니아의 가면 인형, 로마 시대의 프레스코화, 고딕 대성당, 그리스 부조, 초상화, 고전적 풍경화, 입체파 회화, 추상화 등등 그 종류는 너무나 다양해서 이렇게 상이한 대상들을 포괄하는 보편적 미라는 것이 무엇인지 정의할 수 없는 것처럼 보일 정도이다.

그러나 이 모든 작품에는 공통점이 있다. 이들 모두는 문화의 산물인데, 문화라는 것 자체가 오직 인간에 의해서만 존재하는 것이다. 따라서 예술작품은 인간이 자연질서와 구별되는 다양한 수단을 만들어낼 수 있음을 의미한다.

이렇게 모든 작품 안에는 자연의 생산물과는 다른 어떤 것이 들어 있으므로, 예술작품은 자연이 제공하는 원재료와 인간의 생산활동 사이의 차이, 인간의 창안능력을 보여준다.

이런 관점에서 볼 때 예술작품이란 자료와는 다른 것이다. 예술작품은 통제된 제작과정을 통해 산출되며, 일련의 규칙들을 따르고 있고 때로는 몇 가지 사회적 규준을 따를 수도 있다.

예술작품의 존재는 그것이 생산된 맥락, 한 시대의 개념들(생활양식, 사고방식 등) 등을 간접적으로 암시한다. 즉, 예술작품은 이러한 한 시대의 생활양식, 사고방식을 직접적으로 증언할 필요가 없다. 왜냐하면 이러한 개념들 자체가 예술작품이 만들어지는 조건이기 때문이다.

작품은 정신의 자유의 증거이다

칸트에 따르면, 예술작품은 그것이 만들어지는 과정 자체를 통해, 다시 말해 내적 목적이 있다는 인상을 낳는다는 점에서 도덕성을 상징한다. 예술작품 감상은 우리에게 도덕성의 작동과 동일한 메아리를 낳는다. 도덕성이 이기적 관심의 거부와 보편적 도덕법의 준수를 상정하는 것과 마찬가지로, 예술작품은 수많은 요소를 모아 새로운 총체성 속에 담고 있는 것으로 보여진다. 이러한 칸트의 생각을 인정한다면 예술작품이 도덕성을 상징하므로 모든 작품이 어떤 인간 특유의 차원을 이야기한다는 점을 이해할 수 있다(물론 여기에는 내적 목적성이라는 개념을 인정한다는 조건이 붙는다).

실제로 이 개념에는 이론의 여지가 있다. 예컨대 '미'라는 것이 기이함(보들레르)과 놀라움, 공포에 기반한다는 해석도 있는 것이다. 헤겔은 칸트를 반박하면서 상징능력은 예술의 시작에 불과하다고 주장한다. 대신에 헤겔은 예술작품을 '관념의 감각적 표현'으로 정의하려 하는데, 이것은 더욱더 인간에 관련된다. 따라서 헤겔은 예술작품이 언제나 인간에 대해 말한다는 사실을, 특히 어떻게 예술작품이 인간에 대해 말하는지를 분명히 알려준다. 헤겔에 따르면 예술이란 정신의 표현이며, 이 점에서 예술은 언제나 인간의 문제일 뿐이다.

설사 예술이 가장 차가워 보일 때도, 인간과 가장 무관해 보일 때조차도 예술은 인간의 문제인 것이다. 예컨대 마르셀 뒤샹은 철물점에서 산 변기가 예술작품의 지위를 얻을 수 있음을 보여주었다. 이것이 예술작품이 되는 것은 변기를 예술작품으로 만들려는 뒤샹의 의도 때문이다.

이때 뒤샹은 예술작품에 대한 새로운 개념을 제안하고 있는데, 그것은 인간 정신이 기존의 것(기성 관념)을 넘어설 수 있는 능력을 가지고 있음을 증명한다.

결론
작품을 작가의 감정 표현이나 자료로 취급하는 것과 무관하게, 우리는 작품이 오직 인간에 대해서만 말하고 있다는 점을 인정해야한다. 하지만 작품은 언제나 간접적으로 에둘러서 혹은 말없이 인간에 대해 말한다.

작품은 인간 정신이 자연에 대해 취하는 입장을 보여준다. 이 입장은 불멸의 창조물을 통한 시간에 대한 도전일 수도 있고 회화나 조각 작품에서와 같은 공간에 대한 성찰일 수도 있으며 새로운 형상화 양식의 수립일 수도 있다.

다시 말해 예술사가 보여주는 모든 형식은(우리를 당혹스럽게 만드는 최근의 형식을 포함해서) 끊임없이 자연에 대한, 자신의 창안에 대한 인간의 불만족을 증언하는 것이다.

05

예술이 인간과 현실의 관계를 변화시킬 수 있는가?

Baccalauréat

흔히 예술은 '쓸모없다'고 알려져, 현실과 별 관계가 없다거나 현실에 별로 영향을 끼치지 못하리라고 쉽게들 수긍한다. 일상적으로 경험하는 현실을 벗어나게 함으로써 예술작품이 우리로 하여금 그 현실의 어려움을 잊게 해준다고 판단할 수도 있다. 예술을 이런 식으로 생각하는 것으로 만족해야 할까? 아니면 예술과 현실의 관계가 단지 주변적이고 도피적이기만 한 게 아니라 예술이 실은 현실을 달리 볼 수 있게 해준다고 볼 수 있을 것인가?

긍정적 환상으로서의 예술

철학자들이 예술에 관해 생각하고 그 본질을 밝히려고 애쓰는 것은 아마 철학 자체에 비길 만한 활동을 그 분야에서도 짐작하기 때문이리라. 게다가 추상적 개념이라는 무거운 장비 없이 대중의 감성에 호소하는 예술작품은 모든 담론에 비해 직접적이라는 유리한 점을 지닌다.

감성에 관련되는 모든 것을 경멸하는 플라톤이 예술에서 우리를 속이는 기술들의 집합을 본 건 당연하다. 시는 분명 그 멋진 표현들로 우리를 넋 잃게 하지만, 신성의 영감을 받은 시인들은 가끔 주제를 설명 못하고 아무렇게나 늘어놓는다. 그들은 그리하여 도시국가에서 쫓겨나게 된다. 화가들은, 지적 세계의 하위 버전일 뿐인 물질세계를 재현한다. 조형예술은 그래서 모방의 모방이다! 이데아의 현실과는 달리 감각적 통로를 거쳐야 하는 예술은 우리를 진실과 현실로부터 동시에 멀어지게 하는 환상의 세계이다.

니체는 모든 환상이 부정적이거나 쓸모없는 건 아니라고 반박한다. 환상은 정신에 필요한 것이어서 인생의 가혹함을 견딜 수 있게 해준다. 그리스 비극의 위대함은 바로 아폴론적 정신과 디오니소스적 정신이 얼마나 긴밀히 연결되어 있는가, 개인의 의식이 얼마나 도취 상태나 죽음에 주기적으로 몰입되어야 하는가를 보여주는 데 있었다.

우리의 현실과의 관계는 사실 변할 수 있다. 대개 우리는 우리에게 쓸모 있을 만한 것에만 관심을 갖는다. '현실'에 대해 기능적 조준만을 하는 것이다. 내가 만약 어느 곳을 그저 되도록 빨리 답파하려고만 생각한다면, 땅 색깔이나 거기 흩어져 있는 동물들을 눈여겨볼 틈은 거의 없다. 나의 현실과의 일상적 관계는 이렇게 불완전한데, 예술작품은 내가 눈치채지 못한 면모들을 보여준다.

만약 예술이 아직 보이지 않던 것에 주의를 끌 수 있다면, 작품의 '쓸모없음'은, 예술에 관한 한, 즉각적 실용가치는 별도로 해야 한다. 베르그송은 이 점을 강조했다. 예술가는 우리에게 현실을 더 잘 보게 해주는 '견자'이다.

예술, 감각적 경험

단순히 도로포장용일 뿐이던 콜타르가, 뒤뷔페에게 오면 그림의 재료가 된다. 그렇게 되면서 또 우리에게 우리가 길을 가면서는 눈여겨보지 못한 새로운 특성들—무광택 혹은 광택, 꺼칠함 혹은 부드러움—을 보여준다. 뒤뷔페의 작품을 본 후 내가 길을 다르게 보는 것은 당연하다.

일반적 의미로 예술은 문화의 산물이므로 자연여건과의 관계를 변화시킨다. 말로는 사람들이 들판에서 '석양 그리기'를 배우는 것이 아니라 미술관에서 배운다고 상기시킨다. 또 그 그림 때문에 관객은 자연을 특정한 방식으로 본다. 석양의 아름다움을 그것의 회화적 표현을 본 후에야 판단하는 것이다. 우리의 자연과의 직접적 관계는 실리적·기능적이고, 따라서 자연은 예술의 기능을 통해서만이 미적으로 인지되기 때문이다.

하지만 그 변화 가능한 현실은 보다 더 내밀할 수도 있다. 장 뒤비뇨는 17세기 연극이 그 배우들의 위치에서 오는 행동 모델들로 애정 생활을 풍요롭게 했고, 그것은 대중들에게도 번져갔다고 밝혔다. '베르테르'의 출현에 자살이 뒤따랐다는 것도 특정 수 개인들의 세계관이 새로운—혹은 전에 없던—감정이나 감동의 경험으로 변화되었기 때문이지 않은가?

예술은 현실의 일부이다

작품을 가혹한 현실의 법칙을 잊기 위한 방법으로 보아 그 영향을 과소평가하더라도, 그 일시적 '잊음' 자체가 이미 우리의 현실과의 관계를 변화시킴을 인정해야 한다. 작품이 현실에 다소 대량 참여할 때는—예로 건축 작품의 경우—더욱 그렇다. 루아르 강변 성들의 방문객 중엔 그 방문이 바캉스 동안의 소일거리일 뿐 그들 일상에는 영향이 없다고 생각할 사람이 많으리라. 하지만 그들은 그 방문에서 공간의 형태와 구성에 대한 인상들, 추억들을 가질 것이고, 그것들은 나중에 그들에게 자신들의 거주공간을 달리 느낄 수 있는 비교 요소를 제공하게 된다.

우리의 현실과의 관계는 다양한 인지경험들을 통해 공간, 장소, 재료의 개념을 점차적으로 정의함으로써 이루어진다. 새로운 경험이 그 관계를 변화시키는 건 당연하다. 예술작품은 말하자면 그러한 경험들을 할 수 있는 훌륭한 기회를 준다. 모든 예술적 탐구는 점차적으로 전체의 사고방식을 변화시킨다. 그래서 모든 사고의 변화를 두려워하는 독재체제에서 온갖 수단을 동원해서 그것을 막으려 하는 것이다.

결론

"예술은 보이게 하는 것이지 보이는 것을 재현하는 게 아니다." 자주 인용되는 클레의 이 표현은 우리와 현실의 관계를 바꿀 수 있는 예술의 힘을 말하기도 한다. 아직 보이지 않는 것을 '보이게 한다'는 것은 우리가 너무 성급하게 유일한 가능 현실로 간주한 세계를 넓히는 것이고, 우리 세계관의 변환점을 가져올, 필연적으로 감각적인 경험들을 제안하는 것이다.

Baccalauréat

04

과학

Sciences

01

생물학적 지식은 일체의 유기체를 기계로만 여기기를 요구하는가?

Baccalauréat, 1994

생물학의 야심은 생물을 과학적으로 이해하는 것이다. 하지만 생물학이라는 이름은 1802년에 와서야 라마르크에 의해 도입되었고, 그 이전에도 생명 현상에 대한 다양한 다른 설명들이 존재했다.

그런데 유기체를 기계와 동일시하는 기계론적 모델은 생물학 이론의 역사에서 중요한 역할을 수행해 왔다. 이러한 관점이 불가피하게 거쳐야 할 단계였다 하더라도 이 모델이 여전히 타당한지의 여부는 질문을 던져볼 만하다.

아리스토텔레스의 생기론

아리스토텔레스는 《동물지》에서 "영혼을 통해 물질이 자연이 되는 것이지 그 역은 아니므로 자연의 연구는 물질보다는 영혼에 중점을 두어야 한다"고 주장한다. 결국 아리스토텔레스는 생명과 영혼을 동일시하는 것이다.

영혼이 살아 있어야 물질이 생명이 되는 것이므로 생명 혹은 생물을 연구하는 것은 근본적으로 영혼을 연구하는 것이다. 이러한 생기론적 관점과 짝을 이루어 '생명체의 기관을 창조하고 제 기관들의 분절을 결정하는 것은 기능'이라는 목적론적 관점이 제시된다. 또한 영혼이 사라지면 유기체에는 움직이지 않는 물질적 조직만 남는다.

이러한 관점은 영혼의 기원이 무엇인가라는 질문으로 이어질 수밖에 없는데, 물질에 생명의 운동을 가져다주고 움직이지 않는 사물을 생명체로 변화시키는 것이 정말 영혼이라면, 우리는 하나의 신체에서 다음 신체로 운동을 전해 주는 일련의 '운동자'에 관심을 가질 수밖에 없다.

하지만 이 점에서 무한 소급은 불가능하다. (시간 순서로 보든 존재론적으로 보든) 최초의 운동자('부동의 원동자')가 없다면 이후의 동력기관도 없을 것이다. 기독교는 이 제1원동자를 신(神)으로 해석했으며, 이에 따라 생물 연구는 생명의 기원에 대한 형이상학적 성찰과 분리할 수 없게 된다.

물론 이런 생각은 현대적 관점에서 볼 때 완전히 비과학적인 사고이지만 그럼에도 불구하고 이후의 생물학이 부딪힐 수밖에 없는 근본적인 문제들을 요약하고 있다. 즉, 유기체를 영혼과 분리해서 생각할 수 있는가? 생명과 목적성의 관계를 완전히 배제할 수 있는가?

첫째 질문을 해결하기 위해(다시 말해 아리스토텔레스의 전통과 거리를 두기 위해) 데카르트는 영혼과 신체가 분명히 다르다며, 영혼은 인간에게만 있다고 주장한다(아리스토텔레스는 모든 생물에 영혼이 있으며 단지 식물보다 동물이, 동물보다 인간이 더 복잡한 영혼을 가지고 있을 뿐이라고 생각했다).

기계론의 역사적 상황

데카르트는 영혼을 사유능력으로 파악했다. 거꾸로 사유능력을 빼고 보면 인간의 신체는 다른 생물과 구별되지 않으며 기계론적 모델로 환원될 수 있다. 이러한 개념은 데카르트가 자동인형(생명체처럼 움직일 수 있는 기계)을 본 적이 있으며, 물질을 기하학적 관점에서 연구하려 했다는 맥락에서 이해되어야 한다.

그래서 데카르트는 생명의 원리를 물리법칙 내에서 이해하려 한다. 데카르트는 실체를 영혼(사유)과 신체(물질)로 나누는데, 이 역시 영혼의 연구는 오직 형이상학의 전유물일 뿐이며, 여기에 물리학이 연루되어서는 안 된다는 생각에서 나온 것이다. 그러므로 생명체의 원리는 압력·인력·팽창 등 기계론적 관점에서 분석해야만 한다.

따라서 데카르트는 생명체의 목적성이라는 개념을 포기한다. 신체기관은 어떤 의도(신학적 목적성)와 무관하게 분석할 수 있으며, 신체는 기계론적으로 미리 준비가 되었을 때에만 영혼에 복종한다.

"운동에 필요한 모든 신체기관이 준비되지 않으면 영혼은 어떠한 신체의 운동도 만들 수 없다. 반대로 신체의 모든 기관이 제대로 작동한다면 신체가 어떤 운동을 하기 위해 영혼의 도움은 필요 없다."

하지만 데카르트는 기계란 것이 누군가가 고안했을 때에만 존재한다는 사실을 무시했다. 유기체를 '동물-기계'로 정의했을 때 기계론은 생물의 운동과 반응을 설명할 수 있지만 이를 위해서는 이 기계가 미리 만들어져 있어야만 한다.

실제로 데카르트는 신체 연구를 형이상학에서 완전히 분리하지는 않는다. '신체-기계'의 존재를 설명하기 위해서는 여전히 신의 최초 행위가 필요하다는 것이다. 이런 면에서 데카르트는 형이상학이 모든 다른 학문의 토대라는 일반적 가정을 여전히 따르고 있다고 할 수 있다.

칸트는 기계론적 모델을 격렬히 비판한다. 칸트가 볼 때 생물은 기계론적인 내적 체제만으로 이해할 수 없다. 생물은 무엇보다 생식을 할 수 있다. 즉, 생물은 스스로 성장하고 신체 변화에 스스로 대처하며, 상처를 스스로 치유하는 등 다른 기계가 할 수 없는 특별한 능력을 지니고 있다. 더구나 목적성의 개념은 생물보다 기계에 더 적합하다. 생물의 기관은 여러 기능을 수행할 수 있지만 기계의 부속은 애초 설계자가 구상한 특정한 한 가지 기능만을 수행할 수 있다. 따라서 유기체는 기계보다 목적성은 적고 잠재성은 더 크다.

'신체-기계' 이론의 한계

생명은 끊임없이 변화하는 환경의 요구에 기관이 그때그때 적응하

는 과정으로 이루어져 있다. 신체에는 자기조절 능력이 있으므로
애초에 프로그래밍되지 않은 다양한 상황에 맞추어 반응하고 행동
할 수 있는 것이다.

이렇게 기계론과 그 기술적 성과가 입증되기 시작하던 시대에 생
물학의 기계론적 모델은 철학적(反아리스토텔레스적)으로 합리화
되었다. 하지만 생물 전체를 고려할 경우 이런 관점의 타당성은 제
한적이다.

기계란 다양한 부속으로 이루어져 있으므로 우리는 복잡한 조직
을 갖춘 생물만을 기계에 비유할 수 있다. 즉, 중추신경계를 갖춘
고등생물이나 17세기에 이미 해부학을 통해 다양한 기관·근육·신
경 등의 기능을 밝혀냈던 인간 정도는 되어야 그 작동 방식이 기계
론적으로 설명될 수 있을 것이다.

반대로 단순한 조직의 생물의 경우 소수의 기관이 기계에 비해
훨씬 유연하게 작동하면서 모든 기능을 수행해야 하므로 기계의 비
유는 적절치 않다. 그러므로 기계론적 모델에는 생명의 다양성에
관심을 갖기보다는 인간 및 고등생물만을 중시했던 인간중심주의
가 깔려 있다고 볼 수 있다.

결론

현대 생물학은 유기체를 기계에 비유하는 고전적 관점을 벗어나 있
다. 이러한 관점은 진정한 의미의 생명과학이 수립되기 이전의 단
계에서 나온 것일 뿐이며, 더 이상 아무런 타당성을 지니지 못한다.

02

우리는 과학적으로 증명된 것만을 진리로 받아들여야 하는가?

Baccalauréat, 1997

사람들은 현대 정신이 과학에 사로잡혀 있고, 과학은 모든 영역에 적용될 수 있는 진리 모델을 제공한다고 말하곤 한다. 하지만 이러한 일반화는 성급한 것이 아닐까?

진리 개념은 과학적 연구에서 말하는 것과는 다른 의미를 지닐 수 있지 않을까? 과학에서 '증명'이라고 하는 것이 사유의 모든 영역에서 유효한 절차라고 할 수 있을까?

과학적 증명의 특징

토론을 하는 도중 과학적 증명에 부합하는 주장이 참으로 받아들여지는 일은 적지 않다. 이때 과학적 증명은 이론의 여지가 없는 진리 규준이 된다. 이 점에서 우리는 현대에 있어 과학이 지적 분야에서 얼마만큼의 권위를 지니고 있는지를 알 수 있다.

이러한 과학적 증명이 모든 분과에 적용될 수 있는지 여부를 검토하기에 앞서 과학적 증명이 지니고 있는 속성들을 살펴보도록 하자. 과학적 관점에서 볼 때 두 가지의 상이한 방법이 올바른 증명이라고 간주되는데, 하나는 연역적 사유이고 다른 하나는 검증이다.

수학이나 논리학과 같은 형식과학에서, 증명은 연역적 사유(그 체계 내에서 인정되는 논리적 법칙들을 따라 경험적 내용이 담기지 않은 텅 빈 명제들을 연결할 수 있는 능력)를 통한 논증을 가리킨다. 반대로 자연과학에서 하나의 가설은 수많은 실험을 통해 경험적으로 검증될 때 법칙으로 인정된다.

하지만 이러한 엄밀 과학이 아닌 인문과학의 영역에서 증명이란 완전히 다른 의미를 갖게 된다. 인문과학에서 실험과 검증은 잘 사용되지 않으며, 대신에 일군의 관찰 가능한 사실들이나 일관성 있는 증언들(역사학의 경우)이 증거로 인정된다. 따라서 인문과학에서 말하는 증거 및 증명은 결코 확고부동한 진리가 아니며 언제나 논쟁의 여지를 두고 있다.

다른 형태의 진리들

주지하듯 모든 종류의 담론이 과학적 담론과 동일한 방식으로 진술

될 수는 없는 법이다. 중세에는 오직 성경의 말씀에만 기반할 뿐 아무런 현실적 증거도 없는 '계시 진리'가 이성적 진리보다 상위에 있었다.

현대에 이르러 계시 진리라는 개념은 무의미한 것이 되었지만, 그렇다고 해서 과학적 증명이 아닌 다른 종류의 진리(종교적, 형이상학적, 철학적, 시적…)의 중요성을 부인할 수 있는 것은 아니다.

과학적 증명이라는 것 자체도, 한 시대에 진리로 공인된다 하더라도 결코 결정적이고 영원한 것이 아니어서, 이후의 학문적 진보를 통해 보완되고 수정될 수 있다. 무엇보다 엄밀한 형식적 논증은 세계나 인간의 삶에 대해 아무것도 알려주지 못하며 그 자체로는 실제적 내용이 전혀 없는 텅 빈 것이다.

반대로 경험적 진리들은 역사가 흐름에 따라 변화될 수 있으며, 이 역사라는 것 역시 실험과 증명을 통한 새로운 발견과 무관하지 않다. 따라서 과학적으로 증명된 진리가 다른 진리보다 절대적으로 우월한 것이 아니며, 그 역시 끊임없이 쇄신되며 변화하는 광범위한 탐구의 일부에 불과하다.

과학 외의 영역에서 이성의 역할

오귀스트 콩트는 지식이 실증적·과학적 상태에 도달할 때 완성된다고 말했고, 이러한 생각은 실증주의라는 이름으로 인문·사회과학의 과학화를 야기했다. 하지만, 이 주장 자체가 과학자의 발언이 아닌 철학자의 발언이라는 사실을 잊어서는 안 될 것이다.

이렇듯 과학은 자신의 합법성을 스스로 정당화할 수 없을뿐더러,

과학적 연구의 근간이 되는 추론체계 역시 고대와 중세에 철학자들에 의해 발전되어 온 논리학을 원용하고 있다.

사실 과학적 활동은 이성적 활동의 한 측면일 뿐이며, 종교나 철학과 같은 다른 분과에서도 진리를 찾기 위해 이성은 사용된다. 과학적으로 증명된 것만을 진리로 여긴다면 종교나 철학적 사유는 거짓 담론이 되는 셈인데, 이러한 과학주의 이데올로기는 과학적 연구의 실상을 오해하고 있는 것이다.

데카르트의 코기토(Cogito ergo sum)는 과학적으로 증명될 수 없지만 분명 철학적 개념으로서 유효하며, 여전히 인간의 인식과 실존에 대해 유의미한 사유라고 할 수 있다.

결론

우리가 과학적 증명이라는 관문을 통과한 진리만을 받아들인다면 인간의 사유는 매우 빈곤해질 것이다. 이러한 생각은 인류 역사 전체에서 볼 때 비교적 최근에야 등장한 학문인 자연과학을 과대평가하고 과학적 진리의 진화 양식에 대한 몰이해에 빠져 있을 때 생기는 것이며, 인간의 실존이 엄격하고 건조한 논리로 환원될 수 없다는 것을 망각하는 것이다.

03

계산, 그것은 사유한다는 것을 말하는 것인가?

Baccalauréat, 1997

우리는 계산을 위한 규칙들이 있다는 것을 알고 있다. 하지만 논리학의 발전에도 불구하고 우리가 바르게, 혹은 정확하게 생각할 수 있게 해주는 규칙들을 발견하는 것은 쉽지 않은 것 같다.

더구나 사유란 문화에 따라 달라지지 않는가? 만약 사유의 실행을 단순한 계산으로 환원할 수 있다면 사유는 더 이상 방황하지 않을 수 있을 것이다. 하지만 계산이라는 것에는 정말로 사유에 있는 풍부함이 있을까?

'생각하기'의 어려움

고전적 전통(데카르트, 파스칼)은 사유라는 것이 인간의 삶에 얼마나 커다란 특유성을 가져다주는지를 강조한다. 사유를 통해 인간은 세계에 대해 거리를 취할 수 있고 (표상과 인식을 통해) 이 세계에 대한 우월성을 확립할 수 있다(파스칼은 인간을 '생각하는 갈대'라고 했고, 헤겔은 '정신의 지배'를 말하기도 한다).

더구나 사유의 대표적 실천인 철학사는 사유에 있어 결정적 결론이란 것이 불가능하다는 사실을 알려주었다(이 때문에 철학자에 대한 전통적 비난은 철학자들이 늘상 서로 싸우고 절대로 의견의 일치를 보지 못한다는 것이었다. 철학사가 시작할 때부터 이미 플라톤과 아리스토텔레스의 대립이 있지 않았던가?).

몇몇 철학자들(특히 칸트)은 (특히 철학의 정점인 형이상학에서) 사유의 방황에 종지부를 찍어야 한다고 생각했다. 그래서 본래는 없었던 엄격성을 사유로 하여금 갖추도록 하려 했다.

칸트는 형이상학을 '구원하기' 위해 실천이성의 전제들에 기반하여 형이상학을 수립하는데, '전제'라는 이름 자체가 계산이라는 가설-연역 체계와의 유사성을 보여주고 있다.

계산의 장점들

계산은 이성이 규정한 논리적 구속에 따라 존재한다. 그래서 계산을 할 때 우리의 이성은 이 구속에 따라 움직여야만 한다. 즉, 계산을 위해 따라야 할 규칙과 계산이 사용하는 기호들이 먼저 정의된다. 그러므로, 사유가 아무리 전문적 개념을 도입한다 한들 일상 언어를 사용할 수밖에 없는 데 반해, 계산은 설사 단순할지언정 일상 언어보다 더 엄격하고 덜 다의적이며 덜 모호한 '어휘'와 '통사론'을 갖추게 된다. 다시 말해 동의어, 은유, 특별한 함축 등으로 인해 다양한 해석을 낳을 수밖에 없는 일상 언어와는 달리 $a+b=3x$ 유의 계산문에는 어떠한 애매성도 없다.

계산은 칸트적 의미에서 '선험적으로' 규정되어 있다. 따라서 계산은 직관과는 완전히 단절되며, 언어의 모든 직관적 의미와도 단절된다. 계산은 오직 그 형식을 통해서만 의미하며 여기서는 완전한 이성의 지배가 실현된다. 사유의 실행을 계산으로 환원시켜 사유에 결정적인 엄격성과 효율성을 제공하려는 시도가 나오는 것은 이 때문이다. 사실 데카르트나 라이프니츠에서 영미 분석철학에 이르기까지 이러한 시도는 종종 발견된다(예컨대 분석철학은 형이상학적 언표가 일반적으로 무의한 것이라고 간주하기까지 한다).

사유는 계산으로 환원될 수 없다

계산이 엄격한 체계인 까닭은 그것이 동어반복적이기 때문이다(엄격한 연역의 고전적 모델 역시 동어반복적이다. 삼단논법은 어떠한 새로운 지식도 제공하지 않는다). 반대로 사유는 언제나 창조력을 지니고 있다.

데카르트의 생각은 플라톤의 생각을 다르게 제시한 것일 뿐 아니라 실질적으로 새로운 사유 방식, 새로운 발화 방식, 새로운 세계관 등을 만들어낸다.

사유란 언제나 '현실'(세계, 자연, 인간)에 관계된다고 자처한다.

그렇지만 사유의 엄격성을 높이기 위해 현실에 대한 직관적 내용을 사유에서 축출할 수는 없다. 현실에 대한 직관적 내용이 사라진다면 사유 자체가 사라지는 것이다. 왜냐하면 사유란 사유 밖에 있는 것을 설명하기 위한 끊임없는 노력이기 때문이다.

논리학자 루이 루지에가 지적한 것처럼 사유에는 '존재론적 착각'('〜이다 etre, 영어의 be동사'를 단순한 계사(繫辭) 이상의 것으로 간주하는 오류)이라는 심각한 결함이 있다. 또한 사유의 본성을 탐구하고 여기에 의문을 제기하는 것은 언제나 정당한 일이다.

하지만 사유의 '결점'이 무엇이건 간에 사유는 계산으로 환원될 수 없으며, 실제로는 계산을 응용하고 적용한다는 점에서 계산을 보완한다. 계산이란 동어반복적, 자기지시적 체계일 뿐이므로, 설사 그 결과 계산의 장점이 부각될 뿐일지라도, 우리는 우선 계산을 벗어나야만 하는 것이다.

결론

계산은 사유의 방식 중 하나일 뿐이다. 계산에 사유의 풍요성이 담겨 있었다면 이미 오래 전부터 성찰은 우리가 아닌 컴퓨터의 몫이었을 것이다. 하지만 현실은 그렇지 않다.

사유의 풍요성, 그것은 바로 사유의 유연성이다. 사유의 자유, 사유-현실 관계의 끊임없는 쇄신이야말로 사유의 풍요성을 낳는 것이다.

04

무의식에 대한 과학은 가능한가?

Baccalauréat

프로이트는 자신이 완성시킨 형태대로의 정신분석학을, 인류의 과학적 개념의
역사에 위치시켰다. 그에 의하면 인류의 인식은 지동설의 종말(코페르니쿠스,
갈릴레이), 종의 진화론(다윈), 무의식의 발견(프로이트 자신)이라는 세 가지 큰
변화를 겪었다. 그런데 이 무의식이 엄격한 의미로 과학의 대상이 될 수
있을까? 무의식에 대한 진정한 과학이 가능할까?

과학의 대상이란 무엇인가?

'대상'은 말뜻 그대로 인지하는 주체 '앞에 놓인' 것이다. 만약 무의식이 내 속의 가장 내적이고 깊은 것이라면, 고전적 내적 성찰(이것은 관찰자와 관찰대상의 구별이라는 과학적 관찰의 최소 조건도 만족시키지 않는 것이리라)에 대한 콩트의 반박은 그와 관련되어 배가될 수 있다. 그 점에서, 프로이트가 자기 분석의 불가능이나, 치료 가능성을 위한 외부 개입자(청자−분석자)의 필요성을 주장한 것은 아주 당연하다.

게다가 과학적 대상은 (특히 수학에서) 순전히 선험적이거나, 관찰과 실험의 집합을 통해 만들어지고 가능한 실험의 표현으로 사고되는데, 프로이트는 관찰과 환자들의 치료를 출발로 무의식의 정의를 추론·연구하고 가다듬었으므로, 분명 전자의 경우에 해당될 수 없고, 후자의 경우도 아니다.

이 점에서 보면 정신분석학이 인문과학의 일반 상황과 만난다는 것을 알 수 있다(관찰을 늘릴 수 있으나 실험적 확인은 불가능해 보인다).

프로이트는 그러나 무의식의 개념이 설명 영역을 지니고, 그것 없이는 어떤 심리 현상들(꿈, 실언 등)은 이해 불가능하며, 정신분석학의 이론은 실제 영역 혹은 치료 영역을 가진다는 점을 내세워 자기 방법의 과학적 성격을 주장한다.[21]

분석 이론의 그러한 실효성을 강조하면서 프로이트는, 리오타르가 강조했듯이, 과학을 '작동하는' 언표들의 집합으로 만드는 과학성의 '현대적' 개념을 지닌다. 남은 문제는 그러한 개념이 약간 편협하거나 한정적이지 않은지, 그래서 진지하게 토론해 봐야 할게 아닌지 알아보는 것이다.

과학의 조건

모든 개별적 과학은 어떤 방법을 가정하는데, 정신분석학은 분명 그런 걸 제안한다. 과학은 또한 같은 분야 연구자들 간의 지속적인 열린 토론도 가정한다. 이 관점에서 분석 이론은 아주 특이한 위상을 갖는 것 같다. 프로이트를 '배반한 자들'(아들러, 융)은 이단자 혹은 비정통주의자 혹은 소외자로 비난받는다.

모든 과학은 더구나 자체의 이론적 발전, 오류 제거를 통해 보완적으로 구성된, 진정한 역사를 제시한다. 정신분석학의 역사는 그 확산과 이단의 역사, 저항의 역사일 뿐이다. 그런데 프로이트는 그 이론적 내용을 결정적으로 말한 것이고, 기껏해야 그의 발견의 정신에 '돌아감'으로써 다른 용어로, 그것을 다시 표현하는 것이 문제이리라.

알아야 할 것에 대한 자신의 확정적 해석을 발표한 원래 창시자를 그렇게 다시 만나게 되는데, 어떤 '정상적' 과학에서도 그런 경우는 없다. 갈릴레이가 발견한 것밖에 없는 천문학은 상상이 잘 안

---

21) 프로이트(Sigmund Freud, 1856~1939)는 오스트리아에서 태어나 의학을 공부했다. 정신분석학의 과학성에 관한 문제는 20세기 초반부터 논란거리가 되었다. 프로이트는 무의식이 의식에 대해 인과적 관계를 갖는다고 주장했는데, 이러한 인과성이 과연 과학적 인과성인가 하는 논의가 주를 이루었다.

된다.

결국 "반증 가능성의 시험을 거칠 수 있는 것, 즉 경험에 의해 반박될 수 있는 것은 과학적이다"라는 포퍼의 주장을 상기하게 된다.

개별적이고 그래서 반복 불가능한 치료를 할 때 그 활용범위 내에서만 이론이 효력을 갖는 정신분석학의 경우는 그렇지가 않다.

결과적으로 무의식에 대해 가능한 '지식'의 모델 담론으로 생각되는 정신분석학은 과학이 아니다. 그렇다면 그것을 치료학이면서 동시에 해석학이라고 정의할 수 있으리라.

무의식의 과학이란 것은 무엇을 뜻할 수 있을까?

이 상황을 한탄해야 할까? 과학적으로 부족한 정신분석학을 뒤이어 언젠가는 무의식에 대한 진정한 과학이 설립되리라고 바라야 할까?

무의식 자체의 객관화 문제가 해결 가능하다고 가정하더라도, '다른 과학들처럼' 되려는 의지를 갖는 모든 인문과학이, 인간은 완전한 결정론을 벗어난다는 사실에 부딪힐 때 만나게 되는 근본적 어려움은 여전히 남는다.

자유로운 인간은, 엄격한 의미로 완전히 예견 가능한 존재로 가정할 수 없다. 이 점에 있어 칸트에 의해 정립된 인간의 '경험적' 특성과 '이성적' 특성 간의 차이를 상기시킬 수 있겠다. 후자에 의해 인간은 이성을 사용해 그의 고유 법칙들을 세울 수 있고, 그와 관련된 현상들은 자연현상들과 차별화된다.

만약 무의식이 의식적 정신현상보다 더 복잡하다면, 의식적 삶 자체도 (통계 방식으로가 아니면) 법칙들로 파악하기 힘든데, 또 칸길렘이 말하듯이 심리학이 과학 혹은 단순히 단일 학문으로 여겨지는 것도 어림없는데, 어떻게 과학적으로 그 엄격한 (게다가 수학적인) 법칙들을 발견할 수 있을지 어려워 보인다. 이 불가능은 인간을 단순한 사실들의 차원에 한정시킬 수 없음을 확인시켜 줄 뿐이다.

결론

무의식이 그 자체로 과학의 대상이 될 수 없다는 점은 한탄할 것이 못된다. 정신분석학의 활용은 (예로 광고나 혹은 미국에서 나타나는 그것의 '사회적' 혹은 '규범적' 사용에서) 너무 걱정스러워서 더 폭넓은 것을 요구하지 않을 수 없게 만든다.

의미의 생산자인 인간에게 무의식이 독창적 의미들을 생산한다면, 그것들에 대한 비과학적 해석에 그쳐야 함은 한정되지 않은 (혹은 총체적으로 한정 불가능한) 인간의 특성을 확인시켜 준다.

05

오류는 진리를 발견하는 과정에서 어떤 역할을 하는가?

Baccalauréat, 1997

진리의 발견은 언제나 만족스러운 일이다. 어떤 진리를 발견했다는 것은 그때까지 우리가 오류에 빠져 있었다는 것을 뜻하니까 말이다. 그렇다면 진리를 발견하는 과정에서 오류가 적극적인 역할을 한다고 말할 수 있을까?

이러한 질문이 이상하게 느껴지는 까닭은 우리가 보통 참과 거짓이 서로 대립된다고 생각하기 때문이다. 하지만 참과 거짓의 관계는 보다 미묘한 것일지도 모른다.

점진적 모색

심리학의 연구에 따르면, 사람이건 동물이건 할 것 없이 어린아이가 행동을 배울 때에는 시행착오(trial and error)라는 방법이 사용된다. 즉, 먼저 상황에 부적합한 행동을 시도해 본 후 그것을 고쳐 적당한 행동을 찾아낸다는 것이다.

이 경우 오류에서 진리로의 이행은 적응과정을 전제하고 있지만 이때 반드시 오류의 본성을 깨달아야 하는 것은 아니다. 하지만 더 지적인 분야에서는(수학 문제를 푸는 것이나 라틴어 번역 연습 등에서) 잘못된 결론을 분석하는 것이 보다 정확한 결론을 발견하는 데 도움이 될 수 있다.

그러므로 오류를 거치고 그 오류를 비판함으로써 진리에 도달하는 과정을 단축할 수 있다. 즉, 진리는 처음부터 주어지는 것이 아니라 점진적 탐구과정을 통해 획득되고 만들어지는 것이다.

철학적 진리

헤겔의 지적처럼, 철학의 초심자들은 수많은 철학체계가 존재하고 그것들 모두가 참이라고 자처한다는 사실에 당황해할 수 있다. 결국 이들 중 하나를 선택해야 하는데, 문제는 어떻게 그것을 선택하느냐이다.

헤겔은 사상사에서 진리와 오류의 관계를 흑백논리와 같은 단순한 대립으로 이해해서는 안 된다고 주장한다. 헤겔에 따르면, 진리란 정의상 역사적으로 규정되는 것이다. 진리는 여러 오류에서 조금씩 벗어남으로써만 진보할 수 있다. 따라서 어떤 철학체계도 통째로 참이거나 통째로 거짓이 아니다. 반대로 모든 철학체계는 부분적으로는 옳고 부분적으로는 그르다고 생각해야 한다.

그래서 헤겔은 어떠한 오류도 담고 있지 않은 완전무결한 진리란 철학사가 끝날 때, 역사적으로 출현한 수많은 이론체계들에 담긴 부분적 진리들이 완전히 발전될 때에만 나올 수 있다고 주장한다. 그런데 헤겔은 자신이 철학사를 완성했다고 자처하면서 자신의 이론이 이 최종적인, 완전무결한 진리라고 생각한다.

물론 이러한 주장은 논란의 여지가 있는 것이며, 우리는 헤겔과 더불어 철학사가 끝났다기보다는 진리 탐구란 영원히 현재진행형일 수밖에 없다고 생각해야 할 것이다.

과학적 진리는 오류의 수정이다

바슐라르는 과학적 개념들과 그 개념을 만들어내는 이성의 역사를 변증법적(그는 의도적으로 헤겔 철학의 용어를 사용하고 있다)이라고 지적한다. 과학적 진리는 지난 시대의 오류를 수정함으로써 앞으로 나아가는 것으로서, 이는 첫째 소박한 지각과 일차적인 인식론적 장애물(성급한 일반화, 개념의 부당한 확장 등)에서 벗어나고, 둘째 관찰능력의 진보를 통해 얻어진 새로운 데이터를 이용해 애초의 법칙들을 수정하는 것을 뜻한다.

따라서 아무리 견고한 과학적 진리일지라도 섣불리 보편성을 주장할 경우 그것은 거짓이 될 수 있다. 그 진리가 과연 보편적으로 적용될 수 있는 것인지를 검토하고 문제를 수정해야 한다. 예컨대 뉴턴 역학은 처음에 보편적으로 타당한 이론이라고 간주되었지만 아인슈타인의 상대성이론이 나온 이후 특정 층위에서만 타당한 것으로 밝혀졌다.

그래서 철학적 진리가 변증법적으로 진보한다는 헤겔의 설명은 과학적 진리에도 적용될 수 있다. 하나의 이론체계는 흔히 보편적 타당성을 주장하게 마련이지만 시간이 흐르면 그 이론에서 여전히 타당한 일부의 주장만 남고 나머지 부분은 새로운 이론에 의해 수정된다. 그리고 이러한 과정은 끝없이 진행된다.

결론

어떤 분야에서건 진리는 장기간에 걸친 느리고 복잡한 연구과정을 거쳐 만들어지며, 이를 통해 진리는 지난 시대의 수많은 오류에서 벗어나야 한다. 이런 의미에서 오류란 헤겔이 말한 '부정성의 작업'이라 할 수 있다. 오류의 수정에 풍부한 교훈이 담겨 있고 이것이 지식의 진보를 촉진하는 이유는 그 오류가 처음에는 진리로 간주되었기 때문이다.

06

이론의 가치는 실제적 효용가치에 따라 가늠되는가?

Baccalauréat, 1988

전통적으로 이론 활동은 실제적 효용과는 구별되어 왔다. 이론과 실제의 해묵은 대립은 역사적으로 다양한 모습으로 나타났으며, 근본적으로는 지적 작업과 수공업적 작업을 나누는 구별을 바탕에 깔고 있다.

그런데 실제적 활용에서 완전히 독립된 이론이 만들어질 수 있을까? 반대로 이론의 가치는 그 실제적 효용에 따라 가늠되는가?

고전적 이론

감각적 세계에 대한 플라톤의 경멸은 수학이나 이데아, 관조 등의 순수 사유를 격상시키는 결과를 낳았다. 플라톤적 사유의 틀 안에서 볼 때 이론의 고상함에 비하면 기술자의 이론 적용이나 건축가의 영역은 큰 가치가 없다.

따라서 여기서는 이론의 가치를 실제적 효용과의 관계 아래에서 측정한다는 생각 자체가 낯선 것이다. 아리스토텔레스는 플라톤이 말하는 이데아를 무의미한 주장이라며 일축했지만 이론이 독자적인 존재이유를 지닌다는 것을 확신했다.

지성을 사용하여 가장 큰 만족을 얻을 수 있는 분야가 바로 이론이며, 이론은 실제로 적용되었을 때 어떤 결과를 낳는가와는 무관하게 그 자체만으로도 가치를 지니고 있다는 것이다.

이론에 대한 고전적 개념은 이러한 그리스 사유의 틀을 유지하고 있다. 20세기 초의 인식론자들 역시 이론의 가치는 다양한 지식과 경험적 자료를 종합하여 세계에 대한 표상을 제공하는 것에 있다고 생각했다. 이런 맥락에서 볼 때 이론적 욕구의 근원은 순수한 지식에의 갈증과 지칠 줄 모르는 호기심으로서, 학자는 오직 진리를 발견하는 기쁨에서 연구하는 것이다.

하지만 적지 않은 철학자들은 이와는 다른 관점을 제시하고 있다. 이들에 따르면 이론이란, 특히 과학에서 이론이란, 현실과 완전히 무관한 것이 아니며 실용성에서 완전히 독립되어 존재하는 것도 아니다.

그래서 데카르트는 과학은 인간이 자연을 지배하고 통제할 수 있도록 도와주어야 한다고 생각했다. 이 경우 이론과 실제는 응당 서로 협력해야 하며 실제 적용의 결과에 따라 어떤 이론이 가치 있는가를 평가할 수 있을 것이다.

마찬가지로 19세기 초 콩트는 매우 급진적인 입장을 취해 지식이란 구체적 결과를 낳을 수 있어야 한다고 주장한다. 세상에 대한 실제적 힘을 지니지 못한 이론은 별 의미가 없다는 것이다.

철학 이론에 대한 의혹

만약 실용적 효용에서 완전히 무관하게 존립해야 하는 이론이 있다면 그것은 바로 철학일 것이다. 실상 철학사에 나오는 수많은 이론들은 불필요하게 생각을 복잡하게 만드는 것을 제외하면 아무런 소용이 없다는 악평을 들어왔다.

이러한 철학 이론과 현실 사이의 괴리를 마르크스는 '관념론'이라 칭하며 비난했다. 이 때문에 마르크스는 관념론에 종지부를 찍고 유물론 이론을 수립하면서 이론의 가치는 실천을 통해 평가받아야 한다고 주장했다.

그러므로 철학적 주장들을 역사적 현실 속에 대입하여 그 이론체계가 얼마만큼의 타당성이 있는지를 가늠할 수 있을 것이다. 그래서 마르크스는 《독일 이데올로기》 이후 이론적 구성물과 현실의 제 영역 사이에 복잡한 관계가 있다는 것에 주목하면서 양자의 상호작용을 고찰하려 했다.

마르크스에 따르면 철학사조들은 하늘에서 떨어진 것이 아니라 과학적 발명이나 교통의 발전처럼 그 시대의 산물이다. 따라서 과학기술이나 자본 투자와 마찬가지로 이론 역시 그 성과를 측정해야 하며, 만약 아무런 결과도 산출하지 못하는 이론이라면 그것은 공허한 이론이 된다.

과학기술의 세계

마르크스가 볼 때 비단 철학 이론뿐 아니라 과학 이론 역시 계급투쟁에 참여하여 자신의 진영을 선택하고 그것을 위해 봉사해야 한다. 이러한 관점은 사실 너무 지나치며 도식적이라 할 수 있다.

하지만 현대의 과학 이론은 (적어도 부분적으로는) 그 실제 효용에 따라 평가되는 것이 사실이다. 심지어 실용적 목적을 위해 과학 이론이 시작되는 경우도 적지 않다.

호르크하이머에서 리오타르에 이르기까지 수많은 사상가들은 과학 이론이 독립적으로 존재하는 것이 아니라는 점을 강조해 왔다. 이들에 따르면 과학기술 장(場)에서 이성의 가치는 점점 더 그 도구적 차원에 의해 측정되는 경향이 있다. 사실상 오늘날 진정한 이론이라 평가받는 것은 군사적·산업적·경제적 실효성을 인정받는 이론들이 아닌가?

모든 이론적 작업이 단기간에 확인될 수 있는 가시적 성과만을 목표로 하고 있는 것은 아니지만, 당장 직접적으로 활용할 수 없는 순수한 이론적 연구보다는 구체적 소득을 가져다줄 수 있는 실용적 연구가 더 선호되는 것은 부인할 수 없는 사실이다. 이러한 실용적 연구에 재정적 지원이 집중되는 현실에서 연구예산 확보라는 문제가 실험실의 작업방향에 영향을 끼치는 것은 어쩌면 당연하다.

예컨대 수학과 같이 극도로 추상적인 이론조차 인접 학문에 얼마나 도움을 줄 수 있을지, 즉 이 이론의 도움으로 다른 과학 분과에서 만들어내는 결과물이 어떤 것인지에 따라 평가되는 경향이 있다.

그래서 리만의 기하학은 오랫동안 단순한 논리적 호기심을 충족시키는 순수 이론에 불과하다고 여겨졌지만, 아인슈타인이 상대성 이론을 입증하는 데 이 이론을 사용한 이후 (순수 수학에서 물리학으로, 물리학에서 실제적 활용으로) 그 중요성이 급상승했던 것이다.

결론

이론의 가치는 그것이 옳은가 그른가의 문제만이 아니며 단순한 지적 욕구의 문제만도 아니다. 이러한 소박한 생각은 이론과 다양한 사회적 심급 사이의 관계가 현대에 이르러 근본적으로 변했다는 사실을 무시하는 것이 될 것이다.

현대사회에서 이론이 효용성만을 목표로 하고 있는 것은 아니지만, 실제적 활용이라는 문제가 다양한 분과에서 이미 연구의 방향 설정에 영향을 끼치고 있으며, 여러 이론을 비교하고 평가하는 데 있어 중요한 잣대로서 기능하고 있다는 사실은 부인할 수 없는 사실이다.

07

과학의 용도는 어디에 있는가?

Baccalauréat

과학은 우리에게 다양한 분야의 지식을 제공한다. 아리스토텔레스는 이미
과학의 구성 이전에 학설은 무엇보다 정신적 만족을 준다고 했다. 과학에 대한
관심도 그런 종류에 머문다고 해야 할까? 반대로 더 구체적이고 실용적인
유용성도 지닌다고 생각해야 할까? 또 그럴 경우 그 성격을 밝히는 건
가능할까? 과학이 그 자체로나 직간접의 결과로 인해 갈수록 더 중요한 위치를
차지하는 사회에서 그것이 정말 어디에 쓰이는지 질문해 보는 것은 특히
흥미롭다.

'현대적' 유용성

과학이 어디엔가 쓰일 수 있다는 생각은 '쓰이다'라는 동사에 담는 뜻에 따라 오래된 것일 수도, 최근 것일 수도 있다.

만족을 주는 모든 게 '쓰이다'의 형태로 이해될 수 있다면, 과학은 항상 어디엔가 쓰였다(비록 호기심이나, 이해 불가능한 현상에 대한 불안을 삭히는 데일지라도, 또 과학적이건 비과학적이건).

모든 지적 이해나 지식은 이 관점에서 인간과 세계 사이의 거리를 좁히는 장점이 있다. 과학적으로 세계를 이해한다는 것은 그에 대한 (어쩌면 최선의) 인간적 해석을 한다는 것이고, 그러한 인간화는 인간의 호기심을 충족시키는 동시에 쉽게 인간의 지적 능력의 표시가 된다.

하지만 사물에 대한 우리의 해석뿐 아니라 세계 속의 우리의 상황까지 변화시키면서 '쓰이다'는 보다 더 구체적으로 고려될 수 있다. 지식이 권력에 관련된다는 것은 중세 말 이래 잘 알려진 바이며(베이컨, 데카르트, 콩트), 그래서 과학은 적어도 부분적으로 그 결과인 기술과 결합되어 인간이 '자연의 주인이자 소유자'가 되는 것을 도와야 되는 것이다. 데카르트의 이러한 표현은 성서에 이미 내비치고 있는 계획을 반복하면서 그것을 구체적 앎에 연결시켜 거기에 새로운 유효성을 부여하는데, 그 실행은 (그의 예견처럼) 세계 속의 인간 상황을 변화시킬 수 있을 것이다.

그 계획은 역사적으로 실현 가능한 것으로 나타났다. 사실 17세기 이후 현대는 과학이 인간과 자연의 관계를 끊임없이 변화시키며 우리에게 지식만이 아니라 세상에 대한 권력마저도 부여함을 보여준다.

모호한 성과

그런데 19세기 말 이후 과학과 과학자들의 대중적 이미지는 약간 부정적인 면을 띤다. 인류를 위해 일하는 '훌륭한' 과학자에다 (관례적 비유로, 파스퇴르) 좀 불안하거나 아주 위험하기까지 한 과학자의 상이 겹친다(프랑켄슈타인).

한편 여론은 아주 혼란스런 기술들에서 오는 부정적 효과들을 두려워하기 시작한다. 과학기술적 복합체는 그렇게 모순적 특성들을 보이고, 그러한 애매성은 20세기에 극적으로 드러난다.

그래서 과학의 암시에는 희망과 비판이 항상 뒤섞여 따른다. 모든 질병의 치유를 기다리다 비극적 결과들에 통탄하고, 우주여행을 애타게 기다리면서 '별 여행'은 모두 전략적 이해를 갖는다는 것을 또한 예감하는 등.

이렇게 과학은 선악을 구별 없이 행한다. 긍정적(텔레비전) 혹은 부정적(원폭) 응용의 기원이 실험과학인 것은 주지의 사실이다.

생물학에서 질병의 치료를 원하지만 또 새로운 우생학적 적용을 끌어낼까 두려워하고, 수학적 연구의 풍부함에 감탄하지만 그것의 군사적 활용도 안다. 심리학이나 사회학의 최근 지식들을 얻으면서 동시에 그것들이 그저 광고를 위해서나 쓰이지 않을까, 인간에 대한 경제력 정도나 늘리지 않을까 하는 의문을 갖는다.

어디에 쓰이는 과학인가

과학이 이렇게 모순적인 결과에 이르는 것은 과학 스스로가 자기 목적을 정의하지 않기 때문이다. 발전 도중에는 더욱 그 방향이나 응용방향을 정할 수 없다.

콩트가 지식의 실증적 단계로의 추이가 '왜'라는 질문을 포기하고 '어떻게'에만 관심을 갖는 정신을 내포한다고 강조할 때, 그는 과학적 방법이 동시에 자기 고유의 목적성에 대한 모든 질문을 포기하라고 한다는 것을 본의 아니게 나타낸다.

현대 과학은 사실 '최종 목적'을 소홀히 한다. 그래서 그 목적을 외부로부터, 즉 관련되는 사회적 청원들로부터 받아들일 수밖에 없다. 그래서 그 재정 양식이 개입되고 과학은 종사자, 실험실, 자재 등으로 더욱 비싸지고 (사적이든 공적이든) 그 재정은 필히 상대적 수익성에 마음쓰게 된다. 예를 들어 어떤 연구는 (과학적 진리의 관점에서는 덜 흥미로울지라도) 그 경제적 효과가 빠를 것으로 여겨져 더 혜택을 입게 된다.

그런데 분명 과학은 기업이나 권력과의 관계상, 원치 않더라도 현대의 생산복합체 속의 상황에 의해 구체적 목표를 지니게 된다. 즉, 기업이나 권력의 자금이 따르는 목적을 위해 쓰이게 된다. 과학은 이렇게 항상 권력 가까이 있을 뿐 아니라, 현대 세계에서 보다 특징적인 점은 권력의 유지 자체를 돕는다는 점이다. 그것은 순수한 지적 만족과는 분명 아주 거리가 먼 결과를 낳는다.

결론

미셸 세르는 그가 '타나토크라시'(그리스어로 '타나토스'는 죽음을, '크라토스'는 권력을 의미한다. 즉 '타나토크라시'는 죽이는 능력에서 오는 공포로 군림하는 권력 형태이다)로 부르는 과학, 산업, 권력의 연합이 2차대전 후 생겼다고 상기시킨다. '자유롭게' 개발됨으로써 과학은 다시 처분 가능하게 되었다.

그것의 쓸모는 더 이상 자체 방법들로써가 아니라 그것을 앗아갈 수 있는 (경제적 혹은 정치적) 권력들에 의해 결정된다.

08

현실이 수학적 법칙을 따른다고 할 수
있는가?

갈릴레이는 "수학은 자연의 언어이다"라고 하면서 아주 생산적임과 동시에 그
효율성과 진보가 선험적으로 한없어 보이는 과학의 현대판 해석을 시작한다.
그런데 그는 또 "어떻게 수학 법칙과 자연현상의 일치를 이해해야 하는가?"라는
인식이론의 주요 질문을 던진다. 현실은 그 자체로서 수학 법칙을 따르는가?
아니면 그것은 우리가 현실에 대해 인지하는 것일 뿐인가?

원리로서의 수학에서 언어로서의 수학으로

플라톤은 《티마이오스》에서, 최초의 혼돈에 질서를 주기 위해 영원한 기하학 형태를 사용한 조물주에 의해 감각세계가 만들어진 것으로 상상하면서, 피타고라스학파의 전통을 따라 우주는 수학적으로 구성되어 있다고 주장한다.

그래서 그는 수학을 지식의 위계질서상 철학의 바로 앞, 이데아 연구의 일종의 예비과정으로 위치시킨다. 그러나 그것은, 플라톤의 전과학적 개념에서, 세상의 일들이 수학 법칙을 따라야 한다고 가정하는 원칙은 전혀 규정하지 않는다.

여기서 수학은 감각현실 이전에 개입하지만 이데아 연구는 (플라톤의 관점에서 별 흥미가 없겠지만) 그 현상을 수학적 형태로 옮기려고 하지 않아도 가능한 듯하다.

그러한 사고방식(특히 기독교 정신에서 발견된다)은 '현실'에 대한 엄밀한 의미의 과학적 혹은 실험적 태도가 확립되기 전까지 계속된다. 반면, 실험적 태도의 조정은 발견된 법칙의 수학적 처리를 바로 개입시킨다. 연구된 현상들은 수량화되고, 법칙들은 수학적으로 표현되며, 수학적 처리는 과학성의 보증이 된다.

이러한 현실의 수학적 처리가 기독교 철학자들에게 꼭 문제를 제기하는 것은 아니다. 하느님이 세상과 수학을 다 만들었다고 가정하면, 세상이 수학을 따른다는 것은 놀라운 게 아니다.

또 상대주의는, 예를 들면 데카르트적 해석에서, 바로 현실 자체가 법칙들에 의해 우리에게 드러난다고 생각할 수 있다.

상대주의의 합리화

만약 반대로 수학이 그 개념에 있어서나 그 '법칙들'에 있어 인간 자신에 의해 선험적으로 행해진 이성적 활동의 결과라고 본다면 (칸트), 그것의 현실과의 일치는 보다 불확실해진다. 그렇다고 현상을 지배하는 법칙들의 수학적 처리가 불가능한 것은 아니다. 수량적 관점에서 데카르트 이후 칸트에 이르는 동안 증가한 앎의 과학성을 고려한다면 오히려 더욱더 가능해진다.

어떻게 이 새로운 상황에서 현실의 수학적 처리의 동기를 설명할까? 칸트의 답은 간단하다. 수학적 법칙에 따르는 것은 현실 자체가 아니라 그보다 더 소박하게 혹은 더 지엽적으로 우리가 그에 대해 갖는 해석이다.

본체와 현상의 구별을 제안하면서 칸트는 우리의 인지 가능성을 우리에게 '나타나는' 또 우리의 인지 방법에 부합하는 세계를 구성하는 후자에 제한한다. 우리가 아는 세계는 이렇게 '우리를 위한' 세계, 우리 관점의 세계인 것이고, 그것이 현실 자체와 일치한다고 보장할 수 있는 것은 아무것도 없다.

이러한 상대주의는 그래서 현실이 수학적 진리를 따르는 것이 아니고, 수학적 진리가 현상세계에 대해 가능한 가장 이상적 형식화라고 생각할 수 있다.

수학과 이론과학

칸트식의 상대주의는 현실 자체가 수학적 진리에 따른다고 인정하지 않으므로 지식이 진보할 수 있고, 더욱더 구체적일 수 있으며,

법칙 자체의 수정을 가져올 수 있다고 주장하는 데 어려움이 없다.

만약 법칙들이 현실에 일치한다면 수정된다는 것은 거의 이해 불가능하거나 아니면 현실이 먼저 변했다고 가정해야 하리라. 하지만 그것은 과학의 가능성 자체를 근본적으로 반박하는 것이다.

반면, 변화 가능한 것은 (관찰이나 실험상의 새로운 기술적 방법의 출현으로) 그에 대해 할 수 있는 우리의 경험적 접근이다. 그리고 바로 그러한 변화가 법칙 자체의 수정을 가져온다.

하지만 수학적 법칙이 관찰과 경험의 가능성을 예견하고 새로운 현상을 우리에게 알려줄 수도 있다. 어떤 이론의 수학적 처리 이후 순전히 수학적 방법으로 할 수 있는 계산으로 새로운 법칙 혹은 새로운 개념을 추론할 수 있다.

르베리에가 그의 계산으로 해왕성의 위치를 예견한 것이 그렇다. 최근에 디랙도 그런 식으로 '음극 덩어리'의 개념을 전자장에 관련된 순계산으로 끌어내고, 수학적 형식주의 덕택에 양전자의 존재를 예견할 수 있었다.

그러한 발견들은 현실에 대한 우리의 수학적 표현들이 특별히 효율적임을 확인시켜 준다. 그것들을 현실 자체를 향한 진전으로 볼 수 있지만, 과학의 움직임 자체는 어쨌든 실재는 항상 우리의 진실 너머에 있는 지평처럼 우리가 닿을 수 없는 것임을 전제한다.

결론

엄밀한 의미에서는 현실이 수학적 법칙을 따른다고 주장할 수 없다. 현실을 안다는 것은 우리의 능력 밖으로 보인다. 칸트를 뒤이어

과학자들 자신도 그것을 인정한다. 수학적으로 표현될 수 있는 것은 현실에 대한 우리의 해석, 즉 우리의 일련의 진실들이고, 그것들은 과학의 진보로 인해 변화한다.

"이해할 수 없는 것은 모든 것이 이해 가능하리란 것이다"라고 아인슈타인은 말한다. 현상들에 대한 수학적 이해 가능성을 알기 위해서는 아마 그 현상들 전체를 보아야 (결국은 신이어야) 하리라.

09

기술이 인간 조건을 바꿀 수 있는가?

Baccalauréat

아리스토텔레스는 노예제도의 지속적 필요성을 강조하기 위해 그것이 사라질 조건을 (불가능한 듯) 비꼬며 말한다. "베틀이 혼자 베를 짤 수 있을 때면 없어도 좋으리라"고. 우리는 이제 베틀이 '혼자' 베를 짤 수 있게 되었고 노예제도가 사라졌음을 안다. 기술적 진보가 분명 유일한 원인은 아닐 테지만 부분적으로는 그것을 유발했다. 그러면 기술이 일부 인류의 환경만이 아니라 인간 조건을 변화시킬 수 있다고 생각할 수 있을까? 이 질문은 기술적 진보의 도덕적 영향에 관한 일반적 생각과 다르며 보다 더 근본적이다.

기술과 인간화

기술은 너무 오래 전부터 이 세상에 존재하고 거의 자연스러워져 이제 그 첫 출현 시기에 대해 별로 생각하지 않는 듯하다. 하지만 기술은 초기 도구에서 완벽한 컴퓨터에 이르기까지, 항상 존재한 게 아니라 서서히 실현되었다. 동물은 지속적 도구를 모른다. 그래서 도구의 보관은 인간의 초기 동물성 탈피를 보여주는 요소 중 하나이다. 도구의 보관은 그것의 재사용을 뜻하고 그래서 자신을 미래에 투사하는 것, 더 이상 현재에 가두어두지 않는 것이다. 시간성에 대한 그러한 관계는 특히 인간적이다.

최초의 도구들은 아주 일찍 노동에 개입한다. 깨진 돌, 그러다 연마된 돌은 더욱 구체적인, 즉 만족스런 결과를 얻으려는 고심을 뚜렷이 보인다. 인간의 솜씨는 (의식이나 언어처럼) 처음부터 주어진 게 아니라 기초적 기술과의 변증법적 관계에서 조금씩 발달된다.

그래서 기술과 관련하여, 기술은 인간 속에 '잠자고 있는 능력들'을 개발하고 더욱 확고한 인간화의 길 위로 그를 데려간다는, 일반 노동에 대한 마르크스의 지적을 당연히 떠올리게 된다. 베르그송의 용어로는 인간은 sapiens(이성적)이기 이전에 faber(기술적)이다.[22]

---

22) 베르그송은 인간의 기본적인 만드는 능력, 창조하는 능력을 지성적 능력보다 우위에 둔다. 생명체로서의 본능에 근거한 '역동적이고 신비한' 능력과 지성적 능력에 대한 구체적인 비교는 베르그송의 저작 《도덕과 종교의 두 원천》에서 상세하게 다루어져 있다.

자연과의 분리라는 직접적 상징은 게다가 인간의 신체 자체에 나타난다. 기술의 분류에서 마르셀 모스는 문신, 화장품, 머리 모양을 통해 후천적 자세 이상으로 신체의 '자연적' 측면을 변화시키는 '신체의 기술'을 우선 위치시킨다. 그래서 그러한 신체의 문화화는 '진정한' 인류에 속함을 뜻하므로 특히 중요하다는 (그들의 피부가 원상태여서 토착민들에게는 동물처럼 인지될 수밖에 없는 민속학자들의 역경이 증명하듯) 점에 주목할 수 있게 했다.

기술과 자연의 지배

초기 기술들은 이렇게 거친 자연을 향한 문화 세계의 인간 존재를 표명하는 것에 속한다.

그래서 이제 기술개발이 사회구조화와 자연의 지배를 유리하게 하는 것은 '논리적'이다. 전통적 혹은 '원시적' 사회에서 특정한 작업이 요구하는 기술의 특수화는, 특별한 위치를 만들고 사회를 구별되는 집단으로 나누게 한다. 많은 아프리카 민족들에게 대장장이는 '신성'하며 대장간은 마을과 떨어져 있는데, 이는 대장장이의 활동이 불과 땅의 '정령'들과의 관계('보통' 사람이 거기에 노출되면 위험할)를 전제하기 때문이다.

땅의 지배(농업과 사육)와 무기의 지배(야금술)는 대립적 사회들(토착적 농부와 정복자적 유목민)을 탄생시키는데, 그 대립이 역사의 기저가 되었다. 바타유는 그것의 완벽한 이론화를 헤겔의 '주인과 노예의 변증법'에서 본다.

서양에 있어서 '자연의 지배와 소유'라는 데카르트적 계획은 과학과 기술의 동시적 발전을 가정한다. '과학기술적'인 이 세계는 이제 세상 속의 인간의 위치와 그가 자신의 조건에 대해 가질 수 있는 개념을 분명 바꾸고 있다. 일차산업에서 서서히 이차·삼차산업 분야로의 이동, '가상'세계가 '현실'을 대치할 가능성, (특히 경제적) 사건에 대한 '실시간' 이해는 생명기술학에 의한 가능성들과 마찬가지로 기술적 진보의 대대적 결과이다. 자신의 환경을 변화시키는 것으로 부족해 인간은 자신의 생물적 조건까지 변화시킬 방법을 가지는 단계에 와 있다.

기술과 형이상학

문제는 기술이 중립적이지 않다는 데 있다. 마르크스는 지배계급에 의해 착취되는 기술적 진보가 어떻게 경제적 생산과 노동계급의 착취를 동시에 증가시키는지 보여주면서 나름으로 그것을 알린다. 20세기의 전쟁들은 어떻게 인간이 첨단의 기술을 소멸 의지를 위해 사용하는지를 끔찍하게 보여준다.

이제는 기술이 제어 불가능할 정도의 자율성을 지닌다고 생각해야 할 것인가? 하이데거가 기술의 '위험한 정복자적 특성'을 고발했을 때는, 당시의 사람들이 존재하는 것과의 관계를 기술적 효율성만을 통해 갖게 된 것을 통탄하기 위해서였다.

이 관점에서 기술은 '존재의 망각'의 최종 단계일 게다. 왜냐하면 그것은 목적상 존재자들에만 그리고 그것들의 개발과 증가에만 관심을 갖기 때문이다. 현대인은 그래서 자연과 그 신비에 관련된 자신의 환경에 완전히 무지해지는 것이리라. 그는 더 이상 바다를 향해 '탈라사! 탈라사!' ('바다! 바다!') 하던 그리스인들처럼 외치지 않고, 단지 산문적으로, '건너려면 얼마나 시간이 걸릴 것인가, 혹은 조류를 이용한 공장도 짭짤할 텐데' 등을 생각할 것이다.

결론

기술이 인간 조건을 변화시킬 수 있느냐고 묻는 것은 오늘날 유죄에 가까운 정신적 순진함에 속하는 것 같다. 변화는 이미 시작되었다. 문제는 인간이 그 변화가 계속되게 둘 것인가 아니면 (예를 들어 기술적 진보에 저항의 외침이 될 "인간은 땅 위에 시적으로 산다"라는 횔덜린의 표현을 대립시키면서) 아직 그 주인이 될 수 있을 것인가 하는 점이다.

10

지식은 종교적인 것이든 비종교적인
것이든 일체의 믿음을 배제하는가?

Baccalauréat, 1994

19세기 후반에 나타난 과학주의 이데올로기는, 과학 지식이 발전하면서 종교적
신앙은 물론이고 이성에서 기인하지 않는 모든 종류의 믿음이 사라질 것이라고
단언했다. 하지만 오늘날 이러한 낙관론은 더 이상 통용되지 않는다.
인간의 지식은 엄청나게 진보했지만 종교, 미신 등 다양한 종류의 믿음은
여전히 사라지지 않고 있다. 19세기에는 지식과 믿음이 서로 모순되며 공존할
수 없다고 다소 성급하게 단언했지만 사실 양자는 상보적 관계를 맺으면서
사회에서, 나아가 한 사람의 정신 속에서 공존할 수 있는 것이 아닐까?

믿음의 토대

오귀스트 콩트에 따르면, 진정한 지식, 즉 과학적·실증적 지식에 대한 접근은 인간의 역사에서 처음부터 나올 수가 없었다. 콩트는 특히 세계에 대한 인간의 태도가 역사적으로 변해 왔다는 점을 지적하는데, 실증적 단계 이전의 신학적 단계와 형이상학적 단계에서는 매우 야심적이고 거창한 문제들(제1원인과 목적인)을 해결하려 애썼다.

사물이 왜 존재하는지, 무엇을 위해 존재하는지를 질문한다는 것은 사물의 존재이유를 찾으려는 것이며, 이를 통해 세계의 전체적 의미, 우주를 조직하는 질서, 그 질서 속에서 인간이 차지하는 자리 등 극도로 심오한 문제들을 탐구하는 것이다.

프로이트 역시 종교적 감정의 기원에는 이러한 '의미'의 탐구가 내재해 있다고 생각했다. 아이에게 아버지의 이미지가 지식과 보호의 동의어인 것처럼, 신자들이 신(神)에게 기대하는 것도 사물의 존재이유에 대한 대답과 정의의 약속이었다. 그러므로 모든 신앙은 나름의 방식으로 '우리는 누구인가? 우리는 어디에서 왔는가? 우리는 어디로 가는가?'(고갱의 표현)와 같은 형이상학적 질문을 해결하려 하고 있다고 볼 수 있다.

지식의 목표

이에 반해 과학적 지식이 해결하려는 문제는 '왜'나 '무엇을 위해서' 등의 질문이 아니라 '어떻게'라는 질문이다. 콩트의 주장처럼 지식은 가시적 현상들 속에 숨어 있는 관계를 밝혀내 법칙을 수립하는 것을 목표로 삼는다. 따라서 과학적 지식은 실험에 의존할 수밖에 없으며, 과학은 현상을 해석해서 얻은 진리들을 우리에게 제공한다. 이 때문에 과학적 지식은 결코 결정적이지 않으며 초역사적이지도 않다. 과학에는 분명 역사가 존재하며 과학의 역사에서는 한 시대에 진리라고 받아들여졌던 오류를 다음 시대에 수정하는 과정이 끊임없이 되풀이되고 있다.

이런 관점에서 볼 때 지식은 세계에 대한 실제적 효용을 가져다주지만 그것은 결코 절대적으로 확실한 것이 아니다. 과학이란 자신의 지식을 의문시하고 재검토함으로써만 발전할 수 있다.

결국 과학적 지식은 초월적·절대적 지식을 향한 인간의 욕망을 채워줄 수 없다. 더구나 과학이 진보하면서 과학적 지식은 점점 복잡해져서 대중이 이해할 수 없는 수많은 전문 용어를 만들어내고 있다. 또한 과학이 근본적으로는 규칙적으로 반복되는 가시적 현상을 대상으로 삼고 있다지만, 종종 자연계에서 직접 드러나지 않는 법칙들 또한 탐구한다.

그 때문에, 우리가 일상생활에서 겪을 수 있는 구체적 사례들에서 과학적 지식이 다소 동떨어져 있거나 직접적 답변을 제공하지 못하는 경우도 많다. 이런 점에서 볼 때 과학의 발전은 인간사회에서 종교가 수행해 온 역할을 대체하지 못할 뿐 아니라 오히려 종교적 태도를 조장할 가능성마저 있다.

허울뿐인 대립

믿음과 지식이 서로 다른 영역에 간여하고 있다는 점에서 우리는 양자의 공존 가능성을 인정할 수 있다. 이러한 공존은 집단 차원(한 사회에서 지식이 팽창하는 와중에도 종교 등 이성에 근거하지 않은 믿음이 유지될 수 있다)에서뿐 아니라 개인 차원(과학자가 종교를 믿지 말라는 법은 없다. 중요한 것은 파스퇴르의 말처럼 실험실에 들어가는 순간 "신을 옷장에 넣어두는 것"이다)에서도 비일비재하다.

그러므로 (종교적) 믿음에 대한 프로이트나 마르크스의 비판[23]은 더 이상 유효하지 않다. 신에 대한 믿음이 구체적인 어려움이나 유아적 퇴행에서 생긴다는 사실을 아는 사람에게도 신앙만이 채울 수 있는 욕망이 완전히 없어지지는 않기 때문이다.

더구나 현대사회가 과학적·이성적 지식을 숭상하고 있음에도 불구하고 새로운 종류의 믿음(UFO 종교 등)이 탄생하고 있는데, 이러한 믿음은 과학적 지식이 직접 해답을 제공하기는커녕 언급조차 하지 않는 부분에 대한 인간의 욕망에 기인한다.

여기서 니체의 지적에 귀기울여볼 필요가 있다. 니체에 따르면, 어떤 지식이 성립될 때면 자신은 이전의 모든 '믿음'에서 단절되어 있다고 주장하지만 사실은 보다 근본적인 믿음(지식이 가능하다는 믿음, 즉 인간이 제 현상을 설명할 수 있다는 믿음)이 언제나 지식의 바탕에 깔려 있다.

---

[23] 마르크스의 종교 비판은 '종교는 민중의 아편'이라는 말로 유명한 《헤겔 법철학 비판에 관하여》에서 잘 드러난다. 그에 의하면 종교는 도착된 세계의식으로, 이것은 국가·사회·경제제도 등 도착된 사회제도에서 나타난 이데올로기라고 주장한다. 프로이트는 《토템과 터부》에서 종교를 아버지에 대한 죄책감을 순화시키기 위한 기제로, 우리의 좌절된 본능과 금지에 근거한 강박관념의 해소 기제로 파악한다.

더 나아가 현대의 과학철학은 과학적·철학적 지식의 객관성을 근본적으로 의심한다. 학자라 해도 반드시 검증된 지식만을 믿는 것이 아니라 오히려 자기가 믿는 것을 검증하여 지식으로 만들려는 경향이 있다는 것이다. 결국 지식을 수립하는 과정에 있어서도 언제나 아직 '지식' 또는 '인식'의 반열에 오르지 않은 믿음이 연구의 원동력이 될 수 있는 것이다.

결론

갈릴레이의 지동설이나 다윈의 진화론에 대한 교회의 공격을 생각하면 지식과 믿음이 양립 불가능하다고 생각할 수도 있지만, 지식은 근본적으로는 '믿음'과는 완전히 다른 토대를 가지고 있다. 따라서 지식과 믿음은 서로 다른 영역에 간여할 수밖에 없으며, 이로 인해 양자의 평화로운 공존이 가능하다.

더구나 우리가 학문적으로 증명된 지식만을 가지고 일상생활을 영위한다는 것은 애초에 불가능하다. 우리의 일상은 확인되지 않았을 뿐 아니라 종종 거짓이나 오류에 불과한 수많은 믿음에 기초하고 있지 않은가?

11

자연을 모델로 삼는 것이 어느 분야에서 가장 적합한가?

Baccalauréat, 1997

우리는 일상적 대화에서 '자연(nature)'이나 '자연스러운 것'을 내세워 자신의
행동을 정당화하곤 한다. 이때 우리는 '자연'이라는 것을 '자명한 것' '원초적
단순성' '자발성' 등과 같은 것으로 생각하며, 이러한 '자연스러운 것'과
대비되는 복잡한 추론은 불필요한 것처럼 여긴다("일을 복잡하게 만들어보았자
무슨 소용이야?").

그러나 '자연스러운 것'을 말하는 것이 어떤 때는 논리적인 궁색함을 감추기
위한 핑계로 쓰일 수도 있다. 이런 경우 '자연'은 마치 그 자체로 이론의
여지없는 확고부동한 가치를 담고 있는 것처럼 여겨진다.

그리고 이때 '자연'은 행동방식을 알려주는 모델로서 제안된다. 하지만 이런
식으로 '자연'에 의존하는 것이 과연 타당한 일인가? 보다 더 일반적으로 말해
인간의 삶과 관련한 학문 분과 중 자연을 모델로 삼는 것이 정당화되는 분야가
있는가?

모델이란 무엇인가?

플라톤의 대화편《메논》에서 소크라테스는 덕행이나 성인(聖人)의 예를 드는 것에 그치지 않고, 덕(德) 일반을 규정해야 한다고 주장하는데 메논은 그 까닭을 이해하지 못한다. 그래서 소크라테스는 메논이 탐구대상의 성질을 분명히 이해할 수 있도록 예를 하나 든다.

"꿀벌을 정의하라고 하면 우리는 벌들이 서로 어떻게 다른지(체중, 색깔 …)는 신경 쓰지 않고 단지 모든 벌의 공통점만을 강조하려 할 것이다. 덕에 관해서도 마찬가지이다."

이에 대해 메논은 꿀벌을 정의해야 할 때는 당연히 일반적 특성에 집중하겠지만 덕의 경우는 그보다 복잡한 문제라고 대답한다. 이 대화에서 예(例)의 역할은 상대방이 쉽게 이해할 수 있는 대상(꿀벌)의 구조를 통해 더 고차원적인 대상(덕)의 구조를 이해할 수 있게 해주는 것이다. 상대방이 단순한 대상의 구조를 깨닫는다면 그는 이 구조를 더 복잡한 대상에 적용시킬 수 있을 것이며, 작업은 훨씬 수월해질 것이다.

우리는 여기서 '예'가 '모델'과 동등한 것이라고 생각할 수도 있다. 하지만 예를 완전히 모델이라고 할 수는 없다. 모델 구실을 하는 사물에는 모델의 역할과 중요성이 담겨 있는데 예에는 이러한 가치가 결핍되어 있기 때문이다.

모델이란 우리의 능력과 실천을 진보시키고 개선시킬 수 있는 사물이다. 모델은 모델에 적용되는 개별 사물보다 우월하다. 그런데 플라톤의 대화편에 나오는 '예'는 여기에 미치지 못한다.

'예'를 말하고 있는 소크라테스가 어떤 의미에서 메논보다 뛰어날지 몰라도, 소크라테스가 자신의 연구목적을 메논에게 이해시키기 위해 제시하는 '예'(꿀벌)는 이 연구목적(덕)보다 열등하다.

우리는 모델에서 무엇을 기대하는가?

모델을 제안하는 사람은 이 모델이 어떤 방법을 가르칠 뿐 아니라, 이 모델을 사용하면 더 훌륭한 결과를 얻을 수 있을 것이라고 주장하게 마련이다. 예컨대 아이들을 위한 습자 모델은 아이들이 누구나 알아볼 수 있는 바른 글씨를 쓰도록 도와준다.

마찬가지로 미술학교의 실습 시간에 '모델'로 주어지는 고대 조각상은 학생의 데생 실력을 증진시키고 양감을 익히는 데 척도로 쓰이는 미(美)의 고전적 개념을 상징한다.

성인(聖人)이 덕의 모델로 여겨지는 것은 그의 삶이 범인이 쉽게 도달하기 힘든 높은 수준의 도덕성을 보여주는 모범적 사례이기 때문이다.

모델이 그저 노하우밖에 알려주지 못하는 것처럼 보일 때에도 이러한 노하우는 최초의 무지(無知)와 구별될 수 있다. 레고 유의 장난감에 담긴 설명서는 어린이가 혼자서는 쉽게 찾아낼 수 없는 방법을 가르쳐주는 모델이 될 수 있다. 이렇게 모델을 통해 우리가 독자적으로는 얻을 수 없는 무엇인가를 깨달을 수 있으므로 모델에 대한 의존은 쉽게 정당화될 수 있을 것이다.

그러나 여기서 우리는 한 가지 난점에 부딪히게 된다. '자연'을 모델로 간주하고 이에 의존할 경우 여기에 어떤 이득이 있다고 볼 수 있을까? '자연'에서 무엇이건 빌려오려면 '자연'의 바깥에 있어야 한다. 자연에서 모델을 구하려 한다면 '자연'의 작동 방식을 이해하고 있어야 한다. 이 경우 우리가 자연에 속하지 않을 것을 상정하는 '객관적' 태도가 요구될 수밖에 없다.

누가 모델을 정의하는가?

일반적으로 인간은 '자연'의 바깥에 있는 것으로 여겨진다. 인간의 삶을 정의하는 문화는 끊임없는 '자연의 부정'과도 같은 말이다. 따라서 '자연'과 어느 정도 거리를 둔다는 것은 '자연'을 부정하는 것이라는 사실을 인정하지 않는 한, 어떤 영역에서 자연이 모델로 쓰일 수 있는지를 질문하는 것은 우스운 일이 된다.

　이 점에서 우리는 루소의 《인간 불평등 기원론》을 떠올릴 수 있다. 이 책에서 루소는 자연상태의 인간을 일종의 모델로 삼고, 현재의 인간 모습을 이 자연상태의 인간과 대립시킨다. 하지만 다음과 같은 점을 강조해야 할 것이다. 첫째, 이 자연상태의 인간은 단순한 작업가설일 뿐이며, 이 개념의 역사적 진실성은 전혀 보장되지 않는다. 둘째, 이 '모델'은 인류의 진보나 개선을 전혀 제안하지 않는다(오히려 이 모델은 인간의 역사를 부정하며 옛날 상태로 회귀할 것을 요구한다). 반대로 루소의 생각에 따르면, 이제는 상실된 자연인의 덕목들은 완전히 반(反)자연적 방식을 통해서만 복원될 수 있다(사회계약, 즉 자연에 대한 의존에서 정치적 자유로의 이행).

　우리가 문화의 반자연적 차원을 강조하는 대신에 헤겔의 생각을 따른다 해도 결과는 동일하다. 헤겔에 따르면 인간을 자연과 구별하는 것은 절대정신[24)]의 현존이다. 그런데 절대정신의 모든 구현은 정의상 '자연적인 것'보다 우월하며 이 '자연적인 것'은 어떤 식으로도 모델로 여겨질 수 없다(예술의 경우도 마찬가지이다. 예술은 절대 모방이 아니다. 예술은 기껏해야 자연에서 몇 가지 요소를 빌려올 뿐이며, 아무리 사실주의적인 예술일지라도 언제나 이 요소들을 변형시키고 본래와는 다르게 구성하려 한다).

따라서 자연이 모델의 구실을 할 수 있는 분야를 찾으려 하는 것은 완전히 무의미한 일이다. 정치건 도덕이건, 기술이건 과학이건, 생활풍습이건 의복이건, 인간의 실존은 자유를 통해 규정되며, 인간의 특성은 자연 자체는 줄 수 없는 것을 고안하는 능력에 있는 것이다.

결론

좋든 싫든 인간은 자연에 대해 끊임없이 거리를 취한다. 그러므로 인간이 의존하는 모델은 인간 자신이 만들어낸 것일 수밖에 없으며 자연에서 나올 수 없다. 또한 도덕이나 정치에 자연을 결합한다고 주장하다 보면 인간적으로는 받아들일 수 없는 행동에 쉽사리 도달하게 된다.

나치는 독일인이 우수한 민족이라고 주장하면서 자신들의 '본성(nature)'을 내세우지 않았던가?

---

24) 헤겔의 절대정신은 인간의 정신이 자연을 매개로 해서 드러나는 것이다. 이런 면에서 절대정신은 개별적 인간이나 자연보다 우월하다. 절대정신에 의해 파악된 자연은 더 이상 있는 그대로의 자연이 아니다.

Baccalauréat

05

정치와 권리

Politics & Rights

01

권리를 수호한다는 것과 이익을
옹호한다는 것은 같은 뜻인가?

Baccalauréat, 2002

근대사상에 따르면 모든 개인은 몇 가지 근본 권리를 소유하고 있다. 이 권리들은 일부러 요구할 필요도 없으며 프랑스혁명기에 반포된 '인권선언'이 이후 보편화되면서 각 개인에게 원천적으로 속하는 것으로 여겨지고 있다. 물론 국가별로 사법체계를 통해 세부 사항을 규정하고 부분적으로는 이에 제한을 가할 수도 있지만, 어찌되었건 모든 사람은 몇 가지 기본적 권리를 지니고 있으며 적어도 이론적으로는 이 권리는 절대로 침해될 수 없다. 하지만 주지하듯 이 권리가 침해당하는 경우가 있다. 이는 단순한 범죄 때문일 수도 있고 국가가 시민들에게 허용하는 행위 때문일 수도 있는데, 후자의 경우라면 매우 심각한 문제가 될 것이다. 이런 상황에서 개인은 자신의 이익을 침해당했다고 생각할 수 있다.

그렇다면 권리와 이익을 같은 것으로 보는 생각은 정당한가? 자신의 권리를 지킨다는 것은 단지 자신의 이익을 지킨다는 것을 뜻할 뿐인가?

권리와 이익을 혼동할 가능성

강도를 당했을 때 우리는 재산권을 침해당했다고 느끼겠지만 개인적 이익이 공격받았다고 느낄 수도 있다. 마찬가지로 토지 소유자는 자신의 땅을 소유할 권리를 가지고 있지만 양심 없는 이웃이 땅의 일부를 가로채려 한다면 소유자가 당장 느끼는 것은 자신의 이익이 위협받고 있다는 느낌일 것이다.

이처럼 삶의 사적 영역에 관련된 피해를 입었을 때 우리는 종종 권리와 이익을 혼동하게 된다. 이 때문에 우리는 사법체계를 개인의 이익을 수호하기 위해 존재하는 것으로 착각하기 쉬우며, 이때 권리는 이익을 지키기 위한 수단에 불과한 것으로 전락해 버린다.

이웃을 상대로 소송을 제기하는 것은 자신의 이익과 권리를 동시에 지키기 위한 것이지만 보통은 권리보다는 이익에 중점이 두어진다. 왜냐하면 권리보다는 이익이 보다 피부에 와닿는 것이고, 권리란 우리가 자세히 알지 못하는 사법체계에 속해 우리의 실생활과 다소 동떨어진 것으로 여겨지기 때문이다.

사회조직 속에서 권리의 수호는 경찰, 법원, 검사, 변호사, 법조문 등 다양한 제도적 장치들을 필요로 하며 이는 일반인에게는 너무 복잡해 보일 수 있다. 이에 반해 이익의 수호는 훨씬 직접적이고 단순해 보이는 것이다.

하지만 이익과 권리의 혼동이 정당하지 않다는 것을 증명하기 위해서라면, 관점을 뒤집어보는 것으로 족하다. 즉, 내 이익의 수호가 내 권리의 수호와 반드시 동일한 것인가? 분명 그렇지 않다. 나의 이익은 종종 타인의 권리와 모순될 수 있기 때문이다. 결국 도둑이나 강도는 타인의 권리를 침해하여 손쉽게 자신의 이익을 챙기지 않는가?

개인과 공동체

이익은 근본적으로 개인의 문제로서 이기주의와 통할 수 있는 데 반해, 권리는 공동체 속에서 존중해야 할 균형의 문제이다. 그러므로 이익과 권리가 부분적으로 합치될 수도 있지만 결코 전적으로 합치될 수는 없다.

어떤 사적인, 이기적인 이익은 시민사회의 권리와 상충할 수 있다. 이익과 권리가 공존하려면 나의 사적 이익이 다른 모든 사람에게도 공히 적용될 수 있어야 한다. 나의 재산권이 내 이익을 충족시킨다 해도 우선 다른 모든 사람들이 재산권을 가지고 있다는 점을 인정해야 한다.

이익은 한 개인의 문제일 뿐이지만 권리는 상호성을 함축하고 있다. 그러므로 사법제도가 나의 이익을 지켜주는 것은 나 개인을 위한 것이 아니라 한 공동체 내에서 모든 구성원이 권리를 지니고 있고 내가 그 공동체의 일원이기 때문이다.

'내' 사건을 통해 법원은 나 개인의 이익을 수호하는 것이 아니다. 법원은, 즉 법이란 예외 없이 준수되어야 한다는 원칙을 수호하는 것이며, 내 경우를 통해 피해를 받은 사회조직 전체를 지키려는 것이다.

권리를 보장하는 법률은 보편적인 것이다. 법은 본질적으로 냉혹하며 우리의 감정이나 기분과 무관하다. 왜냐하면 헤겔이 지적하는 것처럼, 법이란 원칙적으로 사회구성원 모두를 동등하게 간주하기 때문이다.

내 이익이 만인의 평등을 위배하며 오직 나 혼자만의 이익을 요구하는 경우 이것은 더 이상 사법적 권리로 볼 수 없다. 따라서 권리는 모두에게 동일한 것이지만 이익은 사람마다 달라지는 것이다.

권리는 이익을 숨기고 있을 수도 있다

하지만 우리는 권리와 이익을 나누는 고전적 구별에 의문을 제기할 수 있다. 다시 말해 권리라는 것이 역사적·사회적으로 수립되는 과정에서 과연 보편성의 원칙을 충분히 지켰는지 자문할 수 있는 것이다.

이를 위해서는 개인이 아니라 사회집단이나 사회계급의 층위에서 문제를 검토해야 한다. 마르크스는 1792년 반포된 인권선언문[25]을 비난했는데, 이는 이 선언이 실제로는 인류 전체가 아닌 부르주아 사회의 구성원만을 대상으로 하고 있기 때문이다. 즉 마르크스가 보았을 때 인권선언문은 부르주아의 이익을 정확히 충족시켜 주는 것이었다.

---

[25] 1789년에 결의하여 공표된 인권선언문은 프랑스혁명 때 국민으로서 누려야 할 권리에 대해 입법 의회가 발표한 것이다. 정식 명칭은 '인간 및 시민의 권리 선언'인데 라파예트 등이 기초했다. 제1조 '인간은 나면서부터 자유로우며 평등한 권리를 가진다'로 시작하여 인간의 자유와 권리의 평등을 내세운다. 근세의 자연법사상과 계몽사상에 근거한 인간 해방의 이념으로, 이 인권선언은 1891년의 프랑스 헌법을 비롯 세계 여러 나라의 헌법 및 정치에 영향을 미쳤다.

그러므로 '자유'라는 보편적 개념 뒤에 있는 것은 기업 운영의 자유일 뿐이며, '평등'이라는 고귀한 이상의 이면에는 단지 '경쟁의 평등'이 있을 뿐이고, '치안' 개념은 사유재산의 보호를 뜻할 뿐이다. 이러한 권리는 지배계급의 이익을 공식화한 것에 불과하며, 자신의 이익이 체계적으로 짓밟히고 있는 피지배계급에게는 긍정적 의미를 가질 수 없는 것이다.

이런 관점에서 보면 권리의 수호는 계급적 이익 수호의 위선적 방편에 불과하다. 오히려 다른 계급(피지배계급)의 이익을 지켜주는 것이 보편적 권리를 지켜주는 것이 될 수도 있다. 또한 법은 겉보기에 냉정하며 보편적이라고 하지만 그 뒤에는 실상 계급투쟁이라는 역사적 현실이 숨어 있다.

현재 세계는 계급뿐 아니라 국가간, 대륙간에 경제적 불평등이 심각하게 증대하고 있으므로 이러한 비판은 새겨둘 만하다. 결국 선진국이 생각하는 권리 수호란 자신들의 경제적 이익을 지키는 것에 불과하다는 말이다.

결론

역사·문화에 따른 사법체계의 다양성과 가변성을 생각할 때, 사법체계와 권리에 대한 추상적 성찰에는 한계가 있다. 이상적·보편적 사법체계는 이상적·보편적 인간에 상응하는 것일 뿐이며 이러한 인간은 어디에서도 찾아볼 수 없다. 인간의 본질은 각기 다른 역사적·경제적·사회적 맥락 속에서만 표현되기 때문이다.

그렇다면 권리와 이익의 혼동은 결국 정당한 것이라는 결론을 내

려야 할 것인가? 그렇지만 법이란 완성된 체계라기보다는 도달해
야 할 목표라는 점을 감안할 때 우리는 앞으로 권리와 이익이 분명
히 구별되는 사회가 도래하기를 희망할 수 있을 것이다.

02

자유는 주어지는 것인가 아니면 싸워서
획득해야 하는 것인가?

Baccalauréat, 2001

모든 사람이 자유롭게 살고 싶다는 욕망을 가지고 있다고 우리는 쉽게 말하곤
한다. 하지만 '자유롭다'는 말이 언제나 동일한 의미로 사용되는 것은 아니다.
예컨대 현대 민주국가의 시민과 개발도상국의 국민에게 자유라는 표현은 같은
뜻이 아닐 것이고, 중세의 농민과 현대의 상인은 이 개념을 다르게 이해할
것이다. 이렇게 '자유'라는 개념이 역사적·문화적으로 다양하게
받아들여지므로 우리는 이 개념이 언제나 동일한 현실, 동일한 가능성을 뜻하는
것은 아니라고 생각할 수 있다.
그렇지만 이러한 개념적 변화의 이면에는 어떤 불변적 내용이 있을 수도 있다.
자유가 역사적·사회적·문화적 맥락에 따라 다양한 방식으로 표현됨에도
불구하고 고정된 공통분모가 있을 수도 있다는 이야기다.
이러한 관점에서 보면 다양한 모습으로 실현될 기원이 되는 최초의 '주어진
것'이 있을 것이다. 그렇다면 자유의 다양한 모습은 저절로 만들어지는 것인가,
아니면 인간의 행위에 의해 산출된 결과물인가? 자유는 주어지는 것인가,
정복해야 할 대상인가?

자연에 대한 자유

일반적으로 말해 자유란 자연결정론을 벗어날 수 있는, 인간에 고유한 가능성으로 정의되어야 한다. 물론 그렇다고 해서 인간이 모든 결정론과 무관한 존재인 것은 아니다. 적어도 인간의 신체는 생물학적 법칙들을 따르고 있다. 하지만 인간을 다른 동물들과 비교해 보면, 인간에겐 동물들과 같은 강한 의미에서의 '본성(nature)'이 없으며, 인간은 근본적으로 어떤 불확정성을 지니고 있음을 알 수 있다.

동물의 행동은 다양한 본능으로 미리 결정되어 있는 데 반해, 인간은 본능이 없어 자신의 행동양식을 스스로 창안해야만 한다. 이러한 자유 덕택에 인간은 문화적 세계를 만들 수 있으며, 이 점에서 인간의 문화는 정의상 자연적 질서와 대립된다.

우리는 이러한 인류학적 관점에 따라 본성의 부재를 '자유'라고 명명할 수 있을 것이다. 예컨대 사르트르[26]는 "자유란 문화적 영역을 자연의 영역으로 환원할 수 없다는 것"이라고 말하면서 이러한 입장을 따르고 있다.

문화는 자연과 완전히 단절된 것이며 인간의 자유는 여기에 있다. 이렇게 자유가 인간에게 처음부터 주어진 조건이므로 인간은 여타 동물들과 달리 무한한 가능성을 지니고 있는 존재이다. 인간

---

[26] 사르트르는 인간의 절대적인 '자유'에 대한 철학적 반성을 한다. 그의 철학의 중심 문제인 자유의 문제를 더 깊이 파악하기 위해서는 《존재와 무》,《구토》,《자유의 길》등을 참조하기 바란다.

이 이 가능성들 중 어떠한 것을 선택하여 실현시키는가에 따라 각각의 문화가 만들어진다. 자유가 인간에게 '주어진 것'이라고 보는 이러한 개념은 원천적이고 자연적인 상황을 연상시키겠지만 역설적이게도 인간의 근본적 자유라는 소여는 본성의 부재에 기인하는 것이다.

몇몇 철학자들은 이 근본적 자유를 '자연적 독립성'이라는 용어로 표현했다. 그런데 홉스 같은 사상가에게 있어 자유가 별로 긍정적이지 못한 것이라면(자유는 인간을 이기적 행동으로 이끌어 갈등과 투쟁만을 낳을 뿐이다), 루소 같은 이가 볼 때 자유는 좋지도 나쁘지도 않은 중립적인 것이다. 왜냐하면 자유란 사회가 아니라 의식도 사유도 없는 고립된 존재로서의 인간에게만 관계하므로 '좋다, 나쁘다'와 같은 사회적 개념을 적용할 수 없기 때문이다.

독립성에서 자유의 획득으로

그러나 이러한 '자연적 독립성'은 다양한 문화를 만들 수 있는 원천인 '자유'와는 다른 것이다. 왜냐하면 자연적 독립성이라는 개념을 따를 경우 인간이 혼자 살지 않고 군집 생활을 시작하는 순간부터 사회는 만인 대 만인의 투쟁 상태에 빠지게 되겠지만, '자유'란 오히려 각각의 문화적 공동체 속에서 실현되는 것이기 때문이다.

그럼에도 불구하고 각각의 문화공동체 속에서도 다양한 자유의 개념이 만들어질 수 있다. 여기서 또 하나의 역설적 가설이 나오는데, 인간은 자유가 무엇인가라는 개념 또한 자유롭게 만들 수 있다는 점이다.

헤겔은 특유의 역사적 관점에 따라 자유의 개념이 점진적으로 진보, 확장, 심화되어 왔다고 단언한다. 동양의 전제군주는 자유를 누릴 수 있는 유일한 존재이며 그 이외의 모든 국민은 군주의 권력에 예속되어 있다.

고대 그리스의 경우 노예를 제외한 시민들 전부가 자유로운 존재이다. 기독교 문명의 도래와 더불어 자유(무엇보다 신 앞에서 영혼의 자유)는 모든 사람이 가질 수 있는 것이 되었다. 헤겔에 따르면, 그러나 기독교 사회에서의 자유란 단순히 추상적 개념 차원에 머무르고 있었을 뿐, 그것이 구체적 생활의 차원으로 녹아들게 된 것은 프랑스혁명에 이르러서야 가능해졌다. 1789년 프랑스혁명은 이렇게 자유 개념의 변화에 종지부를 찍고 바야흐로 그 개념을 완성했다. 대혁명은 또한 자유를 인간 현실 속에 완전히 뿌리박게 했다는 점에서 자유의 실제적 실현 또한 완성했다.

이러한 헤겔의 관점을 따를 경우 우리는 적어도 자유 개념이 변화해 온 역사의 최종 단계에서는 자유가 정복해야 할 대상이었다는 것을 알 수 있다. 왜냐하면 대혁명은 민중 해방이라는 의지와 기획에 의거해 내려진 일련의 결정과 행동으로 탄생한 결과물이며, 이후 자유는 평등·박애와 더불어 공화국의 모토로 새겨지게 되었기 때문이다.

물론 절대정신이 인간 행위를 통해 실현된다고 간주하는 헤겔 철학 안에서 이 '정복'이라는 개념은 약간 애매한 것이 사실이다. 그렇지만 인류의 역사적 경험은 자유가 분명 적극적 행위를 통해 정복해야 할 대상이었다는 것을 보여주고 있다.

마르크스는 헤겔과는 달리 이 정복이 전혀 완성되지 않았음을 강조한다. 프랑스 대혁명을 통해 획득된 자유는 특정 사회계급만이 누릴 수 있는 것으로, 그들의 자유는 여전히 다른 계급을 희생시키고 있기 때문이다.

그러므로 자유는 여전히 더 확장되어야 하며 계급 철폐라는 개념에까지 이르게 된다. 마르크스는 이러한 자유의 확장이 (혁명이라는) 폭력적 수단을 통해서만 이루어질 수 있다고 말한다. 이는 자유의 역사가 처음부터 일련의 투쟁, 전쟁으로 점철되어 왔으며 그것이 분명 점진적 정복에 다름 아니기 때문이다.

끝없는 탐색

그렇다면 자유에 대해 대립되는 두 가지 관점이 존재한다고 말해야 할 것인가? 곧 인간이 자연과 구별되는 순간부터 자유가 인간에게 주어진다는 존재론적 관점과, 자유란 점진적 정복일 뿐이라는 역사적·정치학적 관점이 대립되고 있는 것인가?

우리는 이 두 관점이 양립 불가능한 것이 아니라고 생각한다. 오히려 양자를 결합하여 새로운 관점을 만들 수 있을 것 같다. 문화란 분명 인간의 원초적 자유에 기반해서 만들어졌지만, 이후 문화는 자유의 실현에 수많은 장애물을 낳기도 해 이제 자유는 재정복의 대상이 되는 것이다.

어떤 의미에서 루소의 《사회계약론》은 이러한 방향을 따르고 있다. 루소는 이 책에서 공동체가 성립하기 위한 일차적 조건은 개인의 원초적 독립성을 정치적·시민적 자유에 양보하는 것이라고 주장한다.

그 결과 개인의 독립성은 철저한 소외를 겪게 되며, 사회계약의 결과 혹은 교환의 결과 얻은 자유는 사회라는 틀 안에서 제한을 받기 때문에(사회적 자유란 수많은 구속과 의무를 상정한다) 이러한 원초적 독립성과는 완전히 다른 것이다.

그러므로 사회의 성립 이후 정복한 자유는 원초적 자유의 복원이 아니라 사회집단이라는 상위의 층위로 옮겨진 자유가 된다. 자유의 정복을 단기간에 성취할 수 없는 것도 이 때문이다. 자유를 향한 욕망도 문화적 맥락에 따라 다양한 모습으로 나타나게 된다.

예컨대 여전히 일상적 생존의 문제가 최우선적인 사회에서 자유에 대한 요구는 미약할 수밖에 없다. 반면에 발전한 사회에서는 개인이 생리적 욕구를 충족할 수 있는 자원을 지니고 있을 뿐 아니라 일정 수준의 복지와 정치적 책임감을 누리고 있으므로, 자유에 대한 요구는 필수불가결한 것이 되고 이는 매우 다양한 영역에서 표출된다.

따라서 우리는 사회적 자유가 조성되기에 불리한 조건을 갖고 있는 사회들이 존재한다는 것을 인정할 수밖에 없다.

결론

서구에서 자유의 정복은 인간의 정의(定義)와 관련된 역사적 기획이었으며, 따라서 매우 철학적인 문제이기도 하다. 그렇다고 해서 이 기획이 모든 문화, 모든 사회에 적용될 수 있는 보편적인 것이라고 단언하기는 어렵다.

왜냐하면 먹고사는 문제가 중요하지 아직 자유라는 것이 별 의미가 없는 사회도 존재하니까 말이다. 그러므로 자유가 철학의 중심적 개념이기는 하지만 자유에의 욕망과 자유의 정복은 실제 사회의 조건에 따라 다르게 표현될 수밖에 없는 것이다.

03

법에 복종하지 않는 행동도 이성적인
행동일 수 있을까?

Baccalauréat, 1998

법이란 보편적임과 동시에 이성 자체의 요구에 부합한다. 자유를 우리가 세운
법에 대한 복종으로 규정했던 루소나, 모든 개인의 이성을 자기 자신에 대한,
그리고 인류 전체에 대한 입법자로 삼았던 칸트 모두 법의 존중과 자유의
본질적 연관성을 주장한다.

하지만 어떤 법은 더 이상 따를 수 없는 것처럼 보일 수도 있다. 예외적 상황
때문일 수도 있고, 용납할 수 없는 행동을 법이 요구하기 때문일 수도 있다.
이런 경우 법에 대한 불복종은 이성을 존중하는 또 하나의 방법인가? 아니면
법에 대한 불복종은 반드시 이성에 대한 단념을 뜻하는 것인가?

법의 강요성

법에는 크게 보아 두 가지 형태가 있다. 하나는 도덕법이고 다른 하나는 사법적인 의미의 법이다. 이 두 가지 법은 모두가 정의상 보편적이다. 따라서 이성을 갖춘 인간이라면 그것을 따라야 할 의무가 있다.

예컨대 나의 도덕적 의무는 나에게 이웃을 인간으로서 존중할 것을 명령한다. 왜냐하면 남을 존중하지 않는 것은 보편화될 수 없는 태도로서 비도덕적이기 때문이다. 칸트 식으로 설명하면 내가 타인을 존중하지 않는다 하더라도 나는 타인이 나를 존중하기를 원할 것이고, 이는 상호주의를 위배하는 것이기 때문이다.

마찬가지로 정치적·사법적 의미의 법률 또한 한 사회의 모든 성원들이 그것을 준수할 것을 요구한다. 법을 지키지 않으려 하는 것은 자신이 남들보다 우월하다는 식의 생각에서 나오는 것이며, 이역시 상호주의와 평등의 정신을 위반하는 것이므로 이러한 태도는 법적으로 용납될 수 없다. 따라서 도덕법이든 사법적 법률이든 법은 반드시 준수해야 하며, 그렇게 하는 것이 이성에 부합하는 일일 것이다.

불복종이 인정되는 상황들

그렇지만 법을 따르지 않는 행위가 현실적으로 용인되고, 나아가 이성도 그것을 받아들이는 경우가 있다. 사실 법이란 것이 있는 한 법에 대한 불복종은 언제나 존재할 수밖에 없다. 금지하면 더 어기고 싶은 욕망이 드는 것이 인간의 본성이지 않는가.

더욱이 모든 법은 위반의 가능성을 상정하고 있다. 누구도 법을 위반할 가능성이 없다면 범법자에 대한 처벌 규정이 존재할 까닭이 없다. 하지만 이러한 이론적 가능성에서 실제적 가능성으로 옮겨 가도 좋을까? 설사 다소 '비정상적'일지라도 이성을 부인하지 않으며 오히려 존경받을 수 있는 불법행위가 있을 수 있을까?

우선 예외적 상황으로 인해 법의 준수를 일시적으로 정지해야 할 경우를 생각할 수 있다. 예컨대 불치병을 앓고 있는 환자 앞에서 의사가 거짓말을 할 수밖에 없는 상황이 있을 것이다.

엄격한 의미의 도덕법을 따를 경우 우리는 언제나 진실만을 말해야 하겠지만, 환자가 불필요하게 정신적으로 고통받지 않게 하려는 의도라면 이 거짓말은 정당화될 수도 있다. 이런 경우 의사가 도덕법을 위반하는 것은 환자의 인격을 존중하기 때문이라고 할 수 있다. 마찬가지로 전쟁의 상황 역시 예외가 될 수 있다. 이 경우 선택은 개인의 몫이다. 도덕법이 살인을 금지하고 있으므로 어떤 사람은 집총 거부까지 갈 수도 있겠지만, 반대로 시민들은 조국과 그 영토를 수호하기 위해 참전을 택할 수도 있다.

이것이 예외적 경우일지라도 개인은 법에 대한 불복종을 망설일 수밖에 없다. 루소는 진정한 의미의 시민과 단순히 군인의 역할로 전락한 전시의 시민을 구별한다. 그래서 루소는 이런 경우 참전을 명령하는 실정법을 따르지 않는 것이 정당하며 그것이 오히려 이성에 부합하는 행위라고 주장하기까지 한다. 물론 이러한 예외적 상황은 결코 일반화될 수 없을 것이다.

다른 이성의 이름으로 실행되는 불복종

크레온이 공표한 명령을 안티고네가 어길 때[27] 안티고네의 행동은 이와는 다른 의미를 지닌다. 안티고네는 '인간의 의지와 무관한 가장 오래된 법률'의 이름으로 크레온이 정한 법의 근본적 정당성을 반박한다. 여기서는 죽은 자를 사람으로 대접하기 위해 매장해야 한다는 도덕법과, 국가 질서를 존중하지 않는 자를 매장하면 안 된다는 실정법 사이에 가치 투쟁이 일어나는 것이며, 이때 안티고네가 더 오래된 법을 선택한 것은 크레온의 법이 인간답게 행동할 가능성 자체를 조롱한다고 생각하기 때문이다.

이렇게 실정법과 개인의 신념이 충돌하는 경우 민주주의에서는 '다수의 의지'(루소)를 통해 기존의 법이 개정될 수 있는 가능성을 두고 있지만, 다수의 지지를 받는다고 해서 그것이 진정 이성적이고 보편적인 의견이라는 보장은 없다는 문제가 남는다.

가장 문제가 되는 경우는 어떤 식으로도 보편화될 수 없고 이성으로도 용납할 수 없는 법률을 국가가 공표하는 경우이다. 특정한 사회적 규준이나 자신들의 생각에 부합하지 않는다는 이유로 국민들을 억압하는 독재국가의 경우, 겉보기에 정상적인 방식으로 법이 제정되었다 해도 이성은 그것을 받아들일 수 없다. 이때 악법에 대한 불복종은 이성을 구하고 우리가 이성을 존중한다는 것을 증명할

---

27) 오이디푸스의 아들 폴리네이케스가 반란에 실패해 살해된 후 크레온은 그의 시체를 매장하는 것을 금지하지만, 폴리네이케스의 누이인 안티고네는 목숨을 걸고 매장 의식을 행한다.

수 있는 유일한 수단이다.

　이런 경우 법을 어기는 것은 자신의 생명을 위협할 수 있다는 점에서(소극적 의미에서) '이성적인' 행동이 아닐지 몰라도, 진정한 의미의 이성과 보편성을 구현하는 고귀한 행동이 될 수 있다.

결론

법에 대한 불복종이 이성적 행동이 될 수 있는 것은 오직 이 법 자체가 보편성, 즉 이성에 위반될 때뿐이다. 이러한 악법을 따르는 것은 오히려 이성과 인간성을 포기하는 것이다. 물론 이러한 경우라도 법에 대한 불복종은 일시적이어야 한다. 왜냐하면 악법에 대한 불복종은 정상적 법체계의 복원을 상정하는 것이고 때로 그것을 적극적으로 준비하는 것이기 때문이다.

04

여론이 정권을 이끌 수 있는가?

Baccalauréat, 1997

권력자들은 종종 자신이 결정한 사항을 여론이 충분히 이해하지 못하고 있다고
불평한다. 이러한 불만의 원인이 무엇이건 간에 우리는 정치권력이 일반 국민의
여론을 그대로 따라가는 것이 아니라 자기 선택의 정당성을 국민들에게
납득시키려고 애쓴다는 사실을 알 수 있다.
오히려 적극적으로 여론에 영합하려 하는 권력은 중우정치(衆愚政治)라는
이름으로 비난받곤 한다. 그렇다면 정치권력과 여론 사이의 이상적 관계는 어떤
것일까?

여론의 표류

철학사적으로 볼 때 플라톤에서 하이데거에 이르기까지 '여론
(opinion, doxa)'이라는 단어는 부정적인 평가를 받아왔다. 여론은
사유의 부재를 뜻하는 것으로, 엄격하지도 않고 유동적이며 난잡한
생각으로 간주되었다.

또한 정치학적 관점에서 볼 때, 여론이란 각 개인의 상황에 근거
해 만들어진 견해일 뿐이어서 수많은 개인적 이해관계들이 부딪히
며 형성된 이질적 의견들의 총합에 불과하다. 그런데 정치권력은
집단의 이익을 보호해야 하는데, 이때 집단의 이익이란 단순히 개
인들의 이익을 합쳐놓은 것이 아니다.

따라서 중대한 모순과 갈등이 생기게 된다. 마르크스가 주장하는
것처럼, 여러 사회집단들은 각기 다른 여론을 제시할 수밖에 없고,
권력이 올바로 행사되려면 정치권력은 이 집단들로부터 독립해 있
어야만 한다.

여기서 다양한 여론에 대한 정치적 중립성이라는 쉽지 않은 과제
가 떠오른다. 문제는 정치권력이 서로 경쟁관계에 있는 다양한 여
론 중 한 가지를 선택할 수밖에 없는 상황에서, 지배계급의 이익만
을 대변하기 쉽다는 것이다.

정치권력의 역할

진정한 의미의 민주주의 체제에서 권력은 다수 의견을 존중하게 되
며, 이러한 과정은 선거제도를 통해 보장된다. 국민 다수의 의견이
의회에서 다수당을 형성하고, 이 다수당이 권력을 인수하게 되는

것이다.

그런데 만약 권력이 여론의 직접적 반영에 불과하다면 정치권력은 여론의 인도를 받아 행사된다고 말할 수 있겠지만 실제 현실은 그렇지 않다. 선거를 통해 선출된 대의원은 자기가 대표하는 집단의 의견을 주장하겠지만, 그 외에도 수많은 대의원들이 존재하므로 그의 의견이 승리할 것이라는 보장은 전혀 없다.

더구나 권력의 임무는 국가를 현상태 그대로 유지하는 것이 아니라 국가의 미래를 준비하는 것이다. 따라서 권력은 앞으로 여론이 어떻게 변할지를 예측해야만 하고, 때로는 여론과 어긋나는 방향의 정책을 펼치기도 해야 한다. 이 경우 여론이 국가를 인도하는 것이 아니라 국가가 여론을 인도하는 것이 된다.

플라톤이 철학자들에게 국가 행정을 맡기려 했던 이유는, 철학자들이 다른 시민들보다 선(善)에 대해 더 잘 알고 있기 때문이었다. 이러한 생각은 더 이상 용인될 수 없지만, 권력자는 일반 국민들이 가질 필요가 없는 특별한 능력을 가져야 한다는 사실에는 변함이 없다.

올바른 여론이란 무엇인가?

루소는 위정자와 여론이 서로 일치를 볼 수 있는 가능성을 인정한다. 하지만 《사회계약론》에서 루소가 내세우는 모델은 일종의 직접민주 정치가 가능한 소규모의 정부 체제일 뿐이다. 규모와 복잡성 면에서 이러한 단순한 체제와는 비교할 수 없을 만큼 비대해진 현대 국가에서, 민의(民意)를 직접 반영할 수 있는 수단은 국가적 주요 사안에 대한 국민투표뿐이다. 하지만 각 이해당사자(주로 주요 정당)가 투표의 승리를 위해 캠페인을 펼친다는 사실을 고려하면, 현대사회에서 여론이란 부정확하고 불충분하여 정치권력의 도움을 필요로 한다는 사실을 부인할 수 없다.

더구나 현대 정치는 너무 복잡해서 그것이 작동되는 과정을 일반 국민이 명료히 파악하는 것은 쉬운 일이 아니다. 권력 자체도 경제, 사회, 이념 등 각 방면의 전문가들의 도움을 받고 있다.

이런 점에서 현대 국가는 테크노크라시 체제[28]로 변할 위험이 있는데, 중요한 점은 권력이 행사되고 작동되는 조건과 현실이 이제 일반 국민의 이해 수준을 크게 벗어나 있다는 사실이다. 그러므로 이제 권력은 여론을 무작정 따라갈 수도 없고, 심지어 여론이 권력의 토대라고 말하기조차 힘든 상황이 된 셈이다.

결론

현대 국가는 루소의 이론에 등장하는 것과 같이 일반 국민의 여론에 따라 정책이 결정되고 행사되는 단순한 사회가 아니다. 따라서 모든 면에서 이제 국가가 여론의 요구를 직접적으로 따라가는 것은 바람직하지도 않고 가능하지도 않다. 현대 국가가 이러한 이상에

---

28) 테크노크라시를 어원상으로 풀어보면 '기술에 의한 지배'이다. 과학기술의 역할이 비약적으로 증대하고 있는 현대사회에서 과학·지식·기술의 소유 자체가 권력에의 중요한 접근 양식이 된다. '탈공업 사회론' 등은 '자본가계급'을 대신하는 현대의 지배계급으로서 '테크노크라트'가 출현하고 있다는 견해를 가지고 있다.

가까워지려면 일반 국민이 권력기구의 구체적 실행에 관한 다양한 정보에 쉽게 다가갈 수 있어야 할 것이며, 집단적 이익에 대한 여론의 항구적 관심이 필요할 것이다.

05

의무를 다하지 않고도 권리를 행사할 수 있는가?

Baccalauréat, 1997

일상적인 예를 들어보도록 하자. 신호등이 파란색일 경우 우리는 길을 건널 권리가 있다. 반대로 신호등이 붉은색이라면 우리는 정지해야 할 의무가 있다. 의무와 권리는 이렇게 체계적으로 상보적인 관계에 있는 것인가? 아니면 의무 없이 권리를 가질 수도 있는가?

역사적 가능성

'우리가 의무 없이 권리를 가질 수 있는가'라는 질문에서 '～할 수 있다'라는 표현은 실제적 가능성을 말하는 것인가 아니면 이론적·도의적 차원을 말하는 것인가? 단순히 사실 차원에서 생각한다면 역사적으로 의무 없는 권리가 실제로 존재했음을 부인할 수 없다.

주인이 자신의 노예에 대해, 혹은 폭군이 자신의 국민에 대해 아무런 의무 없이 전적인 권리만을 행사했다는 것은 분명하다. 또한 개인들 사이의 관계에 있어서는 유사한 상황이 종종 발생할 수 있다. 예컨대 가장이 자신의 가족들에 대해 어떠한 의무도 짊어지지 않으면서 과도한 권리를 요구하는 경우가 있다. 이를 두고 우리는 비정상적이거나 비도덕적이라고 비난할 수 있다. 그리고 이러한 사례를 적지 않게 찾아볼 수 있는 것이 현실이기도 하다. 하지만 집단적·사회적 차원에서도 의무 없는 권리라는 개념이 가능할까?

권리와 의무의 이론적 상호성

장 자크 루소는, 사회를 올바르게 만들려면 그 사회의 구성원들 사이에 원칙적 평등이 수립되어야 한다고 주장했다. 이 때문에 루소는 의무 없이 권리만을 행사하는 강압적 권력은 정당하지 못한 토대에 근거해 있다고 비난했던 것인데, 이 점에서 루소의 관점은 홉스와 구별된다.

어떤 행동을 할 수 있는 권리가 나에게 있다면 다른 사람들도 동일한 권리를 지녀야 한다. 그리고 타인이 권리를 행사할 수 있다면 그 순간 나는 어떤 의무를 따라야 한다. 이 때문에 정치적 차원에서 볼 때 권리와 의무는 반드시 상호적 관계를 이루며 공존해야 한다. 만약 권리와 의무 중 어느 한쪽만 존재한다면 그것은 전제정치, 다시 말해 모든 권리를 소유한 단 한 명의 배타적 권력을 위해 모든 사람의 권리가 희생당하는 것을 의미한다.

가능성에서 복종으로

권리를 가진다는 것은 내가 언제, 어떤 행동을 해도 좋다는 것을 어떤 사회조직이 인정해 준다는 의미이다. 그런데 이러한 권리 행사의 가능성이 어떻게 의무에의 복종으로 바뀌는가?

물론 권리에서 의무로의 변화가 자동적이고 당연한 것은 아니다. 예컨대 선거에서 투표를 할 수 있는 권리와 실제 투표행위의 관계를 생각해 보자. 이론적으로 볼 때 투표권이 어떤 사회적·정치적 참여에 대한 의무를 의미하기는 하지만, 우리에게 투표권이 있다고 해서 반드시 투표장에 가야만 하는 것은 아니다. 즉, 투표행위 자체가 의무는 아니므로 이때 권리와 의무가 공존하지 않는다고 생각할 수도 있을 것이다. 하지만 우리가 투표를 포기한다면 그것은 자신의 권리를 행사하지 않는 것이 되고, 이론적으로는 이 투표를 통해 성립된 권력에 대한 비판의 권리마저 없는 것이 된다.

그런데 의무와 권리의 상호성은 직접적이고 동등한 위치에 있는 개인들 사이에서만 적용되는 것이다. 위치가 다른 두 당사자 사이에서는 그것이 불균등해질 수 있고 내용도 달라질 수 있다. 예를 들어 나는 상점에 가서 물건을 살 권리가 있고 상점 측은 나에게 물건을 팔 권리가 있다(판매를 거부하는 것은 불법적 행위이다). 하지만 나는 상점 안에서 정상적인 행위를 할 의무가 있다. 내가 만약 상점 안에서 이유 없이 소란을 피운다면 상점 측은 나를 쫓아내거나 고발할 권리가 있다.

또한 이론적으로 보았을 때 사회적으로 두 사람의 능력이나 권력이 동일하지 않다 해도 의무와 권리의 상보성은 언제나 준수해야 한다. 하지만 실제로 두 당사자가 누리고 있는 사회적 조건의 차이는 이러한 원칙에도 영향을 끼칠 수밖에 없다. 예컨대 권력자에 의해 손해를 입은 개인은 그를 상대로 재판을 청구할 권리가 있고 국가는 고소를 받아들이고 이에 대한 조치를 취할 의무가 있다. 그러나 이러한 조치가 조속히 실행될 것이라고 기대하기는 힘들다.

결론

정상적인 민주주의의 사법체계는 시민들 사이의 관계에 있어 원칙적 평등을 보장하기 위해 인간의 권리가 언제나 의무를 동반하도록 규정한다. 하지만 우리가 살펴본 것처럼, 현실 사회에서 의무와 권리의 상호성이 엄격히 집행되기 어렵고 언제나 정확히 유지되지는 않는다는 사실은, 민주주의적 원칙을 실제로 완성하는 것이 간단치 않은 과제라는 것을 보여준다.

06

노동은 욕구충족의 수단에 불과한가?

Baccalauréat, 1993

상식적으로 볼 때 노동이란 고통스러운 것이다. 개인은 생활에 필요한
것들(의식주 등)을 얻기 위해 노동을 한다. 그렇다면 노동이란 자유의 박탈,
혹은 자율성의 박탈에 불과하며 보수를 받는다는 조건 아래에서만 견뎌낼 수
있는 것이 된다.

노동을 이런 식으로 바라보는 관점은 정당한가? 노동은 욕구충족의 수단에
불과한가? 노동에 다른 의미가 있을 수는 없는가?

노동의 일차적 필요성

철학이 노동이라는 개념을 진지하게 다루기 시작한 것은 18세기 이후의 일이다. 철학자들은 인간이 노동을 하는 까닭이 자연이 정상적으로 산출하는 자원들만으로는 인간의 욕구를 충분히 충족시킬 수 없기 때문이라고 보았다.

그래서 장 자크 루소는 노동의 출현이 인구 증가에 따른 결과라고 간주했다. 환경 변화로 인해 사람들이 군집 생활을 할 수밖에 없게 된 이후로 자연적 양식만으로는 식량이 부족해 자연적 산물을 변형시키고 이용하는 기술(농업과 축산업)이 필요했다는 것이다.

이에 반해 동물은 인간적 의미에서의 노동을 하지 않는다. 동물은 자신의 환경에 맞추어진 본능적 행동양식을 타고나며, 자연적 환경의 직접적 자원만으로 살아가기에 주어진 자연물의 변형을 전제하는 인간적 노동과 무관하다.

아직 노동을 하지 않던 시기의 인간은 동물과 비슷한 방식으로 살아갔지만, 노동의 출현 이후로 인간은 주어진 환경에 따라 정해진 행동양식을 본능적으로 따르는 동물들과 달리, 다양한 환경에 유연하게 대처할 수 있는 능력을 갖추게 되었다.

마르크스의 주장처럼 노동의 첫 단계는 인간 내면에 잠자고 있던 잠재적 능력을 발휘하는 것이었을 게다. 따라서 노동 활동이 도달할 목표를 정의하는 순간부터 인간과 동물은 결정적으로 구별된다. 인간은 자신의 욕구를 충족시키기 위해 노동을 통해 자연물을 변형시키는 데 반해, 동물은 이러한 의식적 목표와는 무관하게 주어진 환경에 반응할 뿐이기 때문이다.

노동을 통한 인간의 자기규정

노동은 처음에는 자연이 충족시켜 줄 수 없는 욕구들을 채우기 위한 생존 수단으로 출발했지만 이후 새로운 의미를 획득하게 된다. 노동은 이제 자연환경의 변형뿐 아니라 인간 존재 자체의 변형을 의미하게 된다.

아마도 이러한 변형의 의미를 가장 분명히 강조한 사람이 헤겔일 것이다. 헤겔은 인간이 노동을 하면서 어떤 종류의 자유에 도달하게 된다고 주장했는데, 이러한 자유는 노동을 하지 않는 사람은 얻을 수 없는 것이다.

현실의 모습을 변화시키면서 현실 속에 흔적을 남기고 노동하는 사람이 자신의 작업으로 탄생한 결과물을 통해 자신의 실존을 각인시킨다는 점에서, 이것은 자유의 궁극적 단계이다. 이를 통해 주관적인 것은 객관화되고 객관적인 것은 주관화된다. 자연은 인간화되고 인간적 욕망은 객관적 세계로 구현된다.

인간의 의식은 애초에 개별적이고 추상적일 뿐이었지만 노동을 통해 현실과 관계를 맺으면서 보편적이고 구체적인 것이 된다. 따라서 에마뉘엘 무니에가 요약하는 것처럼 "노동은 사물을 생산하는 동시에 인간을 생산한다."

현대적 문제들

인간이 노동을 통해 자신의 정체성을 확인하고(개인과 인간 전체 모두), 노동을 통해 비로소 자유와 역사적 차원이 열린다는 점에서 노동이 욕구충족과는 다른 의미를 가진다고 생각하는 이러한 철학적 관점은, 현대사회 속의 노동 현실을 염두에 둘 때 지나치게 이상적인 관념에 불과할 수도 있다.

마르크스는 유물론적 역사관에 기초하여 이 점을 보여주려 했다. 인간 역사 전체를 구조화하고 있는 계급투쟁의 틀 속에서 노동의 사회적·역사적 조건을 바라볼 때, 노동의 의미는 완전히 달라진다.

노동은 자유를 가져다준다기보다는 억압의 기제로서 작동하며, 노동자가 생산 활동을 통해 자신의 실존적 의미를 찾게 해주기는커녕 자신과는 아무 상관도 없는 물건을 만들도록 강요한다. 더구나 이러한 노동 조건 속에서 노동자는 단순한 기능적 역할로 전락해버린다.

따라서 노동은 소외와 동의어가 된다. 소외는 타인을 위해, 타인의 이익을 위해 일하는 노동자뿐 아니라 근본적으로는 노동의 정의 자체에 깃들어 있다. 그래서 노동자는 자신의 필요를 충족시켜 줄 급료를 받는 것 외에는 노동에서 아무런 목표도 찾지 못한다.

따라서 마르크스는 자아실현, 자유 구현의 기회가 되기는커녕 인간을 노예로 만들어버리는 심각한 가치 전도를 지적한다. 하지만 그렇다고 해서 마르크스가 노동이 인간 실존에 의미를 제공한다는 최초의 생각을 완전히 부인하는 것은 아니다. 왜냐하면 이러한 이상적 개념에 근거하였을 때에만 현재의 왜곡된 산업적 노동에 대한 비판이 가능하기 때문이다.

결론

노동의 고통과 슬픔을 말하려면 현재와는 다른 형태의 노동이 가능하다는 점을 인정해야만 한다. 즉, 노동은 물질적 차원에 국한되지 않는 포괄적 의미의 만족감을 인간에게 가져다줄 수 있어야 한다.

현대사회에서 실업자들은 우선적으로 경제적 빈곤으로 인해 고통받게 마련이지만, 그들이 종종 쓸모없는 사람이 되었다는 자괴감에 빠지거나 인생의 의미를 상실했다는 느낌을 갖는 것을 볼 때, 노동이 순전히 욕구충족의 문제로만 환원될 수는 없다는 사실이 분명해 보인다.

07

정의의 요구와 자유의 요구는 구별될 수 있는가?

Baccalauréat

사회조직은 우선 정의를 보장하는 기능을 갖는다. 정의의 요구는 자유의 요구에 필수적으로 연결되는가? 예를 들어 누구는 자유롭고 누구는 그렇지 않다면 공정할 것인가? 어떤 이들은 부당할 정도로 자유로울 수 있는가? 자유가 공평하게 분배되려면 필연적으로 제한된다는 것을 어떻게 인정해야 하는가? 이러한 질문들은 사회의 정의에 관련되고 그러므로 기본적이다.

독자성의 초기 요구

홉스나 루소가 그랬듯, 만약 '자연적' 혹은 사회 구성 이전 상태의 인간 존재를 상상해 볼 경우, 그 자연적 인간은 우선 자유의 (더 정확히는 루소가 '독자성'으로 이름한) 기초 형태를 갖는다는 것이 쉽게 떠오른다.

그 고립된 인간에게 독자성은 자신의 리듬과 변덕에 따라 자기 생활을 조직하는 능력을 지칭한다. 남을 신경 쓸 필요가 없으니 그는 '그가 원하는 것'을 (더 정확히는, 신체적 가능성에 의해 능력이 제한되므로 그가 할 수 있는 것을) 한다는 인상을 줄 수 있다.

홉스는 이 자연상태에서는 정의도 부정의도, 법이 없기 때문에, 존재하지 않는다고 강조한다. '정의의 요구'는 분명 그렇지가 않지만, 남을 개의치 않고 살고픈 욕망은 자연적일 수 있다.

그러나 그 욕망은 곧 장애물을 만난다. 인간이 본래 질투심 많고 공격적이라면(홉스), 자기 힘에 남을 굴복시키기 위해 개인들 간에 갈등이 늘 것은 뻔하다.

만약 환경의 변화가 선하지도 악하지도 않은 사람들을 모이게 한다고 생각한다면(루소), 그들의 신체적 불평등(어떤 의미로 최초의 자연적 원인에 의한 불의)은 곧 다른 불평등을 생기게 할 것으로 추론되지만, 반면 인간 공동체는 외부의 위험 퇴치를 위해 협력해야 하리라. 어떤 경우이건 독자성은 사라질 운명이다.

정의의 사회적 설립

그럼에도 불구하고 어떻게 독자적인 무엇인가를 유지할 수 있을까? 홉스에게는 공동체에서 평화가 우선되어야 한다. 인간들에 고유한 행동은 이기적 욕심을 채우기 위해 그것을 잊는 경향이 있다. 《리바이어던》[29]은 따라서 모든 개인적 갈등에 종지부를 찍고 백성들에게 평화를 명하는 폭군적 힘을 필요로 한다.

그래서 백성들은 복종 속에서 평등하다(계속 복종만 한다면 마음속으로 원하는 대로 생각하는 것은 자유이다). 폭정은 분명 최대의 불의(한 사람은 의무를 전혀 지지 않고 모든 권리를 갖고, 다른 사람들은 권리 없이 의무만 진다)를 상징하고 모든 자유를 없앤다. 두 가지 요구에 대한 이러한 동시적 침해는 그 둘의 운명이 흔히 같을 만큼 가까움을 암시한다.

하지만 적어도 폭군에게는 자유가 있다고 생각할 수 있으리라! 그것은 인간들 중 폭군이 제1노예라고 한 플라톤을 잊는 것일 테지만(루소 역시).

그런데 그러한 권력 개념에 자유가 아주 무시되었을지라도 시민들의 관계상 (권력에 대한) 정당함과 부당함의 존재를 법이 정의하는 만큼, 정의에 대한 어떤 개념은 나타난다. 국민의 법률 구성으로 폭군과 백성들 사이에 존재하는 완전한 불평등과 백성들의 자유 박탈이 보상되는가?

홉스는 그렇다고 생각한다. 루소의 경우는, 사회의 '훌륭한' 균형

---

29) 1651년에 출간된 《리바이어던》에서 홉스는 교회 권력으로부터 벗어난 국가의 성립에 대해 이야기한다. 리바이어던은 구약성서의 욥기에 나오는 불멸하는 거대한 동물의 이름으로, 홉스는 리바이어던과 같은 강력한 국가를 성립함으로써 시민권을 보장할 수 있다고 주장했다.

을 위해 필요하다고 인정되는 불평등에 아주 충격을 받는다. 그의 '계약'이 그래서 홉스가 생각한 것과 아주 다른 것이지만 그것은 다른 성질의 인간들에 관련되기 때문이기도 하다. 사실, 홉스가 자유가 없는 인간들도 여전히 인간이라고 한다면, 루소에게 자유를 포기하는 사람은 더 이상 인간이 아니다.

정의와 시민의 자유

그래서 루소의 '사회계약'의 조건들은, 사회를 제대로 세우기 위해, 더 이롭기 때문에 자연적 독자성에 선호할 만한 것으로 나타나는 새로운 자유를 그 구성원 각자에게 보장하는 것이 관건이다. 그 자유는 모두에게 꼭 같아야 한다.

평등은 정의의 기본적 형태이다. 상황이 모두에게 동일하므로 아무도 특별한 이익을 취할 수 없다. 그 독자성의 포기는 공동의 방침에 따라 힘과 의지를 모으는 것을 목적으로 하기에 바로 법의 개념에 닿는다.

그런데 시민의 자유는 바로 법에 따라 정의된다. 그것은 '스스로 정한 법에 따름' 외에 아무것도 아니다. 이렇게 최소한의 정의(평등)가 요구하는 것은 독자성의 포기에 따르는 시민의 자유와 함께 이루어진다.

개인의 요구

정의와 자유의 요구는 개인에게서도 보완적이다. 각자는 그가 속하는 사회에서 능력껏 최대로 얻으려 하고, 그런 식으로 자신의 자유를 행사한다고 주장한다. 그러한 충동이 공통적이므로 필연적으로 개인간의 이해대립에 이르고, 개인적 행동의 한계를 정하기 위해, 권리와 의무의 상호성("남이 나에게 하길 원치 않는 것은 남에게도 하지 마라")과 모두에게 평등한 법의 필요성이 개인의 의식에 필요불가결해진다.

법이 존재하게 되면서 법이 나에게 허락하는 것을 하는 나의 자유는 현실적으로 된다. 만약 내 이웃이, 나와는 반대로, 내 휴식의 권리를 무시하고 계속 나를 방해한다면 나는 법의 도움을 받을 수 있음을 안다. 내가 자유에서 기대하는 것과 내가 정의에서 기대하는 것은 이렇게 함께 간다.

결론

민주주의에서 정의와 자유의 두 요구는 분리될 수 없다. 적어도 이론상으로는. 법적으로 분리될 수 없는 자유와 정의의 두 요구가 실제로는 때로 분리될 수 있지만, 모든 불균형은 사회문제가 조직 내에서 점점 정당화될 수 없게 되어 빈약해지는 상황에 이른다.

08

노동은 도덕적 가치를 지니는가?

Baccalauréat

노동을 언급할 때 흔히 그 물질적 효율성, 노동자들의 구속성을 생각할 경우가
많다. 그것으로만 요약된다면 여론의 의욕적이지 못한 반응은 당연하다. 하지만
노동에서 기술적 측면이나 보수 외의 것을 볼 수는 없는가? 그것이 인간의
특수성 자체에 관련된, 특히 '도덕적' 영역을 제공한다면, 사고의 부족이나
습관에서가 아니고는 그것을 비하시키지 못할 것이다.

어떤 도덕적 가치가 문제인가?

니체는 '노동 예찬론자'들이 노동자들을 완벽한 종속 상태에 붙들어두려는 의도에서 하는 칭찬을 고발하며 비아냥거릴 수 있었다. 사실, 특히 19세기 부권주의 같은 것이 '게으름은 모든 악의 근원'이므로 그것을 피하는 최선책은 최대한 많은 시간을 일에 할애하는 것이란 점에 유효성을 부여했었다. 그래서 노동계급의 교화와 착취는 서로 맞물릴 수 있었다. 만약 노동의 도덕적 가치가 노동계급의 역겨운 교화 외의 다른 것을 고려하지 못하게 만든다면, 노동 활동이 별로 의욕을 일으킬 것도, 길게 철학적 분석을 할 만한 것도 아님을 인정해야 하리라. 하지만 노동은 분명, 그 물질적·기술적 측면과는 별도로, 단순한 질서나 규율의 취향 외의 것을 인간에게 가져다준다.

노동에 의한 인간화

《인간 불평등 기원론》에서 루소는 자연의 인간(개선 가능한 일종의 동물)에서 제대로 조직된 사회에서 살게 되는 인간으로의 이행을 고찰하면서 다른 요인들과 함께 (농업과 사육의 기초적 형태의) 노동 활동을 끌어온다. 그가 재구성한 역사에서, 환경에 의한 변화로 사람들이 뭉쳤을 때, 실은 그들의 욕구와 자연자원 간의 불균형이 생기게 된다. 노동은 그래서 인간의 욕구를 충족시키기 위해 자연에서 그 자생적 생산물이 아닌 무엇을 얻을 것을 첫 기능으로 갖는다. 그런데 루소는 언어, 진정한 감정, 소유 그리고 보통 인류의 특성으로 간주하는 많은 요소들의 출현과 인간 노동의 시작이 동시대의 일이므로, 그로 인한 변화가 자연 이상으로 인간 자신과도 관련된다고 강조한다.

헤겔은 '주인과 노예의 변증법'에서 노동 활동으로 인해 인간에게 시작된 변화들이 인간의 의식 및 자유의 가능 형태들과 관련되어 아주 근본적임을 보여준다. 헤겔적 관점에서 노동은 사실 주체의 객체화이자 객체의 주체화이다. 인간의 계획은 자연에 포함되고 자연을 변화시키며 거기서 그의 완성된 현실을 발견한다. 그것은 노동자가 변화된 물질에서 스스로를 알아보고 비록 그가 우선 노예라 할지라도, 물질을 변화시킨 의식을 지닌 존재로 자신을 정의하기에, 그리하여 (이론이나 추상에 머물지 않고 새로운 세계를 구상하여 사물들에 구현되는) 자유의 최고 단계에 이를 수 있게 한다.

이런 '이상적' 분석에 마르크스는 보다 '물질적'이길 바라는 분석을 대치한다. 비록 다른 용어를 쓰긴 하나, 그도 노동이 인간을 생산한다는 점을 보이려 한다(계획의 실행은 외부 물질만이 아니라 정신 속에 '잠자고' 있던 인간의 능력까지도 변화시킨다). 그래서 "인간을 그의 의식·감정 등등으로 정의할 수 있겠지만, 그 자신은 실제로 자신의 존재 방식을 그가 생산하는 순간부터 정의한다"고 하게 된다. 오직 노동에 의해, 노동의 덕택으로, 진정한 인류가 있는 것이다. 그것은 분명 철학적 개념이어서 마르크스는 노동의 사회적 실행 조건에 의한 노동의 변화와 관련된 다른 고찰을 펼쳐간다. 그러면서 마르크스의 정치적 계획은 노동에 그 원초적 의미를 다시 줘야 할 필요성을 또한 뜻하게 된다. 노동자들은 자기 스스로를 해방시킴으로써 결국 인류를 해방시켜야 하리라.

노동과 존엄성

노동의 도덕적 가치는 이렇게 전반적으로 인류를 정의하는 것이 노동이라는 사실에 있다. 노동자의 자존심이 존재한다면 그것은 자신의 임무를 제대로 완수하려는 의식과, 더 근본적으로는 주어진 것에 대립하여 그것을 변화시키고 인간화시키는 인간적 세계의 구상에 참여한다는 의식에서 오는 것이다.

노동에 부여하는 모든 도덕적 혹은 교화적 가치는 그래서 인간과 그의 욕구에 따른 세계의 구상의 결과이거나 반항일 뿐이다.

대칭적으로 게으름에 갖다 붙이는 '악'은 비노동자가 작업에 참여하지 않고 부당하게 이득을 취함을 은유적으로 비난한다. 물론 일하고 싶으나 일을 못 구한 진짜 실업자에게는 상황의 의미가 다르고 또 다르게 경험된다. 그가 버림받았다고 느끼는 것은 그가 자신의 의지와 상관없이 사회와 생산 조직에 소속될 수 없기 때문이다.

이러한 고찰은 노동이 인간의 존엄성과 어떤 관련이 있으리라 상상 못했던 아테네 시민들을 아마 적이 놀라게 했으리라. 노동의 가치가 이렇게 완전히 바뀐 것은 문화가 이제 생산성과 자연환경 지배의 제반 규칙들을 따르기 때문이다. 그리고 그 규칙 자체들은 주로 생산 세계에 있었던 변경 사항들에 의한 변화에서 온다. 그건 처음에 인간이 동물성과 구별된 때뿐만 아니라 인간의 역사가 진행되는 동안에도 노동이 인간을 변화시켜 왔음을 확인하는 것이다.

결론

노동이 도덕적 가치가 있음을 인정하는 것은, 노동 개념의 중요성을 인류에 대한 정의 자체에 나타나게 하는 사회·문화적 상황에서만 가능하다. 사회가 노동에 부여하는 위치와 중요성을 바꾸면 그 가치가 사라질 수 있다고 혹 추론할 수 있을까?

그러려면 적어도 인간의 개입 없이 생산이 가능해야 하리라. 또 그 이전에 그러한 생산이 가능하기까지 많은 일을 만들어내야 하리라. 노동의 가치는 결과적으로 변할지 모르지만 그렇다고 해서 노동이 인간화나 인간이 사라져 버릴 세계의 실현에 불필요한 것으로 나타나진 않으리라.

09

자유를 두려워해야 하나?

Baccalauréat

일반적으로 자유는 그 수혜자에게 이점을 주는 긍정적인 요소로 간주된다. 그런데 자유로움은, 특히 그것이 절대적일 때, 때로 불안을 가져다주지는 않는가? 개인이 모든 것을 결정해야 하고 또 무엇과 관련되는지 알아야 할 것이기에.

근거로 삼을 규범이 없을 경우, 그가 그의 자유를 마치 귀찮은 짐 이상의, 어떤 실제 위험으로 느낄 수 없을까? 사람들이 그렇게 자유로움을 겁낼 수는 없을까?

자유는 가치들을 포함한다

어린아이는 자유로울 수 없을뿐더러 자유롭기를 주장할 수조차 없다. 그는 표현의 의미를 모르고, 그의 행동은 이끌어질 필요가 있다. 개인이 혼자 나아갈 수 있을 때 비로소 자유가 의미를 지닌다.

칸트의 용어를 빌리면 그는 그제야 '감독'을 벗어나 스스로의 행동을 결정할 수 있게 된다.[30] 보통 이 '성숙'의 순간은 (예로 청소년이 부모에게 더 이상 순종할 필요가 없을 때 느끼는) 일종의 해방으로 경험된다.

더 이상 그를 줄곧 감시할 필요가 없다는 건, 그의 '잘못된' 처신을 부모가 알면, 이제 그에게 따져 물을 것이란 걸 뜻한다. 자율은 책임감과 함께 간다. 더 이상 타인에 종속되지 않으므로 주체는 자기 행동의 유일한 책임자가 된다.

그건 외부 권위에 의한 명령이 없더라도 존중되어야 할 사회적 규범들을 필수적으로 습득하는 시기로서의 교육의 타당성을 증명하기도 한다. 한 아이의 교육의 성공은 그가 자신의 자유를 행사하도록 준비하는 것이다.

순종은 간단하다. 어떤 이들이 배운 것의 기계적 적용 쪽으로 피신하더라도 놀라울 게 없다. 습득한 도덕이 엄격할수록 그들은 더 잘 처신할 것이다. 그런 상황에서는 가장 힘있게 대두하는 듯 보이

---

30) 칸트(Immanuel Kant, 1724~1804)는 《계몽이란 무엇인가에 대한 답변》에서 "계몽이란 우리가 마땅히 스스로 책임지는 것, 즉 미성년 상태에서 벗어나는 것이다" "이러한 계몽을 위해서는 자유 이외의 다른 어떤 것도 필요하지 않다"라고 말한다.

는 도덕이, 예를 들면 종교적 기반의 도덕처럼, 가장 큰 구원이 될 것이다. 어떤 이들은 신이 인간에게 자유를 준 것을 한탄하기도 한다는 건 잘 알려져 있다. 자유와 함께 유혹, 죄의 가능성이 싹트기에 겁낼 만한 점이 있는 게 아닐까?

자유와 도덕법

"신이 존재하지 않는다면, 모든 게 허용된다." 도스토예프스키의 표현은 상황을 단호하게 요약한다. 초월적 규범이 없는 절대적 자유는 악도 선처럼 행할 수 있다. 그래서 대부분의 도덕 이론가들은 개인의 의지는 (칸트가 '타율적' 결정으로 부르는) 외부 원칙에 의해 결정되어야 한다고 나름대로 주장했다. 즉, 신성에 의지하는 것이 유일한 해결책은 아니다.

우리가 제대로 행동하게끔 하는 것은 사회, 교육, 감정 등에서 비롯된다고 주장할 수 있다. 그러나 어떤 경우이건, 법은 그 법이 어디서 오건, 그 개념 정의상 불복의 가능성을 포함한다는 사실은 뚜렷이 남는다(불복의 가능성은 그것 없이는 어떠한 도덕성도 불가능할 자유의 존재를 표하기에). 어떤 행동을 할지에 대한 내 선택은 자유로워야 한다. 그렇지 않다면 어떤 경우에도 내 행동을 나무랄 수 없으리라. 칸트는 의지의 자율성으로 도덕성에 대한 자신의 해석을 펼치면서 그의 선구자들보다 어쩌면 더 힘차게 자유와 의무의 필연적 관계를 재확인한다.

칸트에게는 법에 의해 우리에게 정확히 지시된, 모든 개인 더 나아가서는 인류 전체의 이성적 속성에 일치하는 규범이 있다. 그래서 잘못할 위험이 현저하게 줄어든다. 법을 따르면서 나는 어느 누구나 할 만한 행동을 알 수 있는 것이다. 자유는 이렇게 따라야 할 법을 스스로 찾는 내 이성에 의해 이끌어지면서 더 이상 짐이 안 된다. 이성적 세계에서 나아가는 칸트적 인간은 자유로움을 겁낼 수 없다.

절대적 자유와 보편적 의무

사르트르적 실존주의자에게는 문제가 같지 않다. 인용된 도스토예프스키의 표현에서 사르트르는 극적인 결과를 이끌어내기에.

인간은 절대적 자유를 타고났으므로 아무것도 그의 행동을 도울 수 없다. 즉, 어떤 충고자, 어떤 종교인도. 아마 가장 심각한 경우로, 자신에게서 발견할 법조차도(그러한 법은 존재할 수 없기에). 그 (법의) 보편성은 인간이 본질적으로 정의될 수 있음을 뜻할 수 있겠지만, 인간에게 "존재는 본질에 앞선다."

그 결과는 각자의 철저한 고독이다. 사르트르는 《실존주의는 휴머니즘이다》에서 그 간단한 예를 보여준다.

어려운 조건에 어머니를 홀로 두고 레지스탕스에 가담해야 할지, 반대로 단체를 무시하고 계속 어머니를 모셔야 할지 조언을 구하는 학생에게, 아무도 대신 선택할 수 없다는 답. 하지만 그의 선택이 그 개인을 넘어 ('저항적' 혹은 '동정적'으로 표해질) 인류의 개념을 개입시킨다는 걸 그가 동시에 알아야 한다는 답.

바로 이런 개념으로 볼 때 자유는 겁을 준다.[31] 실존주의 시기의 사르트르에 의하면 나는 내가 전혀 가담치 않은 사건들에조차, 내가 나의 불일치를 알리지 않는 한, 책임이 있을 정도이다. 책임감은 이렇게 극대화되어 나의 행위뿐 아니라 예를 들면 나의 팀, 내 조국의 이름으로 행해진 행위들에 확장된다.

자유, 대자(對自)는 이렇게 귀찮다거나 아주 위협적이라 할 만할 그 이면을 드러낸다. 그래서 그러한 자유를 거부하고픈 유혹이 잦다는 건 이해가 된다. 그러나 그 유혹은 행동, 의무, 정치적 선택의 이미 정해진 설명 뒤로 숨는 '비겁자'를 규정한다.

결론

감당하기가 어렵다고 해서 자유를 포기해서는 안 될 것이다. 인간의 위대함은 그 자유의 부담을 감내하는 방식에 있기도 하다.

모든 권리는 의무를 수반한다. 모든 자유는 책임을 수반하는데, 그 책임을 정말 인간적 세계의 구상의 일부로 생각한다면 꼭 감당 못할 건 아니다.

---

31) 사르트르(Jean Paul Sartre, 1905~1980)의 자유에 관한 입장은 "인간은 자유롭도록 저주받았다"는 말로 대표되어진다. 자유롭다는 것은 존재의 구멍이며, 무(無)이다. 왜냐하면 이 것은 끝없이 채워져야 하기 때문이다. 일종의 자신을 내어던지는 기투(企投)로서의 자유는 일단 불안 속에서 드러난다. 자유란 모든 가능성을 가지고 있는 우연 속에서 발생하기 때문이다.

10

유토피아는 한낱 꿈일 뿐인가?

Baccalauréat, 1997

어떤 사고나 이론을 유토피아적이라고 할 때는 그것을 깎아내릴 의도에서인 경우가 많다. 사실 유토피아는 보통의 언어에서 실현 불가능한 제안, 위험하진 않을지 모르나 쓸데없는 공상으로 통한다. 현실적이라 자처하는 사람은 그런 데 시간을 허비하지 않으리라. 하지만 그러한 낱말의 정의는 꽤 도식적으로 보일 수 있다. 플라톤, 토마스 무어, 생시몽 같은 사람들이 순전히 쓸데없는 꿈들을 기록한 것이 아니라면, 그들 상상력을 증명하려는 의도 이상이 있었던 것이라고 가정할 수 있다.

유토피아는 어떤 불만에 답한다

플라톤의《국가》[32]가 일종의 유토피아라 하자. '유토피아'라는 용어가 그 글보다 후기에 생겼고, 엄밀한 의미로 그 글이 다른 것일 수도 있음은 잘 알려진 사실이다. 하지만 플라톤의 계획이 그의 적용 시도들에도 불구하고 실현 불가능한 모델로 남아 있다는 사실도 알려져 있다.

우선, 이 특징으로 그것을 유토피아에 분류하기로 하겠다. 책의 집필 이유에는 유토피아가 불건전하게 보이는 정치 상황에 관련한 반응일 수 있음이 내비친다. 철학자가 보기에 아테네 도시국가는 타락했기 때문에(소크라테스의 처형은 그 충분한 증거이다) 정의로운 혹은 완전한 도시국가의 구성을 생각해 보는 것이 바람직하다는 것이다.

새로운 정치, 대안의 창안은 그래서 불만족스런 현실에 대한 (적어도 은연중에 하는) 비판 방식이다. 유토피아에서 불만, 불만족에 답하고 그것을 충족시키려 하는 모든 상상적 산물의 일반적 특성을 발견하게 되는 건 놀랍지 않다.

---

[32] 플라톤의 후기 저작인《국가》는 소위 '철인정치론'으로 잘 알려져 있는 유토피아적 정치체제를 다루고 있다. 하지만 그의 저작 중 가장 방대한 이 책을 단지 정치철학책으로 한정지을 수는 없다. 형이상학, 인식론, 교육론, 예술론을 망라하는 이 위대한 저작이 후대에 끼친 영향은 지대하다.

비판의 범위

하지만 유토피아의 구상이 상상적 만족으로 현실의 부정적 측면에 답하려는 방식만은 아니다. 그것은 현실 자체를 고발하고 그것이 부분 혹은 전체적으로 변화될 수 있음을 제안하기도 한다. 그러나 이는 너무 이상주의적이고 '세상을 변화시키기'에는 충분치 않다고 반박하리라.

유토피아적 설계에 가해지는 전통적 비난에는, 제안된 정치적 구성들이 너무 인위적이어서 언제 최소한의 실현 기회라도 갖기 어렵다는 점이 흔히 강조된다. 또 유토피아적 도시는 일반적으로 허구적 요소들(흔히 섬, 그것도 폭풍우 이후 우연히 발견된)로 소개되어 너무 진지하게 생각하기가 어렵다.

더 심할 경우, 유토피아를 꿈꾸는 어떤 이들은 이제 완전히 불가능해진 한정된 사회(푸리에 식의 작은 공동체, 이론적이거나 지적 관점에선 아마 흥미롭겠지만 모든 역사에는 바로 문외한으로 드러나는 열정이나 행동에 기초한 미시 사회들)를 동경한다.

마르크스가 왜 유토피아적 사회주의자들을 비판했는지 이해가 된다. 그들은 근본적·역사적 변화를 거부하는 것으로 마르크스의 눈에 비쳤기 때문이다. 완전한 사회를 너무 바라다 현실에 무관심해지고, 현실을 수동적으로 받아들여 더 이상 역사의 주체가 되지 못할 위험은 없는가? 유토피아적 공상이 보수적 힘을 비판한다면서 그것의 노리개가 된다면 제공하려는 것의 정반대 효력을 갖는 이데올로기일 뿐이리라.

유토피아는 사고에 활력을 준다

'쓸데없는 꿈'이라는 유토피아의 정의가 나름대로 정리하는 그러한 비난들은 그런데 꿈 자체가 가져다주는 것을 과소평가하는 잘못을 저지른다. 유토피아를 정신분석학자가 관심을 기울이는 꿈의 생산 방식으로 해석할 필요가 있는 글처럼 생각하진 않더라도, 그 상상은, 최소한 인간, 사회 혹은 현실에 대해 할 수 있는 사고가 그치지 않았음을 가르쳐주는 장점이 있다.

역설적으로, 19세기 유토피아들에 대한 마르크스의 비판[33]은 거의 모순으로 드러난다. 사회주의가 무엇인가에 대한 결정적 진실을 말하는 '과학'의 이름으로 (그리하여 어떻게 보면 역사에 종지부를 찍으면서) 다른 사회주의자들의 비역사적 공상들이 고발되었던 것이다. 또 실제로 20세기에 일어난 역사의 아이러니는, 마르크스주의적 사회주의도 마찬가지로 결국은 다른 사회주의들만큼이나 유토피아적이고 실현 불가능한 것으로 보여지게 된 점이다.

마르크스주의가 도그마로 변질되는 것을 피하기 위해 블로흐는, 어떤 혁명적 실현도 인간 욕구의 전체를 결코 충족시키지는 못할 것이라는 것을 뜻하는, '유토피아적'이라는 형용사로 그것을 지칭

---

33) 19세기에 유토피아를 주장한 사람들은 흔히 무정부주의자로 불리는 슈티르너, 푸르동 등의 사회주의자들이다. 마르크스는 《독일 이데올로기》에서 슈티르너를, 《철학의 빈곤》에서 푸르동을 비판했다. 이들은 인간의 선함을 믿었고, 사유재산과 국가가 인간을 타락시킨다고 믿었다. 또한 조직화된 운동을 거부했으며, 어떠한 제도·권위도 없는 공동체를 꿈꾸었다. 마르크스는 이들을 낭만적 사회주의자로 비판하였고, 자신의 입장을 이들과 반대되는 '과학적 사회주의'라고 명명했다.

하면서(블로흐는 프로이트도 참고로 한다), 그 차원을 강조하려 했던 것이다. 이러한 단어 정의의 시도에서 현실은 항상 실망스럽다는 원칙을(달리 말하면 그것은 끊임없이 다시 사고되고 재구성되어야 한다) 주목할 수 있다.

이러한 관점에서 유토피아는, 그것이 욕망의 소리에 귀기울이려 할 때, 어떠한 사고의 끊임없는 활성화를 지칭하는 것으로 긍정적으로 재정의될 수 있다. 있는 그대로의 현실은 (어떠한 현실이라도) 결코 욕망을 충족시키지 못한다.

유토피아적 사고는 그래서 그 비현실적 차원을 도전적 특성으로 주장할 수 있다. 유토피아는 바로 주어진 것에 만족하지 않음을 뜻하게 되는 것이다. 그래서 그것은 결코 전적으로 결정되지 않는 요소들을 지닌, 미래를 향한 인간의 열려 있음에 해당되리라.

결론

현실은 상상적 반응들을 불러일으키지만 또한 상상 이전의 성과들의 결과이기도 하다. 유토피아를 현실과 대립시키려는 시도는, 역사를 통해 볼 때 그 둘의 교환이 많다는 사실을 잊는 것이다. 달 위를 걷는다는 것은 오랜 세기 동안 실현 불가능한 꿈으로 보였었다.

만약 20세기에 정치적 유토피아가 빈약하게 보인다면(공상과학이 나름대로 대체), 그것은 안심할 부분이 아니다. 그것은 어쩌면 현실의 조직이 너무 복잡해져서 그것을 변화시킬 꿈조차 꿀 수 없기 때문이리라.

11

국가는 개인의 적인가?

Baccalauréat

20세기는 다른 어느 세기보다, 특정한 국가들이 그 구성원인 개인들을
짓누르는 데 몰두한 듯 보인다.
전체주의 체제들의 상위 집중 권력은 개별적인 모든 시도, 사고조차도 금한다.
시민은 형체 없는 무리에 파묻혀, 조금이라도 이탈하면 중벌을 받는다. 그러한
상황은 국가 형태의 논리적 귀결인가. 아니면 거기서 국가의 타락과 그 본분의
변질을 볼 것인가?

국가는 이전의 독자성에 종지부를 찍는다

'자연주의' 이론가들은(루소, 그러나 이미 플라톤도 나름대로) 원시의 인간에게 자유의 기본 형태가 존재한다고 주장한다. 고독에는 사실 자신의 리듬에 따라, 타인의 존재를 고려할 필요 없이, 자신의 욕망들을 채우는 능력이 따른다. 하지만 그 독자성이 엄밀한 의미의 개인을 특징지을 수 있을까? 타인 없이 개인이 존재하거나 정의될 수(자신을 의식할 수) 있는가?

인간이 집단을 형성하여 동거함으로써 필연적으로 원래의 독자성에 변화가 온다. 타인들을 고려해야 하고 그들과 행동을 조화시켜야 하는 것이다. 플라톤은 그것의 이점을 강조하고(예로 생산은 전문화되면서 호전되고 더욱 빨라진다), 루소는 그 점에서 사회계약설을 끌어낸다.

공동생활은 본래의 독자성의 완전한 상실에 의해 그리고 그 이후에만 가능하다. 그러므로 개인은, 엄밀한 의미의 국가 이전에 혹은 그 형태의 정의 이전에, 사회에 속하므로 자신이 좋은 대로만 하는 것을 포기해야 한다.

사회적 결합 이상으로 국가의 구성은 새로운 문제들을 제기한다. 사회적 존재는 나름의 생각, 감정, 열정을 지닌 다수의 개인들에 관련된다(루소는 생각, 감정 등은 사회가 존재하면서만 가능하다고 밝힌다). 국가가 그들을 존중할 것인가 아니면 사라지게 할 것인가?

국가 장치에 대한 비판

홉스[34]의 이론을 환기하면, 권력 장치의 역할은 시민에게 실제적으로 어떠한 주도권도 주지 않는 것[35]임을 알 수 있다. 하지만 홉스는 그러한 체제의 확립에 의해 정의, 법, 도덕, 혹은 법의 개념이 의미와 현실성을 얻는다는 것을 동시에 강조한다. 그래서 어쩌면 가장 엄격한 국가가 세워짐으로써 개인은 자신의 공간을 얻는다고 보아야 할 것이다.

바로 이 점을 무정부주의자들의 이론은 인정하지 않는다. 그에 따르면 개인은 국가 이전에 존재하며, 국가는 의무의 무게로 개인을 없애는 기계일 뿐이다.

슈티르너[36]가 명명한 '유일한 자'는 개별적이고 개인적인 이해와 욕망에 신경 쓸 터인즉, 국가는 공동의 이해에 부응하는 요구 사항들을 개인에게 강요함으로써 자동적으로 개인의 적이 된다.

---

34) 홉스(Thomas Hobbes, 1588~1679)는, 자연상태의 인간은 자신의 자기보존 욕구(Conatus)에 따라서만 행동한다고 주장한다. 그러므로 모든 개인적인 인간은 '만인의 만인에 대한 투쟁' 속에서 늘 생명의 위협을 느낄 수밖에 없다. 이러한 상황을 극복하기 위해서 사회계약의 개념이 요청되는데, 이는 절대군주에게 자신의 시민권을 양도함으로써 군주에게 보호받는 형식을 취하게 된다. 이러한 홉스의 이론은 17세기 절대왕정의 이론적 토대가 되었다.

35) 홉스는 《리바이어던》에서 교회 권력으로부터 벗어난 국가의 성립에 대해 이야기한다. 그는 강력한 권력 장치인 국가의 성립을 통해 진정한 시민권이 성립될 수 있다고 주장한다. 국가는 개별적 시민의 권리에서 생겨나지만, 역설적이게도 권력 장치로서의 국가는 시민권에 대한 약탈을 통해서만 개별적 인간들을 보호할 수 있다.

36) 슈티르너(Max Stirner)는 헤겔 좌파에 속하는 무정부주의자이다. 대표작으로는 《유일자와 그의 소유》가 있으며 극단적인 자아주의를 추구하였다. 그에 의하면, 유일한 현실은 자아이고, 자아야말로 창조적 허무이다. 그리하여 유일자와 그 자기 소유의 사상을 주장했다. 마르크스는 《독일 이데올로기》에서 그를 '성 막스'라고 조롱하며 혹독하게 비판했다.

국가가 지배계급의 이해를 대표할 뿐일 경우에도 결과는 유사하다. 현대사회에서 '부르주아' 개인은 국가의 희생자가 분명 아닌 것 같고, 국가가 착취계급의 이해에 부응함으로 인해 '프롤레타리아'가 가장 직접적으로 고통을 받는다.

마르크스적 관점에서 보면, (부르주아적) 국가의 사라짐이 곧 개인의 보호를 의미할 수는 없다. 이기적 이데올로기를 지닌 개인도 동시에 사라져야 한다. 국가가 사라짐은 사실 역사상으로 볼 때 공동체의 이해가 주가 될 공산주의 사회의 도래를 예고한다.

그 점에 있어서 어쩌면 더 적절히 국가와 개인 간에 가능한 합의를 따져볼 수도 있겠다. 하지만 마르크스의 견해는 그의 예상과는 달리 개인을 전혀 존중하지 않는 전체주의 국가를 태동시켰다.

국가와 자유

루소가 계급투쟁을 몰랐다는 걸 알지만 다시 인용하자면, 《사회계약론》에서 그는, "법은 (수가 어떻든 결국 폭정에 이르는 소수의 의지가 아닌) '다수의 의지'에서 비롯되므로 모두의 평등과 자유를 동시에 보장한다"고 가르친다. 그래서 법으로 개인의 주도 공간이 정의되고 보장된다. 어떠한 개별적 욕망도 특권을 못 누리고, 각자의 행복은 모두의 행복의 실현을 통한다. 권리와 의무를 분리될 수 없는 것으로 정의함으로써 국가의 법은 개인과 개인들의 상호관계를 동시에 구조화한다. 그리고 "진정한 자유는 스스로 규정한 법을 따르는 것"이므로 시민 개인은 자신을 완전히 실현할 수 있는 자신의 자유 공간을 누릴 수 있다.

헤겔에 의하면, 국가는 이성의 요구 사항의 궁극적 실현[37]이다. '냉정한 괴물' 국가는 (개인적 욕망의) 개별성과는 완전 무관하다. 그러나 그 무관함은, 그 누구에게 그 어떠한 특권도 주어질 수 없음을 의미하므로, 또한 개인의 권리를 보장하기도 한다. 그러한 이유로 국가의 범주 내에서 국가에 의해서만이 가장 진정한 자유가 가능하다.

보다 단순히 사회·정치학적으로는, 권력의 분립으로 국가는 개인의 위치를 보장한다(물론 전체주의 체제에는 없는 것이다). 왜냐하면 행정의 방종은 사법으로 수정되고, 입법은 모두의 의지로 결정되므로. 또한 행정을 통해 구성원이 되는 개인들에게 교육과 공공시설을 보장하는 것도 국가이다.

결론

국가에 곧잘 따르는 악평은, 국가가 그 이상적 정의와 부합되지 않는다거나 타락해서 개인을 억압함을 의미할 수 있겠다.

하지만 유토피아나 멀고 불가능한 행복에 젖어 있고 싶지 않다면, 인간의 사회생활이 시작되면서부터 국가는 필요하게 된 것임을 알아야 한다. 역사상 혹은 실제적 난관은 국가가 소수를 대표하게 되는 것을 막는 것이다.

---

37) 헤겔은 《역사 철학 강의》에서 세계 이성과 절대 이성의 실현으로서의 국가를 이야기한다. 이러한 국가는 내부적으로는 인륜성과 도덕성, 자유를 구현한 것인 동시에 대외적으로는 막강한 힘을 지닌 강력한 국가이다.

12

어디에서 정신의 자유를 알아차릴 수 있나?

Baccalauréat, 1999

자유는 본능의 지배를 받는 동물과 인간을 구분짓는 대표적인 기준 중 하나이다. 그래서 우리는 인간을 이성의 동물이라고 하고 정신을 소유하고 있는 존재라고 생각한다.

그러나 정말 그럴까? 인간의 무의식을 집중 연구해 온 심리학과 인문학은 여기에 대해 끊임없이 의문을 제기해 왔다. 과연 인간은 자유로운 존재인지, 그렇다면 어디에서 우리가 정신의 자유라는 것을 인지할 수 있는지, 우리 스스로 다시 한번 물어봐야 한다고 생각한다.

우선 왜 이 같은 질문 제기가 필요한 것인지에 대해 살펴보고, 이어 자유의 증거를 찾아보겠으며, 마지막으로 왜 자유의 실천 없이는 정신의 자유가 유지되기 어려운가를 알아보겠다.

자유의 인지에 대하여

'정신은 자유로운가?' 이 질문은 사실 불필요한 것이 아닌가? 자유가 존재한다면 이는 당연히 정신의 자유가 아닌가? 왜 증거가 요구되는 것인가?

여기서 정신의 자유라는 것은 판단의 문제가 아니라 행위의 문제이다. 신체적·정치적 자유, 예를 들어 우리 몸을 자신의 의지에 따라 움직일 수 있는 자유, 결사와 집회·표현의 자유와 같은 것은 우리가 직접 관찰할 수 있는 '사실'이다. 그러나 정신의 자유는 눈으로 볼 수 없고 따라서 객관적으로 일반화하기 어렵다.

심리학과 사회학, 신경생물학 등은 갈수록 보다 구체적으로 그리고 정교하게 우리의 정신적 삶이 무엇인지를 설명하고 있다. 이들 학문은 항상 객관적인 근거와 설명을 찾아 헤맨다. 정신적 자유의 문제에 있어서도 동일하다. 무엇이 정신의 자유인지를 말해 줄 객관적인 증거를 찾고자 하는 것이다.

그러나 자유는 자연과 사회를 설명하듯 쉽게 설명할 수 없다. 인간에게 있어서 자유의 문제는 너무나 큰 의미를 갖고 있기 때문이다. 자유가 단순히 신체적·사회적 구조에 의해 결정되는 것이 아니라면 어디에서 우리는 정신의 자유를 인지할 수 있나?

자유의 표상

1) 일반적인 사고

우리는 쉽게 그리고 스스로 자유롭다. 원할 때 사고할 수 있으며, 이 생각에서 저 생각으로 옮겨갈 수 있다. 따라서 정신의 자유를 아주 당연한 것으로 여긴다. 그러나 이것을 좀더 깊이 들여다보면 우리가 하고 있는 '일반적 사고'라는 것은 거의 대부분 외부로부터의 요구에 부응하기 위한 우리 스스로의 노력의 결과물이며, 선입견과 편견으로 가득 차 있다.

2) 독창성

그러나 동시에 우리의 정신은 '일반적 사고'라는 것이 무엇인지를 알고 있고, 그래서 이 집단적 사고로부터 벗어나 독창적으로 사고하고자 노력한다. 이 노력의 과정을 통해 독창성과 창조성이 나타난다. 그런데 여기서의 독창성과 창조성이란 단순한 특이성 또는 외적 개성의 강조와는 구분되는 것이다.

3) 적에 대한 저항

스토아학파의 전통을 고수한다면, 권력과 적 앞에 저항한다는 것 또한 창조성만큼이나 주요한 자유에의 표상이다. 현자는 정신의 자유가 어느 누구도 침범할 수 없는 자신만의 요새임을 잘 알고 있으며, 노예와 정치범도 주위 환경과 관계없이 정신의 자유를 누릴 수 있다.

육체적 조건의 제약과 타인을 인정한다는 것

하지만 스토아학파의 미덕에도 한계가 있다. 고문을 당하면서도 정신의 자유, 마음의 평정 상태가 유지될 수 있을까? 이와 관련해서 데카르트는 영혼과 육체는 밀접히 연결되어 있다는 말을 했다. 배와 항해사의 관계와 같다는 것이다.

사실 자유는 완전히 정신적·개인적인 것이 아니라 육체적 조건과 타인과의 관계 속에서 이루어지는 것이다. 예를 들어 타인과의 관계에서 한 개인이 얼마만큼 자유스러운가는 그가 남의 주장을 얼마만큼 수용하고 관용하며, 열린 마음을 갖고 있는가에 따라 결정된다. 말하자면 자유는 개념이라기보다는 행위에 가깝다. 스스로 아무리 자유롭다고 해도 이 자유가 타인과의 관계에서 대립만을 불러일으키고, 주변 환경과의 끊임없는 대화를 통해 자신을 새로이 탄생시키지 않는다면, 이는 자유라기보다는 독단과 나르시시즘에 불과하다. 독단과 나르시시즘은 정신의 자유가 아니라 고립만을 가져온다.

결론

정신의 자유는 신체적 자유와 구분되는 것으로 육체적 한계를 벗어나 자유의 영역을 무한히 확대하는 특징을 갖고 있다. 몸은 어느 한 곳에 머물고 있어도 정신은 먼 곳을 여행하며 예술세계 속에서 우주와 세계를 다시 설계할 수 있다.

그러나 물질적인 조건이 따르지 않으면 정신의 자유는 장기적으로 실현되기 어렵다.

따라서 정신의 자유가 보장되기 위해서는 물질적 조건(표현의 자유, 창조의 기회, 시간)을 제공하고 보호해 주는 정의로운 정치기구가 만들어져야 한다.

13

권력남용은 불가피한 것인가?

Baccalauréat, 2000

권력을 가진 자가 이를 남용할 때 우리는 여기에 대한 항의와 동시에 어떤 숙명론에 부딪히게 된다. 곧 권력의 남용이 불가피하지 않은가 하는 점이다. 지혜롭고 덕이 높다고 평가받던 사람들도 그것이 정치적인 것이든 경제적인 것이든 아니면 명예이든, 권력을 소유하자마자 이를 남용하는 경우를 자주 본다. 그렇다면 권력의 남용은 인간에게 운명지어진 것인가.

우선 어떤 조건 아래에서 권력의 남용이 인지되고 이를 고발하게 되는가를 살펴보고, 이어 어떤 이유에서 권력의 남용이 불가피하다고 하는지 그리고 마지막으로 권력의 남용을 막기 위해 또는 제한하기 위해 어떤 방법을 찾아야 하는지를 살펴보고자 한다.

항의와 운명론

권력의 남용을 볼 때 우리는 반발하게 마련이다. 믿었던 자의 경우에는 더욱 그러하다. 그런데 과연 우리는 어떤 상황에서 권력의 남용에 항의할 수 있나?

권력의 남용에 항의하기 위해서는 우선 그 권력이 절대적이지 않음을 전제해야 한다. 절대권력에 굴복한 노예들에게는 권력의 남용이라는 개념조차 없었다. 이와 관련해서 마르크스와 레닌은 혁명으로 가는 첫 번째 도정(사실은 가장 어려운 길)이 민중의 자기의식화라고 했다. 자기의식은 자유의지와 비판정신을 말하는 것인데, 이는 권력의 남용을 말하는 데에도 첫 번째로 요청되는 것이다.

권력이란 어떤 목적을 달성하기 위해 어느 한 개인에게 주어진 여러 가지 수단들의 총화이다. 그런데 이 권력을 남용한다는 것은 곧 처음 주어진 범위에서 벗어나 활동범위를 제멋대로 확대하거나, 본래 목적과는 다른 방향으로 때로는 반대 방향으로 권력을 사용하는 것을 말한다. 다시 말해 권력을 남용한다는 것은 권력의 본래 목적으로부터 수단을 떼내어 수단을 권력 그 자체로 여기거나, 권력을 개인의 임의적인 목적을 위해 사용하는 것을 뜻한다.

그렇지만 이 일탈은 사실상 권력 그 자체와 불가피하게 연관되어져 있는 것은 아닌가? 권력의 남용이 불가피하다면 그 운명적인 성격은 어디에서 비롯되고 있는 것일까? 또 권력의 남용에 항의하는 것이 과연 어떤 의미를 갖는 것이며, 권력의 남용이 불가피하다는 말과 '남용'이라는 말 자체가 상호 모순적인 것은 아닐까?

권력구조

권력의 남용을 비판할 때 우리가 제일 먼저 들고 나오는 것이 윤리적인 평가이다. 우리는 쉽게, 권력을 소유하고 있는 자는 이를 남용하지 않을 윤리적인 의무를 동시에 지고 있다고 생각한다. 말하자면 그가 갖고 있는 권력에 버금가는 인격을 갖고 있을 것이라고 상정하는 것이다. 따라서 권력남용을 인격 상실, 즉 자만과 이기심 또는 지배 욕구의 표출이라 평가한다.

그러나 권력을 소유하고 있다는 것이 그 자체로 권력을 소유하고 있지 않은 자보다 우월하다는 것을 의미하지는 않는지, 그리고 이것이 권력을 소유하고 있는 자들로 하여금 타인을 지배하고자 하는 욕구에서 벗어나지 못하게 하는 것은 아닌지, 권력과 인간 본성부터 먼저 따져볼 일이다.

권력이 인간 본성과 관계되는 문제라면, 권력의 남용은 윤리적인 비판의 대상이 되기에 앞서 권력 그 자체가 일탈을 함축하고 있지 않나 하는 데로 눈길을 돌릴 수밖에 없다. 홉스는 권력이 욕망에 일종의 안정감을 부여하고, 이 안정감이 새로운 욕망을 불러일으키는 원동력이 됨을 밝히고 있다. 따라서 일정한 테두리의 공식적인 권력이 존재하지 않을 경우 현존하는 권력은 본래 규정된 선을 넘어 비합법의 방향으로까지 확장되려고 할 것이다. 그러면 거의 생물학적이라고까지 할 이 권력남용의 본능 앞에 우리는 무엇을 해야 하나?

우리는 흔히 위인과 현자, 사심 없는 지도자가 나타나 윤리와 권력을 함께 수립해 줄 것을 기대한다. 그러나 이것은 낭만적인 사고에 불과하다. 여기서 벗어나 정치 시스템의 개선을 통해 권력남용을 방지하려고 하는 편이 낫지 않을까?

이상주의냐 아니면 실용주의냐

권력남용의 근거를 인간 본성에서 찾느냐, 아니면 권력구조에서 찾느냐에 따라, 여기에 대한 방책도 윤리교육의 강화냐 아니면 정치시스템의 개선이냐로 갈라질 수밖에 없다. 권력남용을 막기 위해 윤리교육을 강화하고 남보다 더 많은 권력을 장악할 수 있는 기회를 아예 봉쇄하는 것을 상정해야 할까?

　권력의 남용은 사심 없는 사람들이 사는 사회, 권력으로부터 어떠한 개인적인 이익도 기대하지 않는 사람들이 사는 사회에서나 사라질 것이다. 그러나 이런 사회는 유토피아 또는 개인이 전체 사회의 부속품이 되는 전체주의 사회 둘 중의 하나일 것이다. 또 권력으로부터 개인적인 이익을 기대하지 않는 사회란 개인의 욕망이 이미 충족이 된 그래서 권력에의 동기가 부여되지 않는 사회일 것이다.

　그렇다면 보다 현실적인 대안을 생각해 보아야 한다. 루소는《사회계약론》에서, 인간 본성을 변화시킬 수 없다면 그 다음으로 할 수 있는 것은 결국 상호 견제와 검열이라고 했다. 대통령의 임기 제한이 바로 그러한 예이다. 시간적 제약 없이, 투표라는 형태의 검열 없이, 무한정 정치권력을 누리고자 함은 정치인들의 한결같은 욕망이다. 이를 투표로 제한하는 것이 시민의식이고 권력에 대한 시민들의 경계이다.

　권력의 남용은 권력의 지배 아래에 있는 자들이 권력을 무비판적으로 받아들여 그에 굴복하고 있거나 냉소와 무관심으로 권력을 외

면할 때 가능하다. 말하자면 무관심과 굴복은 동전의 양면과 같은
것이다.

결론

권력의 남용이 불가피하다고 하는 것은 인간 본성이 어떻고, 권력
시스템이 어떻고 하는 말을 아무리 장황하게 늘어놓더라도 결국은
운명론적이고 냉소적인 답변에 지나지 않는다. 그러나 권력의 남용
나아가 권력에 대한 욕구마저 제거한다는 것 또한 유토피아적 사고
에 불과하다. 이 두 극단적인 태도를 취하기보다는, 권력의 남용을
있을 수 있는 유혹이라고 보고 이 유혹을 이겨낼 수 있는 시스템을
설치하는 것이 보다 더 바람직한 일이라고 생각한다.

14

다름은 곧 불평등을 의미하는 것인가?

Baccalauréat

나와 다른 사람, 나와 다른 점들이 우리의 관심을 끈다. 이것이 차이성인데 차이성을 발견하자마자 우리는 더하다 덜하다, 더 우수하다 덜 우수하다 등의 평가를 하게 된다. 차이성을 높고 낮음의 의미로 해석하는 것이다. 이것을 어떻게 받아들여야 할까?

차이가 차별로, 평등을 위한 차이성의 부정이 독재로 진행되는 과정을 살펴보고, 다양성(pluralisme)을 말하지만 다양성의 실현이 얼마나 어려운 것인가를 생각해 보고자 한다.

생 앞에서의 불평등?

사람 한 사람, 한 사람이 '유일 존재'라는 것은 자연계가 다양성을 함축하고 있음을 시사한다. 환경과 상황에 따라 또는 천부적으로 사람의 능력에는 차이가 있다. 어떤 사람은 빨리 달리고 계산을 잘하며 건강하고 저항력이 강하며 창의적인 데에 비해, 어떤 사람은 그렇지 못하다.

이것들이 생존경쟁에서 살아남을 수 있는지 없는지를 가르쳐주는 지표가 되며, 행복과 사회적 성공의 기반이 된다. 이것이 곧 차이성이 생 앞에서의 불평등을 의미하는 것이라 이해해야 하나?

루소는 《인간 불평등 기원론》[38]에서 신체적 불평등에 대해서는 할 이야기가 없다고 주장한다. 사람이 다른 외모를 가졌다는 것은 다름의 관찰일 따름이지 평가는 아니기 때문이다. 불평등이란 용어는 사실을 지적하는 것이라기보다는 더 우수한 것과 덜 우수한 것을 가늠하는 가치평가 기준과 서로 통한다. 따라서 차이성을 나보

---

[38] 루소(Jean Jacques Rousseau, 1712~1778)는 제네바의 칼뱅파 집안에서 태어났다. 1741년에 디드로 등과 《백과전서》를 만들었고, 《학문과 예술론》, 《사회계약론》, 《에밀》 등을 썼다. 그의 도덕에 관한 입장은 칸트에게 큰 영향을 미쳤다.
루소의 저서 《인간 불평등 기원론》은 2부로 구성되어 있다. 1부에서는 인간이 원래 각자 고립되어서 자기 보존과 동정심이라는 본능에만 순응하는 자기 만족의 생활을 했다고 이야기한다. 이것을 루소는 '자연상태'라고 불렀다. 2부에서는 공동생활을 한 인간을 이야기하고 있다. 그에 따르면 인간의 공동생활은 얼마 동안 행복했지만, 사유재산이 생겨나고 산업이 발전함에 따라 불평등이 생겨났고, 국가란 이러한 불평등을 합법화한 것에 불과하다. 이에 그는 정의로운 사회를 재건하려고 한다면 '자연상태'의 자연인의 선한 도덕적 의식 속에서만 그 가능성을 찾을 수 있다고 한다.

다 나은 것과 못한 것으로 받아들이는 것은 이미 우리가 차이성을 가치평가의 저울에 올려놓고 사람들을 대한다는 것과 다름이 없다. 루소는 이 과정을 사회화에 따른 악이라고 보았다. 루소에 따르면, 우리 인간은 사회화되면서 서로 타인의 시선을 의식하며, 서로를 비교하게 된다는 것이다. 따라서 자연 그대로의 인간이 그 자체로 선하다면, 사회에 속한 인간은 보다 더 '선해 보이기를' 바란다.

돈과 재산, 명예의 축적은 자기애와 나르시시즘을 강화하는데 이 과정에서 그 자체로는 결코 높고 낮음이 아닌 차이성이 불평등의 근거로 작용하기 시작하는 것이다.

차이성과 평등

질투와 멸시, 모욕은 인간의 본성일지 모른다. 이를 고치기 위해 프랑스혁명은 '자유와 평등, 박애'를 구호로 내세웠다. 여기서 평등이란 무엇인가? 차이성이 불평등으로 인식되어서는 안 된다는 것 그것이 바로 평등의 주장이다. 그러나 이 평등 주장이 차이성을 무시하는 결과를 가져오지는 않을까?

미국의 '1인 1표'주의는 정의의 근본 성격을 잘 나타낸다. 그렇지만 '1인 1표'주의에 개인의 차이성이 추상적으로 도식화, 단순화될 경우 평등과 차이성은 모순 관계에 빠진다. 여러 가지 정치 이데올로기 그중에서도 특히 마르크스와 레닌의 영향을 강하게 받은 이데올로기들은 차이성을 없애는 데에 많은 노력을 기울였다. 그러나 이 '문화혁명'의 결과는 평등이 아니라 획일화였다. 절대적 평등주의는 박애를 강화하기보다 자유를 해칠 가능성이 더 크다.

그렇다면 차이성을 없애지 않고 어떻게 평등을 확보할 수 있을까? 우선 산술적 정의(모두 같을 것, 같은 방식으로)에서 기하학적 정의(자격과 업적에 따라)로 시야를 돌려야 한다. 산술적 정의가 수평적 평등을 내세웠다면, 기하학적 정의는 공평성을 목적으로 한다. 문제는 공평성이 지적인 면에서 볼 때 더 만족스러운 결과를 가져올 것임은 틀림없지만 이를 실행에 옮기는 것은 수평적인 평등보다 훨씬 더 어렵다는 점이다. 그래서 플라톤은 "신만이 올바르게 가치평가를 해서 정의를 실현할 수 있다"는 말을 남겼다.

다양성의 도박

한 가지 분명한 것이 있다면 차이성을 높고 낮음으로 받아들여서는 안 된다는 것과 동시에, 차이성을 너무 지나치게 강조하다 보면 평등을 무시하게 된다는 점이다. 또 다양성을 말하지만 윤리적인 접근만으로는 부족하다. 정치적인 문제이기 때문이다.

차이성을 높고 낮음으로 받아들이지 않기 위해서는 각 개인이 갖고 있는 잠재능력을 개발해야 할뿐더러 이를 위한 환경 조건을 평등하게 해야 하는데 이것이야말로 어려운 일이다. 따라서 다른 무엇보다 먼저 기회의 평등을 강화해야 한다.

미국에는 '검은 것이 아름답다'라는 슬로건이 있다. 흑백 인종차별에 저항하기 위해 만든 슬로건인데, 평등을 주장하기보다는 흑인 공동체의 특수성을 자랑스럽게 여기라면서 흑인끼리 뭉칠 것을 강조한다. 그러나 이 같은, 자발적인 중심으로부터의 이탈은 불평등의 논리를 지속시킬 따름이다.

이처럼 차별과 평등을 동시에 추구하고자 하는 인간의 바람은 민주주의의 내적 활력을 없애는 한편, 민주주의의 허약함을 대변하는 것이기도 하다. 따라서 차이성이 무시당해서도 안 되겠지만 차이성을 지나치게 존중함으로써 한 사회의 통합이 깨지는 결과를 초래해서도 안 될 것이다.

결론

차이성은 객관적인 우열의 비교대상이 되지 못한다. 따라서 불평등으로 간주될 수도 없다. 그러나 지배계급이 누구냐에 따라 차이성이 우열의 비교대상이 될 가능성은 아주 많으며, 평등 개념과 조화를 이루기에는 어려운 점이 많다.

문제의 핵심은 타인을 있는 그대로 받아들일 자신감이 있느냐 없느냐 하는 점이다. 타인을 나와 비슷한 존재가 아니라 나와 다른 존재, 그 자체만으로 인정할 수는 없는 것일까?

우리 각자가 나의 특수성과 차이성만을 무조건 고집하기보다는 그것을 상대화하면서 타인의 차이성을 받아들일 수 있을 때, 그런 조건 아래에서 비로소 차이성이 높고 낮음의 불평등으로 간주되지 않을 것이다.

15

노동은 종속적일 따름인가?

Baccalauréat, 1997

보통 사람들은 노동을 종속적인 것으로 파악한다. 물론 노동은 노동을 하는
사이 일정한 행위와 일정한 태도를 강요당하며 복종을 전제로 하고 있고,
끊임없는 주의 집중과 강제성을 띠고 있다.
그러나 과연 이것이 노동의 전부란 말인가? 그렇지 않을 것이다. 노동의 의미를
곰곰이 새겨보는 과정에서 우리는 노동의 보다 더 긍정적인 측면을 발견할 수
있을 것이다.

노동은 종속이다

특히 고대사회가 그랬지만 역사의 여러 시기에서 노동은 노예상태와 밀접한 관계가 있다는 것, 노예만이 노동을 했다는 것을 생각해 볼 필요가 있다. 아리스토텔레스에 의하면 노예는 인간이 아닌 살아 있는 도구에 지나지 않는다. 아담과 이브의 원죄와 함께 신이 인간에게 노동의 형태로 벌을 내린 것도 노동을 종속적인 것으로 해석하는 근거가 된다.

서양 역사를 통해 이 사실이 은유적으로 끊임없이 거론되고 있는데에 주의를 기울일 필요가 있다. 고대사회의 노예만이 아니라 중세의 농노, 스스로 노예로 자처하는 자본주의 사회의 공장 노동자들의 경우가 그러하다.

이 관점에서만 본다면 인간은 노동에서 해방되어야만 자유로워질 수 있을 것이다. 고대 그리스에서 시민계급이 자유의 상징이라면, 지금은 공장을 떠나 자기 시간을 갖고 여가를 즐기는 노동자들이 자유 상태를 상징한다. 마르크스는 노동의 조건이 되는 비인간성을 벗어나 인간성을 되찾을 때에야 비로소 자유롭다고 말할 수 있다고 이야기한다.

우리 고등학교 학생들로 볼 때는 시간표와 과제물, 학칙과 학내규율 등이 모두 우리의 자유를 속박하는 종속의 증거물들이다.

노동과 욕구

마르크스의 노동 비판은 일체의 노동으로부터 인간을 해방시킨다는 희망에서가 아니라, 인류의 진정한 욕구에 따라 노동을 계획하고 조절해야 한다는 점에서 신랄하다. 그리고 이것은 노동의 개념을 사회역사적 형태에 따라 구별해야 함을 뜻한다.

플라톤에서 루소, 헤겔을 거쳐 마르크스로 계승되고 있는 한 가지 분명한 점은, 인간의 욕구와 자연이 제공하는 것 사이에 불균형이 있기 때문에 노동이 있다는 사실이다. 말하자면 노동을 한다는 것은 인간이 자신들의 욕구를 충족시키기 위해 자연환경을 수정한다는 것을 뜻한다.

그러나 인간의 욕구에는 끝이 없다. 하나의 욕구가 충족되면 그 다음 욕구가 생겨난다. 이처럼 계속 확장되는 것이 욕구이다. 이 점과 관련해서 루소는 자연환경을 수정함으로써 인간도 함께 수정된다는 말을 하고 있다.

그렇다면 이제 노동은 종속이 아니라 인간의 자기 생산 또는 인간화를 의미하게 된다. 동물도 노동을 통해 자기의 기본적인 욕구를 충족시키지만 새로운 욕구를 창출하지는 않으며, 자신을 변화시키지도 않는다.

노동과 인간화

마르크스는 노동에 함축되어 있는 설계도를 분석하면서 노동이야말로 인간 속에 잠자고 있는 잠재능력을 일깨움으로써 인간의 지적 진보를 가져온다고 말한다. 《독일 이데올로기》에서 마르크스는 다음과 같이 말하고 있다.

"우리는 인간이 무엇인가에 대해 의식과 감정 또는 우리가 원하는 그 모든 것으로써 정의를 내릴 수 있다. 인간은 스스로의 존재

방식을 생산해 낼 수 있는 그 순간부터 스스로의 행위에 의해 규정된다. 말하자면 진정한 의미에서의 인간성은 노동에 의해서만 획득되어질 수 있다."

마르크스에 앞서 헤겔은 좀더 추상적인 언어로 노동을 통해서만 자유의 마지막 단계(즉자-대자적 자유)[39]에 도달할 수 있다는 말을 하고 있다. 예를 들어 '주인과 노예의 변증법'에서, 노예는 그가 만들어낸 생산물 속에서 자신을 발견하고 주인을 거치지 않고도 세계 속에 자신의 실재를 확인하는 데 반해, 주인은 자신의 욕구를 충족시키기 위해 그리고 자신이 주인임을 인정받기 위해 끊임없이 노예를 필요로 한다.

따라서 노동은 종국적으로 인간 본질의 실현이라고 할 자유를 가져다주며(헤겔적 설명), 인간성의 확립과 해방에 기여한다(마르크스적 설명)고 할 수 있겠다. 그러나 마르크스는 헤겔이 말하는 자유란 매우 추상적인 것일뿐더러 인류 전체의 자유라기보다는 어느 한 계층의 자유일 뿐이라는 주장을 펴고 있다.

---

[39] 헤겔(Georg Wilhelm Friedrich Hegel, 1770~1831)은 세 가지 단계의 자유를 이야기한다. 첫 단계는 직접적인 자기로서의 자유, 즉자적 자유이다. 두번째 단계는 실재 속에서 자기를 부정함으로써 얻는 자유, 대자적 자유이다. 이러한 자유의 단계를 통해 인간은 최종적 자유를 얻게 되는데, 그것은 자신이 부정된 자유를 인정하면서 그 안에서 스스로를 정립하는 주체로서의 자유, 즉자-대자적인 자유이다.
헤겔은 독일 관념론을 대표하는 철학자이다. 대표작으로는 《정신현상학》, 《논리학》 등이 있다. 그의 영향은 다방면에 걸쳐 있지만 특히 노동 문제와 관계된 《정신현상학》 자기의식 장의 '주인과 노예의 변증법'은 단지 마르크스만이 아니라 현대 프랑스 철학에도 다양한 방식으로 영향을 끼쳤다.

결론

노동을 종속적인 것으로만 파악하는 것은 인간화에 있어서의 노동의 중요성을 무시하는 일이다. 이는 또한 노동이 노동자에게 가져다주는 혜택을 간과하는 것이기도 하다. 훌륭하게 끝낸 자신의 노동 앞에서 느끼는 긍지와 기쁨, 노동을 통해 세계 질서에 참여하고 있다는 사실들이 간과된다는 말이다.

노동이 종속적인 것일 따름이라면 실업자의 불평은 이해하기 힘들어진다. 그러나 일자리를 구하고자 하는 실업자의 욕망에는 단순히 돈에의 욕망만 있는 게 아니다. 그가 진짜로 얻고자 하는 것은 인간으로서의 존엄성이다. 즉, 노동이 인간을 존엄하게 한다.

여기서 볼 때 현대사회의 조직구조는 인간의 존엄성을 무시함으로써 우리 의식 속에 잠재하는 노동의 심층적 의미를 모순적으로 드러내고 있다고 하겠다.

16

평화와 불의가 함께 갈 수 있나?

Baccalauréat, 1996

인류 역사가 투쟁과 전쟁의 역사라고 하지만 인류가 평화를 갈구하고 있는 것
또한 분명하다. 그러나 평화라고 해서 모든 평화를 다 받아들일 수 있는가에
대해서는 의문의 여지가 많다. 잘못 구성된, 그리고 불의를 기본으로 하는
평화가 과연 오래갈 수 있는가. 이런 평화란 오히려 새로운 분쟁을 몰고 오지
않을까?
평화는 이상일 따름이고 실제로는 우리가 평화라고 불렀던 것이 불의와 자주
타협하고 있었음을 안다. 그렇다고 하더라도 인간관계에서의 '현실적인 시각'을
뛰어넘어 보다 지속적이며 진정한, 정의로운 평화의 가능성에 대해 한번 깊이
생각해 볼 필요가 있다.

불완전한 평화

국가와 국가, 권력과 권력 사이에 때로 평화가 온다. 투쟁에서 한쪽이 이기고 한쪽이 패배한 결과, 승자와 패자 사이에 불평등한 관계가 생겨날 때 보통 평화가 오는 것이다. 사실 평화는 이 조건 아래에서만 가능하다고도 할 수 있다. 예를 들어 나치의 패배는 독일의 국토 분단과 대소 종속을 가져왔다.

"평화란 소수에 의한 다수의 착취를 전제로 한다"[40]는 마르크스의 견해를 받아들인다면 한 국가 안에서의 시민사회의 평화 역시 피상적인 것일 따름이다. 개인도 사회계급도 국가도 그러한데, 소수에 의한 다수의 착취가 계속되면 다수 안에 불만의 감정과 원한이 쌓여가고 '강요된 평화'라는 정체를 알게 되는 동시에 분노가 폭발하면서 새로운 투쟁을 준비하게 된다.

불의가 평화를 깬다

국제사회에서든 국가 안에서든 정의롭지 못한 것이라 하더라도 권력의 힘에 의해 평화가 상당 기간 유지될 수 있다.

그러나 불만이 쌓여가면 결국 투쟁이 벌어질 수밖에 없다. 민중봉기, 마르크스 혁명, 미국에 대한 라틴아메리카의 저항운동과 같은 것들이 그런 예이다. 평화와 불의라는 문제와 관련해서 특별히

---

[40] 마르크스는 《독일 이데올로기》에서, 정치-경제적인 정의로움이 이루어지지 않은 상태에서의 평화란 '허위'라고 주장한다. 이런 평화란 소수 특정 계급의 이익이 지속되고 있는 것에 불과하다.

살펴보아야 할 것이 식민지 문제이다. 식민지 지배자와 피지배자 간의 불평등이 어떤 식으로 식민지 해방운동을 불러일으키는지 수 많은 사례를 우리는 역사 속에서 찾아볼 수 있다.

정의로운 평화의 조건

불의가 투쟁을 낳을 수밖에 없는 것은, 불의 위에 구축된 평화에는 반드시 비윤리적인 그 무엇이 있기 때문이다. 그러나 평화라고 해서 투쟁의 부재를 의미하는 것은 아니다. 투쟁의 부재는 정지이다. 진정한 평화는 개인과 개인, 국가와 국가 간의 관계가 법 앞에서 평등할 뿐 아니라 정의를 동반하고 있음을 뜻한다.

따라서 정치가 제도, 기관으로서의 그것에 머무르지 말고 윤리적 차원에서의 정의를 수용해야 평화가 오는 것이다. 여기서 우리는 칸트의 '정치의 윤리화' 테제[41]를 살펴볼 필요가 있겠다. 칸트는 윤리를 바탕으로 하는 정치관계의 형성을 촉구하고 있는데 실제로 이럴 때에만 우리는 진정한 평화에의 희망을 가질 수 있는 것이다.

마르크스는 불의와 평화의 관계에 대해 칸트와 방식에 있어서는 다르고 결과에 있어서는 같은 논리를 폈는데,[42] 마르크스의 경우 공산사회가 등장하면 대립과 불의가 사라질 것으로 내다보았다.

---

[41] 칸트는 《영구평화론》에서 국가를 '도덕적 인격'으로 파악해야 한다고 주장한다. 즉, 국가는 시민들의 공적 이성에 근거한 공화제여야 하며, 이들 국가간에는 상호 존중과 보편적 우호 관계에 근거한 세계 시민법, 국제법이 제정되어야 한다고 주장한다. 이는 인간의 도덕적인 실천이성에 근거한 것이다.

그러나 엥겔스가 강조했듯이 투쟁과 폭력이 역사 발전의 원동력이라면, 마르크스가 말하는 평화란 우리가 알고 있는 역사 바깥에서나 실현 가능할 것이다.

결론

이상으로서의 역사가 아니라 현실로서의 역사 속에서는 평화가 끊임없이 불의와 타협을 하도록 강요받아 왔다. 이 점에서 볼 때 완전한 의미에서의 정의에 입각한 평화란 실현 불가능한 하나의 이데아라고 하겠다. 그렇다고 해서 우리가 평화의 이상을 실현하기 위해 노력하지 않아도 좋다는 말은 아니다.

불완전한 것이기는 하지만 여러 국제 인권단체와 평화 기관들이 있다. 우리가 평화라고 하는 것이 기존 정치제도와 무관하지 않음을 항상 염두에 두고 있어야 할 것이다.

---

42) 평화의 가능 근거로서 칸트는 국제법과 같은 제도들이 윤리적 근거에서 제정되어야 한다는 것을 주장한 반면, 마르크스는 정치-경제적 정의가 먼저 이루어져야 한다고 주장했다. 이러한 방식의 차이에도 불구하고, 두 사람 모두에게 진정한 평화는 정의로움에 근거한 평화이다.

Baccalauréat

06

윤리

Ethics

01

도덕적으로 행동한다는 것은 반드시 자신의 욕망과 싸운다는 것을 뜻하는가?

Baccalauréat, 2002

철학과 문학은 자신의 욕망을 모두 따르는 사람을 그다지 바람직하지 않은 모습으로 묘사하곤 했다. 쾌락에 빠져 직접적인 개인적 만족만을 생각하고 자신만을 위해 사는 사람 말이다. 이런 사람의 경우 자기 행위의 도적적 의미를 신경 쓰지 않는다는 점은 비난받아 마땅하다.

그렇다면 욕망과 도덕적 행위가 서로 완전히 대립되며 양립할 수 없다는 결론을 내려야 할까? 그와는 반대로 개인의 욕망을 감안하고 적어도 부분적으로라도 욕망의 충족을 인정해 줄 수 있는 도덕을 생각해 볼 수는 없는 것일까? 도덕적 행위는 타인을 배려하는 데서 시작되는 데 반해 욕망은 근본적으로 이기적인 것인데 이러한 대립에 빠지지 않는 도덕관념을 세우는 것이 가능할까?

욕망의 도덕적 범위를 어떻게 인정할 것인가?

고대에 이미 플라톤은 욕망을 비난한 바 있다. 플라톤은 인간에게서 정신적 측면을 중시하는 데 반해 욕망은 주로 인간의 육체와 관련되기 때문이다. 하지만 철학이 반드시 욕망을 비난해야만 하나? 예컨대 철학 자신만 하더라도 사라진 지혜에 대한 향수 젖은 욕망에 빠져 있지 않은가? 철학이라는 단어의 어원을 보면 이를 알 수 있다. philein은 사라진 sophia(지혜)에 대한 사랑, 탐구를 뜻하며 여기서 sophia는 욕망의 대상, 바람직한(desirable) 대상이 된다. 물론 이때 탐구와 지혜 모두가 완전히 정신적인 개념이라는 사실은 부인할 수 없다.

에피쿠로스 철학이 부분적으로나마 욕망을 복권시키고 지혜롭고 도덕적인 삶과 욕망이 양립할 수 있음을 보여준 것은, 무엇보다 에피쿠로스주의가 철저한 유물론 철학체계이기 때문이다. 에피쿠로스학파는 인간의 정신적 차원을 부인하지는 않지만 그것이 영원할 수는 없다고 본다. 모든 사람에게는 '영혼'이 있지만 영혼은 신체처럼 필멸(必滅)의 존재이다. 이제 초월적 목표가 없으므로 도덕은 자연을 모델로 삼아야 한다. 그런데 동물은 자신의 생존에 유익한 것, 즉 쾌락을 추구하면서 살고 있으므로, 만약 인간도 동물이라면 인간은 자신의 욕망에 관심을 기울여야 하고 그것을 충족시키려 해야 한다는 결론이 나온다. 하지만 그렇다고 해서 모든 욕망을 따라야 한다는 것은 아니다('에피쿠로스의 돼지'라는 호라티우스의 표현은 부적절한 것이다). 그보다는 오히려 어떤 종류의 욕망은 피상적·일시적 쾌락을 낳을 뿐이어서 결국은 쉽사리 고통으로 뒤바뀔 수 있다는 사실을 깨닫는 것이야말로 이 철학의 주요 목표이다.

이렇게 에피쿠로스학파의 도덕은 지혜롭고 행복해지고 싶어하는 인간에게 욕망의 종류를 구별하여 우리가 '자연스럽고 필수적인' 욕망만을 충족시킬 수 있음을 깨달으라고 충고한다. 이것은 먹고 마시고 잠자는 등 가장 기본적이고 채우기 쉬운 욕망으로, 생명체의 생존과 직결된 욕망이다. 반대로 이를 넘어서는 순간 위험이 생긴다. 즉, 우리는 '자연스럽지만 필수적이지는 않은' 욕망(예컨대 고급술과 성찬을 즐기고 싶은 욕망 등)에 너무 익숙해지지 않도록 경계해야 한다. 이러한 욕망의 대상을 상실할 경우 우리는 고통에 빠지게 되므로 우리는 그러한 고통을 미연에 방지하기 위해 이러한 욕망을 적당히 소비해야 한다.

그런데 이 범주에도 속하지 않는 여타의 욕망들이 있다. 이것은 '자연스럽지도 필수적이지도 않은 욕망'(재산, 사회적 지위, 영예 등)으로서 우리는 이러한 욕망을 근본적으로 피해야 한다. 달리 말하면 어떤 종류의 욕망을 충족시키면서도 도덕적 생활은 가능한 것이다. 대다수의 욕망은 거부해야 하지만 적어도 도덕이 욕망 자체와 완전히 양립 불가능한 것은 아니다.

욕망과 도덕의 대립

칸트는 에피쿠로스학파의 윤리관이 순전히 주관적일 뿐 보편적이지 못하다면서 이를 강력히 비난한다. 사실 쾌감이 고통으로 뒤바뀌는 순간은 각 개인이 자신의 신체를 통해 느끼는 것으로, 이러한 육체적 기준은 어떤 행동이 도덕적으로 용인될 수 있는지를 판별하기에는 부적절한 것이 사실이다. 더구나 에피쿠로스학파가 말하는 행복이란, 사회적 삶과 절연하여 생활하며 타인의 삶이나 행동에는 무관심한 소수의 신도에게 국한된 것이다. 에피쿠로스학파가 타인에게 관심을 갖는 것은 오직 사람들이 쓸모없는 목표를 추구하느라 인생을 헛되이 낭비하고 있다고 비웃을 때뿐이다. 더구나 이 학파는 가족이라는 것을 경멸하여 아이를 낳지 않으려 한다. 가족이라는 것이 인생에 많은 근심과 걱정을 안겨주는 것은 사실이지만, 그렇다고 해서 이러한 관점을 보편적으로 적용할 경우 그 관점이 채 보편화되기도 전에 인류는 멸종할 것이다.

칸트가 볼 때 한 행동의 도덕적 가치를 규정하는 것은 그것이 보편적으로 적용될 수 있는가의 여부이다. 내가 도덕적으로 행동하는지를 알려면 이 행동을 다른 사람들이 모두 하게 되었을 때 아무런 모순이 없는가, 나에게도 아무런 피해가 생기지 않는가를 생각하면 된다. 이 점에서 욕망은 도덕과 대립되는 것처럼 보인다. 모든 욕망은 기본적으로 완전히 개인적인 만족을 지향하지 않는가? 더구나 어떤 대상을 욕망하면서 거기에 적극적 가치를 투입하는 것은 오직 개인의 주관적인 문제이지 않은가? 욕망이란 개인적 이해관계와 직결되어 있으므로 보편적 도덕법 앞에서는 사라질 수밖에 없다.

욕망의 충족과 도덕의 타협

도덕법의 보편성에 대한 칸트의 강조는 매우 엄격한 개념에 도달한다. 이 개념은 워낙 엄격해서 칸트 자신도 순수한 도덕적 행위는 존재한 적이 없다고 인정했을 정도이다. 이러한 현실 인식에서 알 수 있듯이, 칸트의 성찰은 기존에 존재하는 도덕성의 토대를 해명하는 것을 목표로 하고 있지 새로운 도덕 규칙을 제안하려 하지는 않는다. 이 점에서 칸트는 동시대인들의 풍습을 바꾸려 했던 에피쿠로스학파와 다시 한번 구별된다. 칸트가 볼 때 현실의 풍속은 완전히 순수한 도덕적 존재를 양육하지는 못하지만 그래도 전체적으로 보아 만족할 만한 수준이다.

달리 말해 우리는 칸트의 분석에서 '의무에 의한' 행위와 '의무에 부합할 뿐인' 행동의 구별을 기억해야 한다. 전자는 너무 순수한 것이어서 실제로 실행하기에는 무리가 있다. 반대로 후자는 흔히 찾아볼 수 있으며 '선한 행동'의 외양과 욕망의 충족을 조화시킬 수 있다. 그러므로 칸트는 욕망을 충족하려는 인간의 본성을 근본적으로 추방하려 한 것이 아니며, 단지 욕망의 충족이 도덕과 모순을 일으키지 않고 사람들이 어느 정도 조화롭게 살 수 있기를 바랐을 뿐이다.

사실 거스름돈을 받는 것을 잊은 손님에게 정직하게 돈을 돌려주는 상인이 순전히 법을 존중해서 그렇게 한다고는 말할 수 없다. 그의 마음속을 들여다볼 수는 없으므로 상인이 자신의 평판을 유지하여 고객을 모으고 싶은 욕망에서 그렇게 한다고 보는 편이 정확할 것이다. 하지만 그렇다 해도 그의 행동은 도덕적인 것이다. 인간은 완전히 이성적이지 않으며 그의 행동에는 언제나 욕망이 개입하게 마련이다. 따라서 도덕은 욕망이 충족될 기회를 제공할 수 있어야 한다. 설사 어떤 행동의 도덕적 가치를 정확히 가늠하기 어려운 애매한 경우가 있더라도 한 행위가 겉으로 보아 도덕적인 경우 그

가치를 완전히 부인해서는 안 된다.

결론

아무리 엄격하게 도덕적 행위를 개념화한다 해도 거기에는 일정한 욕망 충족의 자리가 있다. 물론 어떤 욕망은 계속 겉으로 도덕적으로 보이면서 실현하는 것이 불가능할 수도 있다. 하지만 엄격히 말해서 도덕적으로 행동하기 위해 반드시 자신의 욕망과 싸워야 하는 것은 아니라는 점은 인정해야 할 것이다.

02

우리는 좋다고 하는 것만을 바라는가?

Baccalauréat, 2002

욕망이란 우리가 스스로 '결핍' 되어 있다고 느끼는 것을 충족할 수 있는 대상을
찾는 것이다. 이러한 기본적 관점에서 볼 때, 욕망을 느끼는 사람은 내적으로
어떤 불균형 상태에 빠져 있는 것이며 욕망의 충족은 (설사 일시적일지라도)
평형 상태로 돌아가는 것이 된다.

그러므로 욕망의 충족은 유익하며, 욕망의 대상은 원칙적으로 그것을 욕망하는
주체에게 '좋은' 것이라고 생각할 수 있다.

그렇지만 욕망의 대상을 정의하는 것도, 그 대상을 평가하는 것도 모두 주체의
몫이다. 일반적으로 욕망의 대상은 긍정적인 것일 수밖에 없다고 생각하는
경향이 있지만 그것이 주관적인 것이므로 그에 대한 평가는 취약하거나 근거가
없을 수도 있다.

따라서 우리가 좋다고 평가하는 것만을 욕망한다면 그 대상에 대한 평가는
어떻게 이루어지는 것이며, 그 평가는 과연 항구적일 수 있는지를 이해할
필요가 있다.

우리는 오직 선(善)만을 욕망한다

플라톤의 대화편《메논》[43]을 보면 소크라테스는 대화 중이던 상대방으로 하여금 우리가 나쁘게 평가하는 것을 욕망하기란 불가능하다는 사실을 받아들이게 만든다. 무엇인가를 욕망한다는 것은 그것이 도래하기를 욕망하는 것이다. 그런데 어떤 식으로건 우리는 나쁜 일을 겪고 싶어하지 않는다. 그러므로 우리가 욕망하는 모든 것은 '좋은 것', 혹은 '선(善)' 쪽으로 분류되어야 한다.

여기서 우리는 어느 누구도 의도적으로 악할 수 없다는 플라톤과 소크라테스의 이론을 볼 수 있다. 우리는 악(惡)이란 의도적이지 않은 것이고 사람은 날 때부터 선한 존재라는 가설이 의도와 도덕의 관계라는 문제뿐 아니라 욕망의 층위에도 적용되고 있음도 확인할 수 있다.

여기서 우리는 욕망과 의지를 구별하는 편이 좋을 것이다. 욕망이 개인적 만족만을 추구한다면 의지는 타인을 염두에 둔다. 이런 관점에서 볼 때 욕망은 설사 타인의 욕망에 자극을 받는다 해도 이기적 태도와 관련된다. 예컨대 남들이 좋아하는 물건이 더 탐나는 경우가 있다. 하지만 이런 경우 역시 그 사물을 획득함으로써 얻는 만족감은 무엇보다 우리 자신의 문제이지, 그것을 얻었을 때 타인이 어떤 만족을 얻었는지와는 무관한 일이다. 즉, 욕망이란 자기 삶

---

43)《메논》은 플라톤의 대화편 중 소크라테스의 입장을 반영한 초기 대화편으로 분류되어진다.
《메논》은《고르기아스》등과 함께, 플라톤 덕론의 초기 입장을 드러낸다.

의 풍요만을 염두에 두는 것이다.

우리가 좋다고 생각하는 것만을 욕망하는 것도 이 때문이다. 우리가 욕망하는 대상은 우리에게 좋은 것이고 우리는 우리의 현재 상황과 관련하여 그것을 '좋다'고 판단한다. 이때 평가는 우리의 순간적 상태에 따라 결정된다.

다시 말해 우리가 이미 갖고 있는 것(그것을 계속 갖고 싶어하는 욕망이 있을 수 있다)과 우리에게 결핍된 것(그것을 가지기를 욕망할 수 있다)이 무엇인가에 따라 욕망의 대상이 달라지는 것이다. 그러므로 이러한 평가는 철저히 주관적이며, 따라서 내 욕망을 보고 다른 사람이 놀랄 수도 있는 것이다.

외부에서 바라본 욕망

마조히스트는 고통에서 행복을 찾는다. 하지만 이런 식의 정의에는 두 가지 관점이 섞여 있다. 마조히스트 본인의 관점과 외부에서 그를 바라보는 타인의 관점 말이다. 여기서 말하는 '고통'이란 마조히스트 본인에게는 고통이 아니기 때문이다. 타인의 관점과는 달리 마조히스트 본인은 고통을 '좋은 것'이라고 여긴다. 그러므로 마조히스트는 고통받고 싶어하는 것이 아니라 행복해지기를 원한다고 말하는 편이 더 적절하다. '고통'은 그의 목표가 아니라 그 이상의 무엇인가에 도달하기 위한 수단이다.

욕망이란 본시 이기적 방향으로 움직이게 마련이므로 자신을 만족시키는 것이 무엇인지를 판단할 수 있는 것은 오직 욕망의 주체뿐이다. 또한 욕망의 대상에 대한 그의 평가와 판단은 타인이 보았을 때 이해할 수도, 받아들일 수도 없는 것일 수 있다.

사드의 작품에 나오는 인물들은 우리를 전율케 한다. 그들은 고집스럽게 범죄를 통해 행복을 얻으려 하고 타인이나 기성 도덕 따위는 개의치 않고 자신의 욕망만을 충족시키려 한다. 그렇지만 그들이 추구하는 대상은 악 자체가 아니라 오직 자신의 행복일 뿐이다.

그들에게 피해를 받은 희생자들의 입장에서 보면 그들이 좋다고 생각하는 것은 분명 나쁜 것이 되겠지만 이는 이 평가가 정반대의 관점에서 행해졌기 때문이다.

다행히 일반인의 욕망은 사드의 작품에 나타나는 것처럼 극단적인 수준으로까지 가지는 않는다. 하지만 한 사람의 욕망이 긍정적으로 파악하는 가치들이 언제건 남들에게 반박받을 수 있다는 사실은 인정해야만 한다. 지성과 영혼을 풍요롭게 해주는 활동에 인생을 바쳐야 한다고 생각하는 사람이 볼 때, 부(富)를 욕망하는 사람은 잘못된 가치를 추구하는 것으로 비춰질 수 있다.

사랑에 빠져 눈이 머는 것도 이와 동일한 경우이다. 사랑에 빠진 자의 마음속에는 어떤 욕망이 자리잡고 있어서, 그 욕망이 없는 다른 사람들이 보았을 때에는 별로 아름답지 않은 여인을 미인이라고 생각하고 다른 사람이 보았을 때 별 가치가 없는 여인을 미친 듯이 원하지 않는가?

욕망의 반전

욕망의 대상에 대한 평가가 이렇게 주관적인 것이라면 과연 욕망의 주체 자신에게는 그것이 믿을 만한 것인가? 욕망의 대상에게 각자가 부여하는 가치는 항구적인가? 한때 긍정적으로 생각하고 욕망했던 대상이 나중에 부정적으로 보일 수도 있지 않을까?

고통과 불만족을 낳을 수 있는 모든 것을 경계했던 에피쿠로스학파는, 어떤 즐거움은 순식간에 고통으로 뒤바뀔 수 있다고 경고한다. 그들의 생각이 옳다면(우리는 이 생각을 뒷받침해 주는 예를 무수히 알고 있다. 너무 맛있는 음식을 먹다가 체하는 경우처럼 말이다), 욕망을 충족시킬 대상을 찾아나서게 하는 최초의 판단은 너무 조급한 것이든 너무 피상적인 것이든 분명 잘못된 판단일 것이다.

따라서 욕망을 충족시키기 전에 그 대상에 있다고 여겨지는 긍정적 가치가 과연 얼마나 지속될 것인지를 미리 자문하는 편이 좋을 것이다. 욕망을 당장 충족시키기보다, 그것을 약간 미루고 나중에 그에 대한 평가가 달라지지 않을지를 먼저 따져보는 것이 좋을 것이다. 분명 이것은 어려운 일이다. 욕망이란 한시바삐 충족되고 싶어하는 법인데 지적 분석을 위해 잠시 두고 본다면 오히려 그동안에 욕망이 더 강해질 수도 있지 않은가?

여기서 한 가지 덧붙여 생각해야 할 점은, 욕망이 충족되면서 그것이 좋다고 평가했던 애초의 판단이 옳다고 확인된다 하더라도 곧 다른 대상을 향한 욕망이 생겨난다는 것이다. 즉, 욕망은 결코 완전히 충족될 수 없다. 욕망하는 인간은 언제나 불만족스러울 수밖에 없다.

다시 말해 우리가 좋다고 생각하는 대상은 그에 대한 욕망이 충족된다 해도 종국에는 새로운 욕망으로 이어질 뿐이다. 이런 이유에서 어떤 사람들은 욕망의 대상에 대한 평가는 언제나 부정확할

수밖에 없고 그 '좋은' 대상은 다른 곳의 결핍을 드러낼 뿐이라고
주장하기까지 한다.

결론

우리가 좋다고 평가하는 것만을 욕망한다고 생각한다면, 욕망이란
끝없이 새로 태어나는 것이므로 우리의 인생은 영원히 채워지지 않
을 무엇을 추구하는 것이 된다. 반대로 이러한 추구를 처음부터 헛
된 일이라고 생각한다면 욕망의 대상은 잘못된 판단에 기인하는 것
이 된다.

욕망의 대상에 대한 평가는 시간이 흐름에 따라 뒤바뀔 수 있으
며 이러한 욕망은 우리의 삶이 더 높이 고양되지 못하게 하는 방해
물에 불과할 것이다.

03

의무를 다하는 것만으로 충분한가?

Baccalauréat, 1998

정상적인 사람이라면 도덕적으로 올바르게 살고 싶은 마음이 있을 것이다. 물론 양심의 가책을 느끼기 싫어서라는 소극적 이유에서 그럴 수도 있지만, 이러한 욕망이 존재한다는 사실 자체를 부인할 수는 없다.

그렇다면 자신의 의무를 다하는 것만으로 우리의 마음이 편안해질 수 있을까?

의무와 도덕

칸트에 따르면 의무는 도덕성의 핵심으로서, 차후의 결과를 염두에 두지 않고 해야 하는 것을 뜻한다. 만약 행위의 결과를 신경 쓴다면 우리는 '결과지상주의'에 빠지게 되고, 목적이 수단을 정당화한다는 식의 결론에 이를 수밖에 없다.

또한 의무를 다한다는 것은 우리가 스스로 발견(의지의 자율성)한 법칙을 따르는 것으로서 이를 통해 우리는 고귀한 인간성에 다다를 수 있다. 하지만 이러한 주장은 비판을 받을 수 있다. 칸트는 행위의 의도를 매우 중시했는데, 실상 의무를 다하려면 도덕법에 따라 행동해야 할 뿐 아니라 자신의 행동이 실효성이 있도록 신경 써야 한다.

의무와 보편성

그러나 여러 의무들 사이에 갈등이 있을 수도 있다. 예컨대 실정법과 도덕법이 상충하는 등 상이한 두 법이 서로 다른 요구를 할 수도 있는 것이다. 이 경우 국가의 법(실정법)을 따르기만 하면 충분한가?

이는 경우에 따라 다르다. 독재국가의 국민이라면 보편성의 이름으로 온 힘을 다해 악법에 맞서 싸워야 할 의무가 있는 것이다.

칸트는 법이 정의상 보편적이라고 간주한다. 여기서 보편성이란, 첫째 나 이외의 어떤 이성적 정신의 소유자가 나와 같은 처지에 놓였을 때 했을 법한 행위를 하는 것이고, 둘째 인류 전체에 대해 관심을 가지는 것이다.

문제는 이 두 가치 역시 서로 충돌할 수 있다는 점이다. 예컨대 면 외국에서 기아에 시달리는 사람들에게 도움을 주려 한다면 내 주변의 사람들을 소홀히 할 수밖에 없다. 사르트르는《실존주의는 휴머니즘이다》에서 이와 비슷한 예를 얘기해 준 바 있다. 한 젊은이가 어머니를 간호해야 할지 레지스탕스에 참여해야 할지를 물었을 때 사르트르는 어떤 조언도 할 수 없었던 것이다. 따라서 무엇이 의무인지는 칸트의 생각처럼 재빨리 판단할 수 있는 문제가 아니다.

의무와 행복

의무를 수행하는 것만으로도 우리의 마음이 편해진다고 생각한다면 그것은 범용한 도덕 개념에 만족하는 것이다. 칸트는 도덕적 행동을 통해 우리가 행복해진다고 주장했는데 이 행복은 이승이 아닌 저승에서야 이루어질 것이다. 칸트가 신의 존재와 영혼 불멸을 '요청'한 것은 이런 맥락에서이다.

그렇다면 신의 존재와 영혼 불멸이라는 가설을 받아들이지 않았을 때에도 의무의 수행이 행복을 가져다준다고 생각할 수 있을까? 행복이란 어떤 의도가 실제 현실과 일치되었을 때 생긴다. 이를 위해서는 의무의 수행을 통해 실제 현실이 변해야만 한다(제3세계 난민들에게 식량을 원조하면 기아가 사라진다).

행복과 의무의 관계를 바라보는 또 하나의 관점은 마땅히 해야 할 행동을 해놓고 우리가 느끼는 내적 만족감에 주목하는 것이다. 하지만 이러한 만족감은 오래가지 못할 수 있다. 왜냐하면 해야 할 일을 했는데도 실제 현실이 전혀 변하지 않았을 경우에는 동일한 일을 다시 해야 하기 때문이다.

결론

칸트의 의무 개념이 매우 엄밀하기는 하지만 이 개념만으로는 현대의 다양한 상황을 완전히 설명할 수 없다. 사르트르가 젊은이에게 스스로 혼자 선택하라고 말했을 때 그는 모순된 가치들에 답하기 힘든 현대의 상황을 상징적으로 보여주고 있다.

04

무엇을 비인간적인 행위라고 하는가?

Baccalauréat, 1998

우리는 종종 어떤 행위를 두고 비인간적이라고 말하곤 한다. 극도로 추악한 범죄나 노약자 학대 등 뉴스를 장식하는 사건들은 격렬한 비난을 받게 마련이며, 이럴 때 흔히 '비인간적'이라는 형용사가 사용된다. 이때 '비인간적'이라는 단어는 감정적으로 냉혹한 행위를 가리킬 수도 있고(개를 때리거나 휴가 때 버리고 가는 것은 비인간적이다), 도덕적으로 받아들일 수 없는 행위(고문이나 아동에 대한 노동 착취)를 지칭하기도 한다. 그런데 이렇게 자동적으로 튀어나오는 '비인간적'이라는 수식어는 어떤 면에서 매우 역설적이다. 사람의 행동이 어떻게 비인간적일 수 있단 말인가?

역설적 판단

행위라는 단어에는 특정한 목적과 의도라는 개념이 함축되어 있다. 때문에 이 단어는 동물이 아닌 인간에게만 해당된다. 그렇다면 어떻게 한 행위가 비인간적이라고 말할 수 있는 것일까?

물론 이 표현의 뜻은 인간이라고 불릴 자격이 있는 사람이라면 그런 행동을 해서는 안 된다는 것이다. 다시 말해 그러한 행동은 진정한 인간의 모습과 어긋난다는 뜻이다. 그런데 문제는 인간이 무엇인지를 선험적으로 정의하기가 어렵다는 데 있다.

오히려 인간은 다른 생물과 달리 특정한 본성이나 본질이 존재하지 않는다고 얘기된다. 물론 이러한 생각은 비교적 최근의 것으로서(이런 생각을 처음 제시한 사람은 루소로, 그는 인간이 가변적 존재라고 했다) 고대에나 천여 년간의 기독교 시대에는 오히려 인간의 필수적 특성이 무엇인지 구체적으로 설명할 수 있다고 생각했다.

예컨대 고대 그리스인들은 인간이라면 어떤 상황에서도 균형감각을 유지해야 한다고 생각해서, 이를 지키지 못하는 자는 정상적 인간이 아니라고 간주했다. 그래서 신들과 경쟁하려 하거나 반대로 동물의 수준으로 전락해 버리는 행위는 모두 비인간적인 것으로 여겨졌다.

하지만 그리스인들은 더 나아가 그리스 시민을 인간의 전형으로 여겼고, 이에 미치지 못하는 모든 사람을 인간이라는 범주에서 제외했다. 그래서 야만족 출신의 노예는 인간으로 대우받지 못했으며(그들의 언어는 인간의 언어보다는 새들의 소리에 더 가깝다), 아리스토텔레스는 노예들이 주인들과 접촉함으로써 조금이나마 인간화된다고 주장했다.

기독교 문명은 인간을 정의하는 규준을 변화시켰지만, 그러한 규준을 충족시키지 못할 경우 인간의 칭호를 박탈하기는 마찬가지였다. '야만인', 즉 이교도 유색 인종은 세례를 받지 않았으므로 겉모습만 인간일 뿐이며(물론 이것도 이들에게 영혼이 있다는 사실을 인정한 이후의 이야기이다. 영혼이 없는 짐승에게 세례를 준다는 것은 신성모독이므로), 그래서 서구 사회는 그들을 강제로라도 인간화시키려 했다.

상대주의의 난점

현대 문명은 그 결과를 익히 알고 있기에(정말 비인간적인 행동을 한 것은 노예 상인들이지 그들의 '가축'이 아니었다) 인간의 선험적 특성을 논하는 대신, 어떤 행동을 비인간적이라고 규정하는 것이 언제나 특정한 사회적 맥락에 따른 것이라는 사실을 받아들인다.

다시 말해 서구 문명은 자신들이 과거에 저지른 극도로 비인간적인 행위들에 대한 죄의식에 빠져 상대주의적 입장을 취하게 되었다. 이제 인간에게는 원초적 '본성'이란 없으며 인간은 단지 문화적 존재일 뿐이다. 또한 다양한 문화들 중 어느 것이 우월하고 어느 것이 열등한지를 가늠하는 것은 가능하지도 않고 바람직하지도 않다.

모든 문화가 동일한 가치를 추구하는 것은 아니며, 물질적·기술적 측면에서 뒤처져 있는 것처럼 보이는 문화일지라도, 예컨대 자연환경이나 다른 생물들에 대한 존중 같은 측면은 존경받아 마땅한 것이다.

많은 인류학 연구가 보급되면서 우리는 이 세상에 놀랄 만큼 다양한 생활양식이 존재한다는 사실을 알게 되었다. 그 때문에 모든 각 문화권의 행동양식을 존중해야 한다는 점도 배우게 되었다. 결국 우리는 일종의 판단 정지를 하게 된 셈이다.

보편적 규준의 가능성?

그렇다고 해서 문화상대주의를 극단적인 데로까지 밀어붙이는 것은 곤란하다. 다른 문화권 내에 존재하는 명백한 폭력적 행동양식마저 그들 나름의 정당성을 가지고 있다고 인정할 수는 없는 노릇이다.

예컨대 우리가 비폭력적 문화 속에서 살고 있는데, 폭력적 문화를 가진 다른 나라 사람이 우리를 공격할 경우 그것을 비난해서도 안 되고 그들이 우리를 죽이려 해도 저항하지 않고 받아들여야 한다는 말인가?

따라서 큰 틀에서는 문화상대주의를 따르더라도, 모든 인간을 상대로 일반화할 수 없는 가치들은 결코 받아들일 수 없다는 사실을 인정해야만 한다. 그러므로 인간 전체를 존중하지 않는 모든 행위는 비인간적이며, 보편화될 수 없는 모든 행위 또한 비인간적이다. 슬프게도 이러한 예는 쉽게 찾아볼 수 있다.

유태인 학살과 같은 인종 청소나 여자와 아이를 죽이는 공포정치는 인류 전체를 존중하지 않는다는 점에서 비인간적 행위라고 할 수 있다. 미성년자의 노동을 착취하거나 여성 감금, 음핵 절제 같은 성차별 행위, 또 계급차별 행위는 보편화될 수 없다는 점에서 비인간적이다. 사실 이 두 경우는 보통 뒤섞여 있으며, 뉘른베르크 재판 (1945~1946)[44] 이후 이러한 행위는 '비인도적 범죄'라고 불리고 있다.

결론

타인 역시 존중받을 인간이라는 사실을 잊는 행위는 비인간적 행위이다. 이러한 행위마저 어떤 동기에서, 어떤 문화적 맥락에서 나온 것인지를 설명해야만 할까? 이러한 범죄의 이유를 설명하는 것은 그 범죄를 정당화하는 것과 다름없다는 사실을 잊어서는 안 될 것이다.

---

44) 1945년 11월 10일 독일 뉘른베르크 재판에서 나치의 고위 관료-장성 24명이 기소되었다. 전쟁범죄자는 반(反)평화 범죄를 지은 A급, 전쟁범죄·전쟁법규를 위반한 B급, 반인도적 범죄(인종 혐오)를 지은 C급으로 나뉘어 처리되었다. 이 재판은 2차 세계대전 승전국인 영국, 미국, 소련, 프랑스 4개 연합국이 주관했다.

05

일시적이고 순간적인 것에도 가치가
존재하는가?

Baccalauréat, 1997

한 사물이 가치 있다고 말할 때, 우리는 그것이 오래 지속되는 것이라는 사실을
암묵적으로 전제하고 있다. 자동차를 살 때 우리는 값을 하는 차라면 오래 탈 수
있어야 한다고 생각하며, 예술작품은 오래된 것일수록 더 존경받는 경향이
있다.

이런 의미에서 가치란 시간적으로 오래 지속하는 것과 관계 있다는 결론을
내려야 할까? 일시적이고 순간적인 것 역시 그와는 완전히 다른 만족감을
제공할 수 있으며, 그 독특성으로 인해 나름의 가치를 지닐 수 있다고 생각할 수
있지 않을까?

지속성과 교환가치

지속성과 가치가 필연적 연관이 있다는 생각은 플라톤 철학에서 비롯되었다. 오래 지속한다는 것은 설사 피상적 변화를 겪는다 해도 항구적 핵심을 지니고 있음을 뜻한다. 따라서 이데아들이 감각세계와 구별되는 것처럼 지속성은 가상(假象)적 존재와 대립된다.

그런데 플라톤은 형이상학과 존재론 양쪽 모두에서 이데아에만 실재의 가치를 부여하므로, 일시적으로만 존재하는 가상과 달리 오래 지속하는 사물은 철학적 우위성을 담보받게 된다. 그러므로 금세 사라지는 사물들을 연구하거나 이에 중요성을 부여하는 것은 시간낭비일 뿐이다. 더군다나 오직 가상의 질서에만 속하는 사물은 감각, 신체 등 오래지 않아 소멸해 버릴 기관에만 관계하고 있다. 그래서 플라톤 철학에서 순전히 감각적인 것들은 모두 평가절하되는 운명을 겪게 된다. 이러한 맥락에서 예컨대 예술작품의 가치는 시간적 영속성에 있다는 생각이 도출되는데, 우리가 오직 감각을 통해서만 예술작품을 접할 수 있다는 점을 고려하면 이는 다소 기이한 결론이다. 플라톤은 자신의 사유를 일관성 있게 발전시켜 예술작품이 인간의 감각적 지각(언제나 일시적일 수밖에 없는)에만 집중해서는 안 된다고 주장하며, 이데아가 아닌 가상적 외양만을 재현하려 하는 예술의 모방적 성격을 비난한다(이것이 유명한 플라톤의 반(反)미메시스적 예술론이다).

사실 한 사물이 오래 지속한다는 것은 우리에게 커다란 만족을 줄 수 있는 조건 중 하나이며, 이런 관점에서 볼 때 일시적인 것은 무가치하다는 비난을 면키 어려울 것이다. 예컨대 오래 쓸 수 없는 상품을 시장에서 어떻게 팔 수 있겠으며, 어느 누가 그러한 물건에 대한 욕망을 가지겠는가?

일시적인 것과 사용가치

그런데 오래 지속하지 못하는 물건이라 할지라도 우리에게 만족감을 주는 경우가 있다. 개체 단위로 신속히 사용되는 물건이라고 해서 아무 가치가 없다고 말할 수는 없을 것이다. 신문에 실리는 사소한 뉴스들은 다음 날이면 다른 뉴스로 대체되어 사라질 운명인데, 이와 같이 순간적으로 소비되는 사물이 역사적 사건만큼의 가치를 지니고 있지는 않겠지만, 그렇다고 해서 여기에 아무런 이득이나 가치가 없다고 할 수는 없다. 우리가 신문에서 읽는 기사들은 아무리 사소한 내용을 담고 있을지라도 어떤 독자에게는 의미 있고 만족감을 줄 수 있는 것이다.

이처럼 일시적인 것의 가치는 개인의 차원에서 결정될 뿐이므로 특정한 주체, 특정한 육체에만 관계하며 그 의미도 개별적일 수밖에 없다. 음악 감상, 식사, 성적 쾌락 등 순전히 육체적 차원에서 경험하는 즐거움들이 여기에 해당되는데, 이들은 모두 개인의 신체와 감각적 환경의 관계에 기반하고 있다.

이러한 일시적 감각에서 비롯된 쾌감이 개인 차원을 넘어 많은 사람에게 공유되려면 언어라는 매개가 있어야 하며, 이를 위해서는 우리가 경험한 쾌감이 먼저 기억으로 변화되어야 한다. 따라서 일시적으로 존재하는 것은 현실적으로 소멸된다 해도 기억을 통해 지속될 수 있다.

현재의 가치

일시적으로만 존재하는 사물과 우리가 맺는 관계가 개별적일 뿐이라면 여기에는 어떤 반사회적 경향이 숨어 있을 것이다. 실제로 신체적인 고통이나 쾌락은 남들과 공유할 수 있는 것으로 여겨지지 않으며, 한 개인의 고유한 개인적 경험의 순간으로 남는다.

일시적인 것은 우리가 자기 자신을, 자신의 쾌락의 가능성과 그 한계를 탐색하도록 해준다. 이처럼 일시적인 것은 그 즉시 사용되며 그 가치는 결코 교환가치가 될 수 없어 모든 상업적 유통을 상징적으로 중단시킨다.

그런데 사실은 일시적이고 순간적인 것은 결코 예외적인 것이 아니다. 우리의 일상 자체가 끊임없이 하루살이 같은 일시적 운명을 보여주지 않는가? 일상에서 일어나는 일들의 대부분은 재빨리 사라지게 마련이며, 한 개인의 실존은 순식간에 지나가는 일련의 사건들로 구성된다. 이러한 사건들에 아무런 가치도 없다고 생각한다면 우리의 일상적 삶은 무가치한 세상이 된다.

반대로 일시적인 것이 우리의 주의를 끌고 우리에게 즐거움을 제공할 수 있다는 점을 인정한다면, 현재의 매순간에 새로운 중요성이 부여될 수 있어 우리의 평범한 삶은 두께를 지닐 수 있을 것이다.

결론

오래 지속하지 않는 것에 가치를 부여한다는 것은 현재의 매순간을 바라보는 것이다. 내가 '지금'이라고 말하는 순간 이 '지금'은 과거의 순간이 되어버리므로, 현재란 엄격한 의미에서 일시적이고 순간적일 수밖에 없다. 따라서 우리가 일시적인 것에 주의와 관심을 기울일 때 우리의 삶 자체가 어떤 두께를 얻게 된다.

그렇다고 해서 지속성과 순간성에 대한 고전적 가치체계를 전복해야 할 필요는 없겠지만, 적어도 오래 지속하는 것 못지않게 순간적으로 존재하며 곧 사라지는 것에도 합당한 가치를 부여할 수 있어야 한다.

06

무엇이 내 안에서 어떤 행동을 해야
할지를 말해 주는가?

Baccalauréat, 1988

도덕적 선택을 앞두고 어떤 행동을 해야 할지를 말해 주는 '내면의 목소리'가
들리는 듯한 경우가 있다. 이러한 경험에 비추어 생각할 때, 우리의 의무는
우리의 내면에서 결정되는 듯하다.
하지만 이 내면의 공간은 진정 의무의 근원인가? 우리의 내면은 외부에서 오는
명령을 받아들이는 것에 불과할지도 모르지 않는가! 그러므로 어떤 행동을 해야
할지를 알려주는 우리 내면의 목소리가 무엇인지를 살펴보는 것도 유익할
것이다.

의무와 '내면의 목소리'

《소크라테스의 변명》을 보면 기소를 당한 소크라테스는 자신을 변론하면서 자기가 '다이몬'을 따르고 있다고 밝힌다. 다이몬은 소크라테스에게 어떠어떠한 행동은 하지 말고, 어떠어떠한 행동은 하라고 명령을 내린다. 철학사는 이 다이몬(여기에 종교적 뉘앙스는 전혀 없다)이 양심 개념의 기원이라고 본다.

기독교의 등장과 더불어 이 내면의 목소리는 신의 말씀을 전해 주는 것으로 여겨지면서 더욱 큰 중요성을 얻게 된다. 이제 양심은 신의 말씀과 신의 명령을 받아들이는 공간이다. 또한 신이 모든 사람들에게 말을 건네고 있으므로 양심은 누구나 가지고 있는 것으로 간주된다.

아우구스티누스는 "신은 내 내면의 가장 내밀한 것"이라고 말함으로써 인간의 양심과 인간 내면에 현존하고 있는 신의 존재 사이의 관계를 강조한다.

그렇다면 도덕적 의식(양심)은 나의 바깥에 있는 외부의 어떤 존재에게서 오는 명령을 받아들이는 것에 불과한가? 반대로 어떻게 하는 것이 의무에 부합하는지를 나의 양심이 내게 직접 말해 줄 수는 없는가?

양심은 외부에서 온 것을 받아들이는 장소이다

철학사, 특히 윤리학에서는 양심의 명령이 외부에서 오는 것이라는 관점이 우세했다. 왜냐하면 어떤 행동을 해야 할지를 알려면 우리 외부의 다양한 현실을 상세히 알아야 하며, 이것은 개인의 능력을 벗어날 수 있기 때문이다.

우리에게 도덕적 명령을 내리는 이 외부적 요소로는 신 외에도 교육, 우리의 신체적·정서적 실존, 사회 등을 꼽을 수 있다.

이런 맥락에서 칸트는《도덕 형이상학 원론》과《실천이성 비판》에서 '의지의 타율적 원칙들'을 정리한다. 즉, 칸트에 따르면 우리의 행동을 결정하는 것은 의지인데 '타율'이라는 표현에서 알 수 있듯 이 의지는 주체의 외부에서 들어온 법칙에 따라 움직인다. 이 외부적 법칙이 중요한 까닭은 이것이 개인이 아닌 집단, 혹은 개인보다 우월한 존재(신, 사회, 형이상학)에게서 나온 것이기 때문이다.

양심은 의무의 근원이다

하지만 칸트는 이 타율적 원칙들이 서로 양립하기 어렵다는 점을 지적한다. 존경할 만한 철학자들(몽테뉴, 에피쿠로스학파, 스토아학파, 울프 등)이 이 원칙들을 지지한 것은 사실이지만, 이 원칙들은 잘 조화되지 않는 것이 보통이다. 예컨대 신체적 욕구는 교육이나 종교적 가르침과 상충되는 일이 잦을 수밖에 없다.

더구나 우리가 해야 할 행동이 우리 자신의 결정이 아닌 외부의 목소리에 의해 인도된다면, 우리 자신의 결정은 단순히 외적 요인의 작용을 받은 결과물에 불과한 것이 된다. 이러한 관점이 야기하는 문제는 우리가 외부의 권위에 복종하여 어떤 행위를 할 경우 우리 자신에게는 아무런 책임이 없는 것으로 된다는 데 있다.

이 때문에 칸트는 외적 권위, 외적 법칙과는 완전히 다른 근원을 강조하게 된다. 그는 이것을 '의지의 자율성'이라 부르면서 우리가 따를 법칙은 우리 자신이 만드는 것이라는 점을 분명히 확인한다.

모든 개인이 자신의 법률을 만들 능력을 지니고 있다면, (자연법을 탐구하건 의무의 법칙들을 직접 선포하건 간에) 법칙이라는 개념 자체가 이성과 분리 불가능하다는 점을 감안할 때 각 개인의 도덕적 양심은 본성상 이성적인 것이 된다.

도덕적 자율성이라는 개념은 이렇게 우리가 자신의 행동을 지도하는 도덕법(의무의 법칙인 동시에 자유의 법칙)을 수립하는 입법자임을 보여준다. 그런데 각 개인은 고유한 법칙을 만드는 입법자이지만 그와 동시에 인간 전체를 위한 입법자이기도 하다. 왜냐하면 우리가 찾아낸 법칙이 진정한 법칙이라면 그것은 보편적일 수밖에 없기 때문이다.

그러므로 우리는 외적 권위나 권력이 아니라 우리 자신의 목소리만을 따라야 한다. 어떤 행동을 해야 할지 말해 주는 '내 내면의 가장 내밀한 부분'은 이제 신이 아니라 우리 사유 속의 이성이 된다.

결론

의무가 외부에서 오는 것이라면 우리는 단지 외적 권력의 지시를 받는 수동적 역할로 전락하게 된다. 칸트의 분석은 도덕적 양심을 인간의 근본적 자유와 동일시하며, 이로 인해 모든 행동의 책임은 그 사람에게 돌아간다는 것을 증명한다. 그리고 자기 자신의 내적 목소리에 귀를 기울임으로써 우리는 자신의 이성과 인간 전체의 목소리에 귀를 기울이게 되는 것이다.

07

우리는 정념을 찬양할 수 있는가?

Baccalauréat, 1996

인간을 이성적 존재로 규정하는 일반적 견해 때문에 인간의 감정적 측면을
경멸적으로 바라보는 해석이 적지 않았다. 실제로 수많은 철학자들은
정념(passion)을 비난했다.

정념에 대한 이러한 비난은 플라톤에서 비롯되었으며, 역사를 통해 다양한
모습으로 나타나왔다. 따라서 우리는 혹시 역사가 정념을 해로운 것이 아니라
찬양받아 마땅한 것으로 간주할 수는 없었을까 하는 질문을 던질 수 있다. 단지
역설을 즐기기 위해서가 아니라 진지한 의미에서 정념을 찬양할 수는 없는
것일까?

정념에 대한 고전적 비난

플라톤에서부터 이미 정념은 광기는 아닐지라도 비정상적 상태(ubris)를 유발하는 것으로 간주되었다. 정념은 이성을 타락시켜 이성이 정념에 복종하거나 정념을 정당화하게 만든다. 인간은 정념의 희생양이 되어 허망한 세계에 빠져든다. 정념은 모든 진리에서 벗어나 지속적 정신이상을 유발하며, 만성적 질병을 낳기도 한다.

기독교적 관점에서 볼 때 정념이 비난받는 것은 정념이 도에 넘친 행동을 유발하기 때문이다(여기에도 그리스어 ubris의 잔영이 남아 있다). 정념은 신체(감각적인 것)가 영혼(삶을 지배해야 하는 정신적인 것)에 대해 지나치게 강력한 영향력을 행사하는 것을 뜻한다. 허용되는 유일한 정념은 신(神)에 대한 정념이다. 신에 대한 열렬한 정념을 가질 경우 인간은 타락하는 것이 아니라 오히려 고양되기 때문이다(하지만 교회 권력은 신에 대한 이러한 정열적 집착이 순수한 신비주의로 빠지는 것을 부정적으로 보았다는 사실 또한 지적해야 할 것이다).

데카르트나 스피노자 같은 고전주의자들은 정념과 정념의 사용을 구별했는데, 여기서 정념 그 자체는 반드시 해로운 것이 아니다. 이들은 정념의 원인과 정념이 빠질 수 있는 과도한 상황에 대한 지성적 분석이 정념을 줄이고 통제할 수 있게 해줄 것이라고 믿었다. 여기서도 정념에서 받아들일 수 있는 부분과 받아들일 수 없는 부분, 더 발전되어도 되는 부분과 중단되어야 하는 부분을 결정하는 것은 여전히 이성이다.

철학자들의 정념에 대한 이러한 상대적 재평가를 살펴보았으니 이제 정념 자체가, 정념이 인간에게 유발하는 상태가 찬양받을 수 있는지의 여부를 알아보도록 하자.

이기적이지 않은 목적을 위한 정념

헤겔은 "역사상 성취된 위대한 일 중에 정념 없이 이루어진 것은 없다"고 단언한다. 우리는 헤겔이 역사의 문제에 대해 얼마나 중대한 기여를 했는지 익히 알고 있다. 그러므로 그가 정념을 위대한 행동을 낳고 역사 자체가 진보할 수 있게 해주는 역사 속의 긍정적 요소로 간주한다면, 이로부터 여기서는 정념이 칭송받아 마땅한 훌륭한 것이라는 결론을 도출할 수 있다.

하지만 문제의 정념이 무의식적으로 역사의 의미를 구현하는 '위대한 사람들'에게 영감을 불어넣어 주는 것이라는 사실을 잊지 말아야 한다. 그들의 개인적 정념(부, 명예, 영광에 대한 갈증)이 없었다면 그들은 역사의 주요 인물이라는 반열에 오르지 못했을 것이다.

헤겔에게 있어 역사는 이성의 목적을 실현시키는 것이며, 이때 이성은 세계를 지배하는 절대정신의 이성이어서 인간보다 우월하다. 절대정신의 이성은 인간과 그의 정념을 도구로 사용할 뿐이다. 위대한 인물들의 기획은 겉보기에 개인적 정념에서 출발한 것 같지만 사실은 이 기획을 이용하여 자신의 발현 기회를 찾는 '이성의 속임수'가 작동하고 있는 것이다.

따라서 헤겔 철학은 실제로는 정념 자체를 중시하지 않는다. 정념은 이성이 역사 속에서 점진적으로 발현될 수 있게 해주는 매개체일 뿐이다. 인간의 이기적 목표는 절대정신의 의도에 부분적으로 부합하는 것이므로 그 자체로는 무의미하다.

정념 자체의 찬양

정념 자체에 대한 진정한 찬양을 찾으려면 순수한 철학보다는 문학
쪽을 살펴보는 것이 낫다. 낭만주의의 관점에서 볼 때 정념은 인간
실존에 강력한 가치를 제공할 수 있는 유일한 것이다. 정념에 빠진
인간은 실패하거나 죽음에 이를 수도 있지만, 이때 죽음은 실패를
확인하는 처벌이라기보다는 어떤 종착역이다.

즉, 죽음은 인간이 자신에게 주어진 세상의 구속과 그 비루한 상
황을 초극하려는 의지를 확인할 수 있는 궁극적 방법이다. 이런 관
점에서 볼 때 감정적 흥분은 혁명적 가치를 얻게 되고, 세상과 사회
를 근본적으로 변화시키려는 욕망을 나타낸다.

따라서 우리는 헤겔이 말하는 '이성의 속임수'를 의미 있는 것으
로 재해석할 수 있다. 이제 이성과 정념은 대립되지 않는다. 이성과
정념은 비록 현실에서 상이한 층위에 해당되지만 변증법적으로 협
력해 '역사'를 만들어내고, 이러한 협력이 이론적 대립보다 중요하
기 때문이다.

정념의 찬양은 당연히 초현실주의에서도 찾아볼 수 있다. 주지하
듯 초현실주의는 낭만주의의 극단적 형태로 자처하고 있으며 헤겔
의 가르침을 체계적으로 따르고 있다. 브르통은 '일단 사랑하기'라
는 전략을 내세운다. 초현실주의자들이 볼 때 '광적인 사랑'은 인간
이 음울한 일상을 넘어 '초현실'의 존재를 보여주는 수많은 기호들
을 발견할 수 있게 해준다. 그리고 인생의 격정적 차원을 복원하기

위해서는 이 초현실을 탐사해야만 한다. 정념을 찬양하는 것은 인간이 무엇보다 자신의 행위에 우위를 두며 정신뿐 아니라 육체도 긍정하는 것이기 때문이다. 이때 인간의 행위는 '몸과 마음이' 함께 참여하는 격정의 명령을 받는 것이기에 더욱 강력하다.

결론

고전주의자들은 정념을 비난하고 정념의 부정적 효과를 통제하려 하면서 '진실에의 정념'만은 예외로 취급했다. '진실에의 정념'은 오직 이성적 활동만의 지배를 받기에 찬양받아 마땅한 유일한 정념이라는 것이다.

하지만 이후 역사가 흐르면서 인간은 자신의 신체적 측면을 인정하게 되어, 이제 인간의 몸은 거추장스러운 짐이 아니라 또 다른 기회로 여겨지게 되었다. 이런 맥락에서 볼 때 정념의 찬양은 가능하다. 왜냐하면 정념은 인간의 존재 전체를 검열하거나 억압하지 않으면서 고양시켜 주기 때문이다.

08

종교적 믿음을 가지는 것은 이성을
포기한다는 것을 뜻하는가?

Baccalauréat, 1997

철학이 이성적 담론이라고 자처하고 있음에도 불구하고 많은 철학자들이 신의
존재를 (자신의 기획을 통해 이성적으로) 증명하여 종교적 신앙에 기반을
마련하려 했다는 사실은 놀라운 일이다. 그럼에도 불구하고 우리는 이 문제를
지나치게 도식적으로 해결하려 해서는 안 된다. 우리는 신앙의 비합리성과
이성의 통상적 요구 사항을 결정적으로 대립시키기보다는 믿음과 이성의
관계에 대해 더욱 정교한 개념을 가져야 할 것이다.

신앙을 이성적으로 설명하려는 시도들

역사적으로 볼 때 (설사 신앙이 정상적 사유와는 무관한 영역처럼 보이지 않게 하려는 목적이었을지라도) 철학이 신앙을 이성적으로 설명하려고 애썼다는 사실은 분명하다. 이에 대해 몇 가지 예를 들어보도록 하자.

먼저 성(聖) 안셀무스[45]는 '신은 존재한다'라고 말하는 사람만이 양식을 갖추고 있으며, 이성적이라는 점을 증명하려 했다(《신의 존재 증명》이라는 그의 책 제목은 그의 기획을 분명히 보여주고 있다).

반대로 '신은 존재하지 않는다'는 주장이 가능하다고 생각하는 자는 완전히 미친(비이성적인) 사람이라는 것이다(성서의 시편도 그렇게 말하고 있다). 즉, 신의 존재를 부인하는 자는 상식이 결핍된 사람이며 이성의 바깥에 있다.

토마스 아퀴나스[46]는 신을 향한 다섯 가지 길(이것은 '부동의 원동자'가 존재해야 할 필연성을 논하는 아리스토텔레스의 다섯 가지 논증을 모방한 것이다)을 언급하면서 다섯 가지 철학적 개념(원동자, 작용인, 존재의 등급, 가능성과 필연성, 지성)에서 출발하여 논증을 펼친다. 그는 이를 통해, 사유의 이성적 일관성을 유지하려 한다면

---

45) 성 안셀무스(Anselmus von Canterbury)는 이성과 신앙을 조화시키기 위해 노력한 스콜라 철학자였다. 주요 저서로는 《모놀로기움》과 《프로슬로기움》이 있다. 특히 《프로슬로기움》에서 제시된 존재론적 신 존재 증명은 격렬한 반대와 지지를 불러일으켰다.

46) 중세 스콜라 철학의 최대 거장인 토마스 아퀴나스(Thomas Aquinas, 1225~1274)는 아리스토텔레스 연구를 통해 신학과 철학의 타협을 모색했다. 그는 신학의 원리들이 아리스토텔레스 철학을 통해 해명되어질 수 있을 것이라고 믿었다.

신의 존재를 인정해야 한다고 주장한다.

합리주의의 주창자인 데카르트 역시 신 개념의 분석은 신의 필연적 존재를 확인할 수밖에 없다는 점(존재론적 논변)을 보여주려 한다.

아마도 모든 고전 철학자가 이런 식의 태도를 보인 것은 아니겠지만 이 세 경우만으로도 철학자들이 신앙과 이성의 연관성을 단언하곤 했다는 사실은 충분히 보여졌을 것이다.

이러한 시도에 대한 비판

흄은 경험주의적 관점에 따라 종교나 '자연신학'(자연신학은 모든 검증된 진리와는 무관하게 단지 이성의 추론만을 따르려 한다)이 주장한 소위 신 존재 증명이 합리적 사유의 정상적 조건들과 그 개념의 용법을 넘어서는 것이라며 받아들일 수 없다고 선언했다. 예컨대 원인이라는 개념은 반복적 현상들(인과율이란 적어도 원인과 결과의 잠재적 반복을 상정한다)에 적용될 때에만 유효한 것이다. 따라서 신을 필연적인 '세계의 원인'으로 간주하는 것은 엄격히 말해 아무 의미도 없다. 왜냐하면 신도 세계도 여러 개의 표본으로 나올 수 있는 대상이 아니기 때문이다. 그렇다고 해서 신이란 '종(種)적 유일성'을 가지고 있다고 단언하는 것 역시 논리적 관점이나 이성적 관점에서 보면 무의미한 표현이다. 왜냐하면 모든 종(種)이란 다수의 개체를 가질 수밖에 없기 때문이다.

이후 칸트는 존재론적 논변이 신의 존재를 증명하는 것이 아니라 신 존재의 가능성만을 증명하고 있다는 점을 보여주었다. 즉, 신 존재 증명이 증명한 것은 신이라는 개념이 함축하는 바와 '대상' 자체의 출현 조건(시간과 공간 속에 포함되는 것) 사이에 아무런 모순이 없다는 사실뿐이다. 하지만 이것이 증명되었다고 해도 우리는 여전히 신 존재의 가능성에서 신 존재의 단언으로 넘어갈 수 없다. 왜냐하면 신은 순수한 물자체(物自體)이므로 결코 감각적 경험의 대상으로서 현상적으로 나타날 수 없기 때문이다.

신의 존재를 우리가 느끼건 단언하건 간에 그것은 증명되지 않는다. 그것은 우리가 한 개념에서 선험적으로 분리해 낼 수 있는 단순한 술어가 아닌 것이다. 이러한 비판들을 고려할 때 우리는 신앙을 가지는 순간 이성을 포기하는 것, 혹은 이성의 규칙들을 위반하는 것이라고 생각해야 하는가?

두 영역의 이질성

흄은 그의 비판으로부터 다음과 같은 결론을 내린다. 철학이 이성적이 되려 한다면 더 이상 신학에 간여하지 말아야 한다. 또한 신앙은 여전히 가능하지만, 단 이성에 기반한다고 주장하지 않을 때에만 그러하다.

칸트의 경우 흄과는 다른 결론을 내린다. 왜냐하면 설사 신이 증명 불가능하다 해도 신의 존재를 상정하는 것이 필요하기 때문이다. 그리고 이 필요성은 실천이성 자체로부터 나온다. 실천이성의 세 요청[47]은 설사 엄격한 인식을 넘어서는 개념에 관계한다 해도 분명 이성의 표현이라는 것이다. 왜냐하면 이성에는 인식 기능만 있는 것이 아니며, 이성은 (특히 형이상학적 문제를) 사유도 해야 하기 때문이다. 그리고 이러한 임무는 인식 못지않게 중요하며 다른 원리들을 요청한다.

결론

중세시대에 수많은 철학자들은 계시 진리가 이성적 진리보다 우월하다고 주장했다. 이들이 볼 때 이성이란 신앙 앞에서 몸을 굽혀야 한다(따라서 철학은 '신학의 시녀'[48]일 따름이다).

현대는 더욱 분명히 신앙이 이성과 아무런 상관이 없다는 것을 인정하고 있다. 그렇다고 해서 이성을 반드시 포기해야 한다는 것은 아니다(이것은 심지어 "나는 연구실에 들어갈 때면 신을 옷장 속에 넣어둔다"고 말하는 파스퇴르의 경우처럼 동거를 내포할 수도 있다).

칸트가 신을 상정할 때 신앙은 전혀 기계적인 것이 아니다. 최종 분석에서 신앙은 신의 은총에 의존하고 있다. 신앙의 내용이 이성의 내용과 동일했다면 이성을 포기해야 했을 것이다. 그러므로 이성 자체의 적용 영역에도 한계가 있으며 이 한계를 넘어서는 곳에서는 이성이 개입해서는 안 된다고 생각하는 편이 좋을 것이다. 그

---

47) 《실천이성 비판》에서 순수 실천이성은 영혼의 불멸, 자유, 신의 존재를 요청한다. 칸트에 따르면 이러한 요청은 '이론적인 명제이지만 선험적이고 무조건적으로 타당한 실천 법칙과 떨어질 수 없는 한, 그 자체로는 증명할 수 없는 명제'이다.

48) 아퀴나스는 《신학대전》에서 그 유명한 '철학은 신학의 시녀'라는 주장을 했다. 일견 철학의 신학에 대한 종속성을 드러내 보이는 주장이지만, 계시 신앙에서 주장되어지는 모든 것은 철학에 의해서 증명되어질 수 있다고 하는 점에서 이성과 철학의 합리성을 통한 신학의 정당화를 시도했다고도 볼 수 있다.

렇다고 해서 이성을 포기한다는 것은 아니다.

단지 인간 존재가 전적으로 이성적이지는 않다는 점을 인정하자는 것이다.

09

정열은 우리의 의무 이행을 방해하는가?

Baccalauréat

철학적으로 분석될 수 있는 의무의 개념은, 자기 의무 이행과 정열이
환기시키는 이기주의의 양립이 어려운 듯이 보이기에 충분한 어떤 엄정성을
전제로 한다.
하지만 모든 정열이 의무와 관련하여 유사한 결과를 낳는지, 또 자신의 의무를
다하면서 느끼는 만족과 정열이 우리에게 줄 수 있는 것과는 공통점이 없는지
질문해 볼 수 있겠다.

의무의 표면적 차가움

의무에 대한 가장 간단한 정의는 아마 그것을 이미 주어진 것과 대립시켜, '해야 할' 것으로 이해하는 것이리라. 하지만 의무가 확실히 이해되고 파악되기 위해서는 명령의 (더 나아가 칸트가 '정언적으로' 특징짓는 명령의) 양상을 띠어야 한다고 덧붙여야 한다.

그러한 이성적 능력의 환기는 곧바로 모든 정열의 개입을 물리치는 것처럼 보인다.

고전적으로, 정열은 이성의 성질을 띠는 모든 것을 방해한다고들 하지 않는가? 정열은 생각과 사고를 혼란시키고, 이성을 비뚤어지게 하고 이성에 어긋나는 것까지 주장하게 하여 이성을 타락시킨다. 그래서 합리주의 전통의 철학자들(플라톤에서 칸트에 이르기까지)은 정열을 비난하는 데 만장일치한다.

그것은 정열이 속성 그 자체에 있어서 의무에서 전제되는 우리 의지의 행사와 대립되기 때문이기도 하다. 의무가 필연적 냉정함의 동의어인 듯 보이는 데 반해 정열은 우리를 불태운다. 이행해야 할 의무에 취하는 경우는 드문 반면 정열은 우리를 열광케 한다.

게다가 법은 무감각해서 우리의 감각에 영향을 못 미치며 우리 마음을 다잡을 수도 없다고 우려할 수 있을 정도이다. 그래서 칸트는 의무가 규범들이나(물론, 그것들이 훌륭한 즉 보편화할 수 있을 경우) 법을 통해 표현된다고 밝힌다(규범의 장점은 그것이 법의 '주관적' 해석들을 제안하면서 우리의 감성에 더 잘 부응하고 그래서 어떤 면에서 쉽게 접근된다는 것이다).

의무의 감성적 측면

의무와 감성 사이의 일치 가능성을 이 측면에서 생각해 볼 수 있는데, 그러면 의무와 정열 간의 이론적 대립은 약화되기 시작한다.

이러한 대립의 약화는 어떤 정열은 그 속성 자체가 의무의 방향으로 우리를 밀고 가는 만큼 더욱 당연해 보이기도 한다. 모든 정열을 통틀어 모든 이성적 태도와 대립된다고 비난하는 것은, 어떤 이들에게는(예로 루소) 이성 자체가 정열적 충동을 느끼게 하는 성향을 갖게 하고, 또 인간에게서 정열의 역할을 규제하려다 존재를 심각하게 절단할 수도 있다는 점을 잊는 것이다(예로 잘 알려진 낭만주의자들의 주장).

그것은 또한 정열의 가치가 정열이 겨냥하는 목적에 따라 평가될 수 있다는 점을 소홀히 하기도 한다. 의무의 이행과 완벽하게 양립할 수 있는 '고상한' 정열의 발휘도(데카르트적 관대함 혹은 더 평범하게 진실에 대한 애착, 타인을 위한 헌신) 있다.

그러한 양립을 주저 없이 인정할 수 있을까? 의무의 이행이 주체의 강렬한 만족을 수반한다고 상상할 수 있을까?

엄정한 관점에서 그럴 경우 의무가 그 자체로 이행되지 않을 위험이 있다고 반박할 수 있으리라. 칸트 자신도 일상에서는 순응주의가 분명 지배적이라고 인정하지만, 그 결과가 법을 강화하는 듯한 만큼 그것으로 만족했다(그의 관점에서, 전적으로 도덕적인 행동은 거의 불가능하다는 것도 알려진 사실이다).

의무의 이행(선행)에 약간의 쾌락이 따른다는 것은 꼭 비난할 건 아니다. 하지만 행동을 결정하는 목적의 역할을 쾌락이 맡지 않는다는 조건에서이다(어김없이 도덕적 희생을 치르게 되는 '목적의 광신'에 빠지는 것이 될 것이기에. 정열은 어떻게 보면 의무를 돕기 위해서만 올 수 있어서 앞자리를 차지해서는 안 되는 것이다).

의무와 의무에 대한 의식

또한 의무가 의식이 된다는 조건, 의무 이행에 주체의 의지가 개입된다는 조건에서이다. 헤겔적 '이성의 책략'은 주체의 도덕적 참여의 의미나 현실성의 문제를 제기한다. 자신의 의무를 다함은 틀림없이 인간에 의해 실현될 수 있는 위대한 일에 속하고, "정열 없이는 어떤 위대한 일도 해내지 못한다"고 보면, 정열은 우리가 의무를 다하는 것을 전혀 방해하지 않을 뿐 아니라, 더 중대하게는, 의무가 제대로 이행되는 데 필수적이다. 여기서 정열은 의무 자체의 파악에 대체될 정도로 필수적인데, 왜냐하면 역사의 주체는, 그가 자신의 이기적 혹은 정열적 목적을 추구한다고 확신할 동안에도, 궁극적 합리성을 위한 작업에 자신도 모르게 동참하기 때문이다.

그것은 헤겔의 이성이 칸트의 이성보다 보통 사람에게 더 멀리 있기 때문이다. 규범이면 충분하던 곳에 틈을 채우기 위한 정열이 필요한 것이다. 그런데 규범은 도덕적 내용을 담고 있었던 데 반해, 정열은 순전히 개인적 주관성 쪽에 위치하므로 그런 어떤 것도 제시할 수 없다. 그래서 헤겔적 인물이 선을 행할 때는, 자신의 의무에 대한 의식이 전혀 없이, 그것을 모르면서 혹은 원치 않으면서 하는 것이다.

결론

어떤 정열들은 우리의 의무 이행을 도울 수 있다고 하는 데는 반박의 여지가 없다. 반면, 정열이 우리를 자동적으로 긍정적인 쪽으로 데려간다고 인정하는 것은 도덕의 조건 자체, 즉 주체 자신에게 몫이 돌아가는 의무 의식과 상반될 수 있다.

진정한 의무가 있기 위해서는, 법 자체 혹은 보다 유연한 해석상의 법에 대한 의식이 필요한데, 그것이 없으면 정열적 만족은 도덕적 의미를 띨 수 없다.

10

진실에 저항할 수 있는가?

Baccalauréat

자신의 성적을 착각하는 학생에게 '진실을 직시하지 않는다'는 비난을 할 때가
있다. 그가 피란델로의 연극을 안다면 '각자의 진실이 있지'라고 대꾸할 수도
있으리라. 성적 판단이 다소 주관적임을 지적하면서.
대대적으로 긍정적 가치로 인정되는 진실에 자동적으로 끌리지 않는 건 놀라워
보인다. 진실을 거부할 수 있을까? 있다면 어떤 이유로?

일상과 거짓말

나는 오래 전부터 '해가 뜬다, 진다'는 표현이 천문학의 진리에 어긋난다는 것을 잘 알지만 그 표현을 자주 쓴다. 진리를 적대시하거나 무시해서가 아니라, 나의 감각에는 태양이 계속 떠오르기 때문이다. 이처럼, 비록 알려진 진리라도 가볍게 무시되는 경우가 일상생활에는 숱하다. 무엇보다, 일상의 언어가 극단적 엄격성을 요구하지 않고, 대화 목적도 진리만 고려할 것을 요구하지 않기 때문이다.

보다 심각한 경우는 진실을 왜곡하려는 고의적 의지를 전제하는 거짓말이다. 거짓말은 동시에 진실이 스스로 드러낼 힘을 반드시 갖지는 않으며, 우리가 자유를 행사하는 것도 막지 못한다는 것을 보여준다. 내가 마음먹는다면 진실을 안다는 사실이 거짓말을 막지는 못하리라(그보단 오히려 그것이 나로 하여금 거짓을 말하게 한다!). 내가 거짓말하지 않는 것은 도덕적 이유에서이지 논리적 이유에서가 아니다. 진실은 그 자체로서 도덕적 가치는 아니다.

무지

어린아이가 '2 + 2 = 5'라고 쓰면 틀린 것이고 그는 쉽게 고쳐 배울 것이다. 정답이 제시되고 예전부터 인정된 보편적 진리라고 가르쳐질 것이다. 그후 그가 따라한다면 그건 그가 틀린 것을 고집할 이유가 전혀 없고 '배운' 사람에 속하는 게 그에게 더 만족스럽기 때문이다. 진리가 승리하기는 쉽다. 단, 그것이 오래 전부터 알려져 있는 경우에 한한다. 개인의 오류가 아니라 공동의 오류가 문제될 경우 상황은 전혀 달라진다. 왜냐하면 그것은 흔히 실제적 무지, 즉 오류를 대신할 진리의 부재를 말하기 때문이다. 우리는 12세기 천문학자들의 천동설 주장이 오류였음을 쉽게 알 수 있다. 그들은 자신들의 오류를 알 수도 수정할 수도 없었다. 그 경우 오류보다는 무지를 논해야 한다. 그런데 무지의 가능성은 과학적 진리가 아주 더디게만 발전할 수 있음을, 그것은 복잡한 연구에 의존하는 지적 구조물임을, 자연에는 우리가 받아들이거나 거부할 수 있을 진리를 바로 제안하는 것이 아무것도 없음을 우리에게 상기시켜 준다. 무지는 진리의 거부가 아니다. 진리가 아직 구성되지 않았으므로.

앎의 역사에 항상 있는 그런 경우와 몇몇에 의해 인정된 이전의 도그마를 확고한 과학적 진리가 반박할 때 만나는 진짜 거부는 구별되어야 한다. 미국의 많은 주들이 진보 이론과 창조론의 '경쟁적' 교육을 인정한다는 사실은 후자의 예가 된다. 과학적 진보를 내세우는 나라에서 그러한 갈등이 있기에 우리의 과학 정신은 충격을 받는다.

그러나 호주 원주민이나 파푸아 부족이 다윈의 설에서 유래된 생각들을 인정 않는다는 점에는 충격을 덜 받는다. 그들의 '무지'는 용서하는 것이다. 그런데 그것은 그들이 언젠가 과학적 정신을 갖게 되어 인간 창조에 관한 그들의 신화와는 반대로 다윈이 옳았음을 이해하는 것을 가정한다. 그리하여 효율성 혹은 기술적 성과들을 뽐내는 일종의 과학 제국주의가 등장하게 되고 승자에 속하고 싶으면 과학적 진리를 너무 오래 거부하지 말아야 한다고 주장하게 된다.

진실의 환상

하지만 이제 과학적 효율성이 파푸아인들의 가치보다 나은 절대적 가치임을 제시해야 한다. 인류학자들이 불가능하다고 생각하는 증명이다. 우리의 진실은 단지 환상의 집합에 근거한 것인가? 몇몇 철학자들은 그렇게도 생각했다.

마르크스는 그가 살던 시대의 계급의식을 분석하면서 부르주아의 의식이 계급투쟁을 알려 들지 않으므로 근본적으로 틀렸다고 지적한다. 부르주아의 의식은 자기 가치들이 보편적이라고(예로, 그에 의하면 부르주아에만 속함에도, 인권선언이 모두에게 관련된다고), 자신의 소유 개념은 '자연적'이라고 등을 주장한다. 그는 부르주아의 그런 정신은 그 삶의 물질적 조건에 의한 것이므로 크게 비난하지 않는다. 반면 그가 그 이데올로기의 기능을 밝힌 후에도 부르주아가 계속 그것으로 자족하고, 생산수단의 소유 방식의 변화가 역사적 필연성임을 인정 않으면 비난받을 만하다(그의 관점에서 말이다).

니체의 고발은 더 폭넓고 야심적인데, 그에 따르면 유럽 문화에는 소크라테스 이후로 진실에 대한 심한 거부가 있었다. 노예의 도덕이 주인의 도덕을 대치하여 가치의 지속적 전복이 있었다. 삶에 대해 가능한 의미 탐구인 철학 자체도 삶의 요구와 어긋나는 개념들(영혼, 기독교적 가치인 사랑, 동정 등)에 가치 부여를 계속한다. 그래서 그에게는 플라톤 철학이나 기독교 도덕의 유산인 인간의 지적 구조물 모두가 진리에로의 접근을 막는 것이다. 그런데 오류가 대중의 무기력을 부추겨 항상 좀더 바보로 만들기 때문에 서양인은 자신의 오류를 즐긴다고, 그래서 진실에 대한 진짜 거부가 있다고 덧붙여야 하리라.

결론

진실은 어떤 개념으로든 정복자적 힘은 아니다. 우리가 그것을 무시할 수 있고, 개인적 혹은 문화적 이해가 걸릴 때 거부할 수 있으므로. 습관적으로 우리는 우리가 (특히 과학적으로) 선호하는 버전으로 그것을 인정하는 것이 의무라고 주장하지만, 그에 대한 우리의 믿음은 여전히 의심해 볼 수 있다. 정신의 자유는 그러한 대가로 있다.

11

진리가 우리 마음을 불편하게 할 때
진리 대신 우리에게 위안을 주는 환상을
좇아도 좋은가?

Baccalauréat, 1998

플라톤 이후 진리에 대한 예찬은 수없이 있어왔다. 그러나 진리는 어떤 달콤한
환상을 넘어설 때만이 알게 되는 것이다. 우리가 쉽게 환상에 빠지는 것은
환상이 우리 마음을 달래주고, 우리로 하여금 근심스러운 일상으로부터
벗어나게 해주며, 우리의 욕구를 채워주는 것이기 때문이다.
이와 반대로 진리는 거추장스럽고 때로 우리 마음을 혼란스럽게 할 수 있다.
이는 진리가 우리의 보편적인 사고의 틀과 상식을 깨고, 지적 안일에서 벗어날
것을 요구하기 때문이다.

진리는 정신을 교란시키는 특성을 갖고 있다

플라톤[49]은 《국가》에서 동굴 우화의 형식을 빌려 진리가 얼마만큼 고통스러운 것인가를 보여주었다. 동굴에 갇힌 죄수는 동굴 벽에 그려진 거짓 환영에 사로잡힌 나머지 스스로 동굴 밖으로 나올 생각을 하지 않게 된다.

그런 그가 동굴 밖으로 나왔을 때 태양빛의 현란함에 넋을 잃는다. 동굴 속으로 되돌아가 동굴 바깥 세계의 일들을 동료 죄수들에게 들려주자 그들은 비웃음과 빈정거림으로 그의 이야기에 답한다. 그들이 보고 있는 벽 위의 환영이 거짓된 것일지도 모르며 따라서 검토해 보아야 함을 거부하는 것이다.

이처럼 진리를 받아들이는 것은 쉬운 일이 아니다. 그러나 진리가 인간 사고의 목적지임은 분명하다. 진리를 발견하고 이를 전달하기 위한 노력이 어떻든 간에 진리에 도달하는 것이 의무인 것은, 진리만이 세상의 일을 올바르게 알려주고 어떻게 하는 것이 능률적으로 행동하는 것인지를 알려주기 때문이다.

그렇지만 진리가 우리의 마음과 육체에 안정을 가져다주느냐에 대해서는 의문을 제기할 수 있다. 진리에 다다르는 길은 길고 험하

---

49) 플라톤(Platon, 기원전 428~348)은 아테네 귀족 집안의 아들로 태어났다. 20세에 소크라테스를 만나 철학의 길을 가게 된다. 그는 절대적 진리란 없다고 주장하며 궤변적인 수사학을 가르치던 소피스트들에 맞서, 불변하는 참된 지식의 가능성을 주장했다. 그는 주관적인 의견이나 변화하는 감각적 현실을 넘어선, 절대적인 초월성과 보편성을 지닌 진리가 있다고 주장하였는데, 이것이 이른바 그의 이데아론이다.

다. 그리고 우리 스스로가 이미 갖고 있는 이데올로기를 포기할 준비가 되어 있는, 사고의 활동성이 전제되어야 한다. 사고의 활동성이란 가치와 원리의 불완전성을 뜻하는 것이기도 하다. 진리를 추구하는 정신에서 볼 때는 어떠한 것도 결정적인 것으로 보이지 않으며, 세계관 또한 끊임없이 변화하고 재구축해야 하는 것으로 비춰진다.

따라서 진리 발견이 거부감과 나아가서는 일종의 두려움을 몰고 올 것임은 분명하다. 예를 들어 지구중심설이 태양중심설로 바뀔 때 생긴 충격은 실로 대단한 것이었다. 갈릴레이에 대한 재판이 이를 보여준다. 진리를 추구한다는 것은 지속적인 긴장을 요구할뿐더러 지금까지 당연한 것으로 받아들여온 모든 것들을 버릴 수 있으며, 세상을 아름답게 색칠해 온 장막의 제거도 감수할 마음의 준비가 되어 있다는 것과 같은 말이다.

진실은 전설과 신화, 거짓 믿음과 충돌함으로써 세계에 대해 더 이상 주관적으로 해석하는 것을 허용하지 않는다. 이것이 우리를 어려운 상황으로 몰고 간다.

환상이 우리에게 가져다주는 것은 무엇인가

죽음을 앞둔 유한한 존재인 인간에게 진리보다는 환상이 더 좋은 것일 수 있다. 환상이라는 것은 그것이 지속되는 한 세상에 대한 해석을 확고하게 하며 우리의 마음을 편안하게 해준다. 환상 자체가 편안한 마음을 가지려는 기본 욕구에서 비롯되는 것이다.

마르크스와 프로이트가 주장했듯이 종교적 신앙이 현세의 불행에 대한 보상의 욕구에서 빚어진 것이라고 해서, 그리고 보호에의 갈망이 종교적 믿음을 낳는 것이라고 해서, 종교적 믿음이 없어지는 것은 아니다. 여기서는 믿음이 인식론을 능가하고 있다.

환상이란 우리의 정상적인 심리작용과 일치한다는 점에서 인간에게 자연스러운 현상일 수 있다. 프로이트는 자신의 정신분석학이 우리 의식 속에 자리잡고 있는 기존의 생각들과 배치될 것이기 때문에 사람들이 자신의 주장을 쉽게 수용하지 않을 것임을 알고 있었다. 예를 들어 섹스의 중요성을 잊어버린다면 우리들의 삶은 큰 충돌 없이 보다 더 쉽게 진행될 수도 있을 것이다.

이처럼 환상은 정상적인 인간관계를 가능하게 하고, 우리를 우리 주변 환경에 복종하게 하는 역할을 하고 있다. 그러나 프로이트가 말했듯이 환상에는 끝이 있으며, 거짓된 것임이 드러나게 마련이다. 마르크스가 프롤레타리아에게 요구한 것도 부르주아 계급이 제공하는 환상의 이데올로기에서 벗어나는 일이었다. 벌거벗은 임금님은 자기가 아무리 환상 속에 머물러 있으려고 해도 벌거벗은 알몸은 결국 드러날 수밖에 없다.

가치로서의 진리와 환상

진리를 발견한다고 해서 모든 것이 완결되는 것은 아니다. 과학적 사고는 세계에 대한 환멸을 불러일으킬 수 있으며, 이런 환멸이 사이비 종교를 더욱더 확산시킬 수 있다. 허약하기 짝이 없는 인간의 마음을 달래주기에 진리는 너무나 충분하지 못하다.

그렇다고 해서 진리보다 환상을 더 선호해야 한다는 말은 아니다. 환상을 선호한다는 것은 진리의 보편 가능성을 파괴하는 것이기 때문이다. 진리를 숨기는 것은 그 이유가 무엇이든 간에 진리의 통용을 가로막는 결과를 낳는다. 그러나 다른 무엇보다 환상은 결코 오래가지 못한다는 데에 문제가 있다. 따라서 인류가 진리를 체계적으로 회피하면서 자기 스스로를 위로하기 위해 환상을 좇는다는 것은 받아들일 수 없는 일이다.

결론

진리에 대한 인식은 곧 자유와 해방의 획득과도 상통한다. 그와 반대로 환상은 정신적인 노예상태를 지속시킨다. 환자가 병이 자신에게 가져다줄 '이차적인 효과'를 기대해서 치료를 거부할 경우 어떤 일이 생길 것인가.

말하자면 단기적 이익에 따라 진리보다는 환상을 더 좋아한다는 것은 비이성과 지속적인 노예상태를 선택하는 것과 같은 일이다.

찾아보기

세계의 교양을 읽는다 1- 종합편

1판 1쇄 발행일 2003년 2월 17일
1판 31쇄 발행일 2024년 10월 28일

엮은이 최병권·이정옥

발행인 김학원
발행처 (주)휴머니스트출판그룹
출판등록 제313-2007-000007호(2007년 1월 5일)
주소 (03991) 서울시 마포구 동교로23길 76(연남동)
전화 02-335-4422 **팩스** 02-334-3427
저자·독자 서비스 humanist@humanistbooks.com
홈페이지 www.humanistbooks.com
유튜브 youtube.com/user/humanistma **포스트** post.naver.com/hmcv
페이스북 facebook.com/hmcv2001 **인스타그램** @humanist_insta
편집주간 황서현 **기획** 이재민 **편집** 이명애 **디자인** AGI 윤현이 이인영 신경숙
조판 새일기획 **용지** 화인페이퍼 **인쇄** 청아디앤피 **제본** 민성사

ⓒ 휴머니스트, 2002

ISBN 978-89-5862-083-9 03100

ⓒ NATHAN, Paris,
Extrait des ouvrages Nathan : *ABC Bac Philosophie*
publiés par NATHAN, Paris de 1996 à 2002